KB234890

늦게 터진 박수

늦게 터진 박수

방송인
황 유 성 에세이

🕮 인터북스

책을 엮으며

가을이다.

바람 부는 언덕에 올라, 지는 해를 바라보면 서글퍼진다. 마른 가지에서 우수수 잎이 떨어질 때도 마음은 쓸쓸하다. 쪽 빛 하늘이 곧 회색으로 바뀐다는 것을, 설렁이는 바람도 머지 않아 살을 에는 한풍으로 바뀐다는 걸 알기 때문이다. 그리고 문득 생각하게 된다.

"나는 무엇인가? 산다는 건 또 무언가? 나는 옳게 살아왔는가?"를.

어수선한 일상에서 벗어나 홀로 낯선 길을 걸어 본 적이 있다. 많은 생각이 떠오르고 사라졌지만 앙금같이 기억에 남는 게 있었다. '뭔가 좀 더 의미 있게 살 수는 없을까'였다.

그러나 고백하건대 세상은 녹록하지 않았다. 그리고 야박했다. 원초적이고 소박한 바람조차 들어주려 하지 않았다. 들어주기는커녕 풀기 어려운 문제를 거푸거푸 들이대며 나를 괴롭히고 실의를 안겨주는 등 멋대로 흔들어댔다. 정말 많이 부대껴 왔다. 넋이 나갈 만큼….

뒤늦게 수필창작이라는 멍에를 지며 문학의 언저리를 기웃거린다. 이것이 애당초 내가 바라던 모습은 아니었다. 그러므로 수필 또는 에세이가 내 삶의 '의미'나 '가치'를 구현하고 있다고는 볼 수 없을 것이다. 그렇다 해서 '무모한 짓거리'라고는 폄하하지 않는다. 기왕 나는 여기까지 왔고, 삶의 가치란 꼭 어느 하나에서만 찾는 것이 아닐 테니까.

엘리엇(T. S. Eliot)의 말이 생각난다.
"아무것도 안 하는 것보다는 차라리 악을 행하는 것이 낫다. 그것은 적어도 살아 있다는 증거이니까." 라는.
무위(無爲)의 삶을 악행(惡行)으로 까지 확대해서 표현한 것은 지나친 과장일 터이다. 해서, 나는 '아무것도 안한다는 건, 살아 있다는 것을 거부하는 행위' 정도로 말을 바꾸고자 한다.
어쩌면 내가 '에세이'에 매달리고, 그것을 다시 묶어 책으로 내려는 것은 바로 '살아 있다'는 점을 드러내 보이기 위한 안간힘으로 이해할 수도 있을 것이다.

수필은 자신의 체험을 재구성하면서 언어적 형성화를 통해 예술적 감동을 주는 글로 알고 있다. 켜켜이 쌓인 나이로 보면 체험은 많을지 몰라도, '여술적 감동을 주어야 한다'는 대목에서는 꼬리가 사려진다. ㅅ답잖은 글로 어찌 감동을 줄 수 있으랴 싶은 자괴감(自愧感) 때문이다.

그럼에도 불구하고 59편의 에세이를 엮어본 것은, 내 삶의 굴곡지고 헝클어진 얘기를 읽다보면 공감되는 부분이 있으리라는 나름대로의 기대가 있어서이다. 읽는 이의 이러한 공감은 이 에세이집의 가치를 '삶의 작은 거울'로 바꿔놓을 것이다. 아울러 글쓴이에게는 크나큰 격려와 성원이 되리라 생각한다.

정말 좋은 수필을 쓰고 싶은데, 그런 마음이 날로 더해 가는데, 내 경우엔 너무 늦은 자각이 아닐는지. 허나, 건강이 허락하는 한 앞으로도 수필쓰기에 최선을 다할 것이다. 가장 훌륭한 첼리스트로 평가를 받던 95세의 카잘스도 매일같이 몇 시간씩 연습을 했다고 하지 않는가. 연습하면, 노력하면, 조금이라도 실력이 향상된다는 것을 알기에….
그 같은 자세, 그 같은 의지로 수필을 쓰려고 한다.

지는 해는 아무리 그 모습이 장엄해도 사람들은 다 안다. 곧 이어 캄캄한 밤이 온다는 것을…. 그래도 나는 믿고 싶다.

그것은 존재의 끝이 아니라, 또 다른 시작의 화려한 준비일
뿐이라고.

　인터북스의 김미화 사장께 깊은 감사의 말씀을 드린다. 아
름다운 책을 만들기 위해 수고한 이성희 편집장에게도 고마
움을 전한다.
　'책이 나오면 여행을 떠나겠노라'던 약속, 이번엔 지켜지려나?

2010년 10월 8일

저자　황유성

차 례

제1부

하늘공원, 그리고 억새풀

두충차를 마시며

오늘 아침에 마신 차(茶)는 아주 특별했다.

품종이 희귀하다거나 향과 맛이 유별나서가 아니다. 차를 끓이거나 함께 마신 사람 또는 주변 분위기가 특이해서 하는 얘기도 아니다. 차를 만들어 마시기까지의 과정이 남달랐다는 뜻이다.

나는 차나무를 내 집 뜰에 손수 키웠을 뿐 아니라 찻잎을 채취하고 건조시켜 볶아내는 등 차 마시기 전의 모든 채비를 혼자 해냈다. 그리고 마침내 때깔 우아하고 향기 높은 차 한 잔을 우려내어 탐미(耽味)한 것이다. 로드리고의 아랑페즈 협주곡까지 곁들이면서….

내가 마신 차는 다름 아닌 두충차(杜沖茶)였다. 두충나무는 6년 전 서울 종로 6가의 화훼시장에서 구입했다. '나무'라 했지만 1년짜리 묘목이었다. 회초리 같이 작고 연약해서 언제 자라 약목 구실을 할지가 걱정이었다. 하지만 Y자형으로 생긴 두충 묘목은 퇴비를 준다거나 특별한 관리를 하지 않았는데도 시원스레 쑥쑥 자라는 것이었다. 만 3년째에는 어른 키두 배 이상으로 성장했다. 타원형으로 끝이 뾰족한 잎은 얼마나 무성하던지…. 밑에 있는 잔디나 부근 철쭉나무의 성장이 염려될 만큼 두충은 해가 갈수록 점점 커 갔다. 5년이 된 작년 8월, 이제는 얼추 됐다 싶어 설레는 마음으로 두충나무 가지를 베어냈다. 차를 만들기 위해서였다.

몇 해 전 약재상에서 두충나무의 껍질을 구해 차로 만들어 먹어본 경험이 있는데다 그때 들었던 얘기가 있으므로, 베어낸 두충을 어떻게 활용하는지는 익히 알고 있었다. 우선 Y자에서 위쪽 두 개의 가지를 제거한 뒤, 다루기 좋도록 토막을 낸다. 나무의 밑동을 건드리지 않은 것은 다음해의 새싹을 기대해서이다. 그리고 토막 낸 가지에서 껍질을 벗기는 작업에 들어간다. 나무와 껍질 사이가 축축하고 매끈하여 일하기는 어렵지 않다. 이 껍질을 햇볕에 말리고 응달에 보관하여 차를 달여 마시는 것이다.

차를 만들 때의 요령은 이렇다.

우선 과도를 이용해 껍질의 각질을 제거한 뒤, 사방 0.5cm 정도로 자른다. 귀찮고 성가신 게 바로 이 작업이다. 게다가 껍질 속은 은백색의 얇은 막으로 연결되어 있어 쉽게 잘려지지 않는다. 그래서 두충을 목면(木棉) 또는 사연피(絲連皮)라고 부르는 모양이다. 이어서 프라이팬에 넣고 살짝 볶는다. 볶을 때 약간의 소주를 치라는 사람도 있는데 이는 두충이 지닌 기운을 신장으로 끌어올리기 위해서라고 한다. 이런 주술적인 얘기는 두충차가 신장에 좋다는 말에서 비롯된 것이리라.

이렇게 해서 끓여낸 차는 때깔이 아주 곱다. 옅은 갈색빛깔이 난다. 그럼, 맛은 어떨까? 엷고 은은한 떫은맛이라면 이해가 될는지. 얼핏 풋내 같으면서 그윽한, 매우 독특한 맛을 풍긴다.

두충은 잎을 사용해서도 차를 만든다고 한다. 따로 떼어서 말려놓기는 했지만 아직 달인 적이 없으므로 그건 또 어떤 빛깔과 맛을 낼지 알 수 없다.

두충차는 예부터 관절염에 탁월한 효능이 있는 것으로 알려져 있다. 또 고혈압이나 혈액순환 장애, 신경통에도 효과가 좋다고 한다. 어쨌든 지금의 나는 퇴행성관절염으로 왼쪽 무릎이 시원치 않고, 오른쪽은 뇌경색 후유증으로 보행이 다소 불편한 입장이다. 그러니 두충차로 무릎이 건강해진다면 그 이상 감사할 일이 어디 있겠나 싶다.

본래 나는 차에는 별 관심이 없었다. 차로 유명한 중국을 방문할 경우 간혹 구입해 오기도 하지만, 그것은 남을 위한 선물용일 뿐 스스로 끓여 마셔본 적은 거의 없었다. 해서, 남의 집을 방문하여 혹 차라도 대접받을 경우에는 아주 당황스럽다. 그것은 차를 좋아하거나 싫어하는 기호(嗜好)의 문제가 아니라, 손님 접대하려고 내온 차를 제대로 어떻게 마시느냐 하는 끽다(喫茶)의 방법 혹은 에티켓 문제라서 그렇다.

차를 마시는 데도 '다도(茶道)'가 있다잖은가. 하지만 말로 만 들었을 뿐, 체험을 한 바 없으니 당혹스러운 것이다. 들은 풍월로는 주인이 차를 내오며 "차 드십시오."라고 권할 때 "잘 마시겠습니다."라고 화답해야 한다는 것이다. 그런데, "어이쿠, 이런 수고를 끼쳐드려…"한다든가, "거 참, 냄새 좋네요."하는 등 불쑥 엉뚱한 말이 튀어나올까봐 사뭇 걱정이 되고, 그게 혹 결례는 안 되는지 염려스러운 것이다.

찻잔을 잡을 때도 마찬가지이다. 다도에서는 '감사하는 마음으로 공손히 찻잔을 왼손바닥 위에 받쳐 들고 오른 손으로 감싸듯이 마시라'고 가르친다. 이게 서투르고 어설퍼서 덥석 오른 손으로 찻잔을 들고 숭늉 마시듯 후루룩 들이키지는 않을까, 그래서 갈데없는 무지렁이 소리를 들을까봐 신경이 쓰이는 것이다.

반대로 내가 주인이 됐을 때도 어려움은 같을 것이다. 손님 가운데는 커피나 다른 음료수가 아닌 차를 원하는 겨우도 있지 않겠나. 다도에 따라 차를 우려내거나 접대하는 방법을 모르니 미리 겁부터 낼 것 같다. 예를 들어 차를 우려낸 뒤 다기(茶器)에 붓는 모습을 한 번 보자. 다도를 보면 '다관(茶罐)을 오른 손으로 잡아 엄지로 다관 뚜껑을 살며시 누르고, 왼손으로는 오른쪽 엄지를 살짝 가려 정성스럽게 차를 따르라'는 대목이 있다. 매일 같이 차를 끓여 몇 년간 이 짓을 했다면 모르되, 나 같은 위인은 머릿속으로 왼손 바른손이 헷갈려 아무 짓도 못하고 찻그릇을 깨먹거나 뜨거운 찻물을 손님 옷에 부어버릴 것 같다. 따르는 양도 1/2씩 조금씩 따르란다. 그것이 곧 시각적 아름다움이요, 교양과 예모라는 것이다. 이것도 나에게는 벅찬 주문이다. 눈대중을 잘못하여 자칫하면 흥건히 넘치게 따르기가 십상일 듯싶다.

오해 없기 바란다. 나는 지금 다도를 탓하는 게 아니다.

以茶利禮(이차이례)　차로 여의를 갖추고
以茶表敬(이차표경)　차로 남을 공경하며
以茶修身(이차수신)　차로 몸을 바르게 하고
以茶行道(이차행도)　차로 도리를 다 한다

한 잔의 차를 비우고자 하는 것은 갈증을 풀고자하는 욕구 외에 위와 같이 더 높은 뜻이 있음을 모르지 않는다. 다만 나와 같은 범속한 사람으로서는 다도를 익힌다는 것이 너무 어줍지 않고 귀찮으며 어렵다는 점이다.

차의 맛을 느낀다는 건 무얼까? 느끼면 어찌 되는가? 법정(法頂) 스님은 말한다. 차를 마시면 행복하다고. 에세이집 ≪텅 빈 충만≫에는 이런 말이 실려 있다.

　　한 잔의 향기로운 차를 대할 대 나는 살아가는 고마움과 잔잔한 기쁨을 누린다. 행복의 조건은 결코 거창한 데에 있지 않다. 맑고 향기로운 일상 속에 있음을 한 잔의 차를 통해서도 우리는 얼마든지 터득할 수 있다.

　찻잔 쥐는 법을 몰라 왼쪽 오른쪽 헷갈리면 어떠랴. 찻물도 제대로 부을지 몰라 모자라거나 넘친들 무슨 대수이랴. 보다 중요한 것은 한 잔의 차를 마시며 느낄 수 있는 일상의 신선함과 행복이 아니겠나?

2010년 3월

가을비 내리면

오늘 아침, 아주 오랜만에 월드컵공원을 산책했습니다. 집
에서 월드컵경기장 까지는 1km 남짓한 거리. 가까운 곳인데
도 발걸음이 뜨악했던 것은 두어 가지 이유가 있어서였지요.
첫째는 지난여름부터 영등포의 어느 시립 복지원을 찾아 물
리치료와 체력단련운동을 하느라 분주했고, 둘째는 두 번째
수필집을 발간한답시고 원고 챙겨 출판사를 들락거리는 통
에 짬을 내기가 어려웠던 때문입니다. 헌데 10월 31일 토요일
은 물리치료도 없는데다, 수필집에 실릴 원고도 마지막 교열
을 끝낸 터여서 아주 홀가분하게 산책길에 나선 것입니다.
모처럼의 월드컵공원은 늦가을 정취가 완연했습니다. 하늘
이 잿빛인 것은 기상대의 예보대로 오늘 오후에 비가 올 것이
라는 전조 현상 때문일 테지만, 땅 위에서는 다른 변화가 일

고 있었지요. 무엇보다 두드러진 것은 공원 안 수목들의 단풍이었습니다. 배롱나무 올리브 느티나무 감나무 은행나무 참나무 등 온갖 나뭇잎들은 천자만홍의 화려한 빛을 토하고 있었고, 성미 급한 녀석들은 벌써 나풀거리는 잎을 땅에 떨어뜨리기도 했습니다. 낙화도 꽃이라 했던가요? 군데군데 낙엽 쌓인 공원은 운치를 더하면서 별천지를 만드는 것이었습니다. 아침 7시의 이른 시각인데도 많은 사람들이 공원을 찾은 것은 바로 이러한 늦가을의 풍치를 만끽하기 위해서일 겁니다.

월드컵경기장 부근을 둘러보니 그 사이 많은 변화가 있었음을 알 수 있었지요. 메인 스타디움 옆의 보조 경기장 본부석에는 박쥐모양의 텐트가 쳐지고, 그 옆쪽 빈 터에는 풋살(futsal) 경기장이 새로 세워져 있었습니다. 풋살은 일종의 미니 축구로 국제축구연맹(FIFA)이 인정한 실내경기 아닙니까? 월드컵 메인 스타디움과 보조 경기장, 그리고 새로 생긴 미니축구 풋살 경기장은 서로가 썩 어울린다고 느꼈습니다.

북쪽으로 멀리 보이는 바위산은 북한산이지요. 비봉을 중심으로 왼쪽에 향로봉과 의상봉이, 오른쪽으로는 승가봉, 나한봉이 보입니다. 지금 그 산 골짝에도 분명 울긋불긋 단풍이 들었을 테지요. 특히 나무 많은 삼천리골과 밤골에는 현란한 홍엽이 등산객의 발길을 더디게 할 것입니다. 맑고 깨끗한 공기, 만산에 드리워졌을 단풍을 생각자니 당장이라도 달려가고 싶은 심정이군요. 허나 지금은 곤란합니다. 병치레를 하는 처지에 험준한 산을 탈 수는 없겠기 때문이죠.

공원을 나와 오던 길을 되짚어 걸었습니다. 불광천 너머로 마포나루의 명물 황포돛대를 형상화해 지었다는 마포구청 새 청사가 보이는군요. 바로 건너편에 있는 것은 마포장애인 복지센터입니다. 나도 몇 차례 가봤습니다. 뇌경색 후유증을 치료할 목적으로…. 물리치료를 받을 요량이었지만 대기자가 많다기에 아직도 기다리고 있는 중이랍니다.

복지관에는 별의별 장애자가 많지요. 팔이나 다리가 없는 사람, 뇌성마비로 제 몸조차 건사하기 힘든 사람, 한 쪽 몸의 마비로 언어나 보행이 바르지 못한 사람 등…. 그런데도 그들은 열심히 운동틀에 매달립니다. 저런다고 뭐 특별히 나아질 성싶지 않은데도 안간힘을 다 하는 것이지요. 어찌 보면 측은해 보이기까지 합니다. 그리고 안타깝습니다.

꽤 오래 전의 일입니다. 아내와 함께 설악산 주전골로 단풍 구경을 간 적이 있지요. 주전골은 호남의 내장산, 영남의 주왕산과 더불어 뛰어난 단풍의 명소로 알려진 곳입니다. 눈부시게 아름다운 단풍에 취해 용소폭포까지 올라갔다가 내려오던 길에 한 무리의 다른 등산객들과 마주치게 되었습니다. 그런데, 이게 대체 어쩐 일인가요. 그들은 모두가 앞 못 보는 맹인들이었습니다. 맹인들의 단풍 관광이라니? 듣거나 본 바 없는 일이어서 어안이 벙벙했습니다. 그들을 인도하는 사람이 따로 있었는지는 기억에 없습니다. 그러나 설사 있다 하더라도 맹인들이 어떻게 노랗거나 붉게 물든 단풍을 감상할 수 있을까요? 흰색 지팡이나 손으로 더듬어 화려한 잎사귀의 빛깔을 알아내는 것도 아닐 테고 말입니다. 지금까지도 그날의 불가사의가 풀어지지 않습니다.

> 가을바람처럼 만나
> 스산한 이 계절을 걷다가
> 돌계단이 예쁜 한적한 찻집에서
> 만추의 사색에 젖어들고 싶다
>
> 사랑하는 연인이라면
> 빨간 단풍잎처럼 만나도 좋겠지
> 은은한 가을 향을 마시며
> 깊어가는 가슴을 고백해도 좋겠지

시인 이채는 '가을엔 누구와 차 한 잔의 그리움을 마시고 싶다'에서 가뭇없는 만추의 서정을 이렇게 그리고 있습니다. 그러나 이곳 설악산 주전골에는 찻집도 없고, 사랑을 고백해도 들어줄 연인은 더욱 없습니다. 그런데도 그들은 즐겁게 담소하며 산을 오르고 있었지요. 흐드러진 단풍 길을….

오후엔 기상대 예보대로 정말 비가 내렸습니다. 이제 가을비도 내렸으니 날씨는 더욱 스산해질 테지요. 다음 주 토요일인 11월 7일은 입동(立冬). 맵고 찬 바람은 사나와지다 못해 드디어는 천지를 꽁꽁 얼리고 말 겁니다.

나와 같은 환자에게 추위는 대단히 위험스러운 존재이죠.

따뜻한 날씨에도 마비가 덜 풀린 오른쪽 뺨이나 팔죽지가 저리는데, 얼음같이 차가운 겨울철엔 오죽 더하겠습니까. '피었다 지는 것이 꽃만이 아니고, 늘 푸를 수 없는 것이 잎만이 아니란 것'을 모르지 않습니다. 사람도 마찬가지일 겁니다. 무병하고 장수할 수는 없고, 때로는 병도 얻어 고생하며 결국은 삶을 마감해야 할 겁니다. 그러나 뇌경색에 걸렸다 해서, 나이가 적지 않다 해서, 제풀에 삿바를 내리고 무릎을 꿇어서야 되겠습니까?

늦가을에 내리는 비. 빗줄기가 점점 굵어집니다. 오른팔이 저려 오는군요. 긴팔셔츠라도 꺼내어 입어야 할까 봅니다.

2009년 10월

하늘공원, 그리고 억새풀

가을을 상징하는 것은 많다. 쪽빛 하늘, 선들바람, 붉은 단풍, 오곡백과, 그리고 청아한 풀벌레 소리, 하늘거리는 코스모스며 향기 높은 국화 등…. 해서 가을은 다른 어떤 계절보다 먹고 보며 즐길 것 많은 풍요의 계절이다. 어떤 사람들은 서둘러 여행길에 오르기도 한다. 푸른 하늘, 맑은 바람 그리고 산야를 덮은 단풍 속에 훌쩍 여행길에 오르는 것은 얼마나 신나는 일인가. 얼마나 멋있는 일인가. 이래서 가을은 여행의 계절이기도 하다.

가을은 여름 더위에 풀어진 영혼을 팽팽히 조이게 한다. 쪽빛 하늘, 그리고 삽상한 바람이 불어서이다. 한 잎 두 잎 바람에 떨어지는 낙엽은 문득 삶이 무엇인가, 살아가는 가치가 어떤 것이며, 이 넓은 우주 공간에 나의 존재가 무엇인가를 반추하게 만든다. 연약한 저 코스모스를 흔들거리거나 국화의 잔잔한 향기를 실어 나르는 가을바람은 그래서 우리를 사색의 길로 이끈다.

"산바람소리는 갓 비질을 하고난 뜰처럼 우리들 마음속을 차분하고 정갈하게 가라앉혀 준다. 인간의 도시에서 묻은 온갖 오염을 씻어준다. 아무런 잡념도 없는 무심(無心)을 열어준다"고 말한 사람이 있었다. 산에서 듣는 바람소리는 귓전만을 스치는 것이 아니고, 뼛속과 핏줄에 섞인 티끌까지도 맑게 씻어준다는 것이 늦가을 산바람을 다하는 그의 느낌인 듯하다.

그러나 가을바람은 다른 의미로 내 기억에 남아 있다. 군락(群落)을 이룬 억새풀 위에 가을바람이 휘몰아치는 광경을 본 일이 있는가. 넘치는 바람결에 억새는 저희끼리 서걱대며, 은빛 물결은 파도 같이 굽이칠 때, 당신은 황홀감을 느꼈을 것이다. 그리고 경탄했을 것이다.

서울 마포구 상암지구 한강 하류에는 이름도 아름다운 난지도(蘭芝島)가 떠 있다. 난초와 지초(芝草)가 자란다 해서 붙여진 이름이다. 원래가 이곳은 홍수 때 강물이 차서 넘쳐흐르던 평야지대로 땅콩, 채소, 화훼 등이 재배된 지역이다. 특히 땅콩은 전국 생산량의 30%를 차지할 정도로 수확량이 많았다. 그런데 1977년 제방이 만들어 지고, 서울의 규모가 커지면서 다음해부터는 쓰레기매립장으로 지정, 활용되었다.

난지도의 총 면적은 105만평 가량. 1993년 쓰레기매립장이

폐기될 때까지 이 섬에는 9천 200만 톤의 생활쓰레기를 비롯해서 건설폐자재, 산업폐기물 등이 멋대로 쌓였었다. 따라서 난지도에는 분진과 악취는 물론 파리 모기가 들끓었고, 쓰레기가 썩으면서 분출하는 메탄가스로 크고 작은 화재가 끊이지 않았다.

난지도는 '버려진 땅'이 돼버렸다. 살아있는 것이라고는 썩어가는 물건과 그 물건에서 풍기는 악취뿐이었다. 따라서 난지도는 '몹쓸 땅'으로 인식되었고, 쓰레기를 뒤지는 넝마주이들의 모습은 걸핏하면 해외 매스컴에 등장하기도 했다. 가난한 한국의 상징으로….

1974년 내가 이곳 서대문구 북가좌동에 첫 집을 마련해 이사 왔을 때만 해도 우리는 엄청난 피해를 겪어야 했다. 쓰레기를 태울 때마다 비위를 뒤집어놓을 듯 역한 냄새가 코를 괴롭혔고, 검댕이가 까맣게 날아들어 빨래조차 마음대로 널 수 없었다. 난지도와는 고작 2km 정도의 거리를 두고 있었으니 당연한 현상이었을 것이다.

1978년부터 15년 동안 사용하던 난지도의 쓰레기 매립장은 1993년 2월 다행히 폐기되었다. 그럴 수밖에 없는 이유가 있었다. 매립장 높이가 98m에 이르러 국제적으로 허용된 45m를 훨씬 초과했고, 쓰레기더미의 침출수도 걸러지지 않은 채 한강으로 흘러 들어가는 등 문제가 많았기 때문이다.

그랬던 난지도가, 많은 사람들의 원성을 샀던 난지도가, 1998년 들어 상전벽해(桑田碧海)의 대변신을 해버린 것이다.

상암지구가 2002년에 열리는 한일 월드컵의 개막장소로 결정됐기 때문이다. 혐오의 대상으로 배척을 받던 3,471,090㎡(1백 5만 평)의 광활한 면적 난지도는 평화공원, 노을공원, 하늘공원, 난지천공원, 난지한강공원 등 5개의 테마로 구성된 월드컵공원으로 새롭게 바뀌기 시작했다. 92종 733,000그루의 나무가 심어졌고 연못, 분수, 전시관, 놀이터 등 편의시설이 속속 들어서기 시작했다. 21세기 친환경 모델로 각광을 받으며 서울 시민들의 휴식공간으로 탈바꿈한 것이다.

노을공원과 하늘공원은 쓰레기 매립지로 조성된 공원들이다. 제1매립지는 노을공원으로, 제2대립지는 하늘공원으로 이름을 바꿨다.

초지공원인 하늘공원은 생태 연못과 '희망의 숲'이 있는 평화공원과 육교로 이어져 있다. 한강 상류에 쓰레기로 이루어진 산, 지그재그로 연결된 291개의 나무계단을 오르면 바로 광활한 공원이 기다리고 있는데 그것이 바로 하늘공원인 것이다. 북쪽의 북한산, 동쪽의 남산과 63빌딩, 서쪽의 행주산성이 한 눈에 들어온다. 일망무제(一望無際), 절로 가슴이 확 트이는 느낌이다.

하늘공원의 볼거리는 뭐니 뭐니 해도 억새풀이다. 19만㎡(5만 8천 평)의 드넓은 대지에 억새풀이 군락을 이루고 있는 모습은 미상불 장관이 아닐 수 없다. 이따금 바람이라도 불라치면 은빛 억새풀은 이리 밀리고 저리 쏠리며 물결을 이룬다. 거센 파도가 춤추는 모습이랄까, 아니면 거대한 파충류가 홍

에 겨워 뒤척거리는 모습이랄까. 별난 세상에 와 있는 느낌이
드는 것이다.

> 난지도 하늘공원에서
> 진종일 바람으로 썩어서야
> 햇빛이 달밤으로 익어 내리는 것 보네
> 밤새 내린 달빛도 썩어서야
> 아침 이슬로 영롱해지는 것을 보았네
> 하늘의 따뜻한 가슴이
> 버림받은 세상을 보듬어 안고 썩어서
> 억새풀이 되는 것 보았네
> 힘든 세상살이에 틈틈이 흘린 슬픔이
> 더 큰 자비로 일어서는 우주의 아름다움을 보네
> (하략)

서봉석의 '난지도 하늘공원'이란 시이다. 척박한 땅, 세상의
무관심과 냉대 속에서도 굴하지 않고 억세게 자라는 억새풀
의 의연한 모습은 아름다움에 앞서 경건함을 느끼게 한다. 물
론 하늘공원에는 억새풀만 있는 것이 아니다. 자생종인 엉겅
퀴, 제비꽃, 씀바귀도 있고, 귀화종인 토끼풀이나 해바라기,
메밀꽃도 있다. 그러나 하늘공원을 그답게 만드는 것은 아무
래도 억새풀이 아닌가 한다.

난지도에서 가장 높은 이곳 하늘공원. 그도 한 때는 먼지와
악취 그리고 파리가 많다는 '삼다도'의 오명(汚名)을 들어야

했다. '쓰레기집하장'이라는 것 이외에는 아무런 존재도, 의미도 각인시킬 수 없었던 난지도. 그가 보낸 15년 세월은 얼마나 아프고 괴로웠을까. 이제 '시민의 안식처'니 '21세기의 새로운 유토피아'니 하고 지껄이는 인간들의 교활함에 난지도는 경멸의 침이라도 뱉고 싶었을 것이다. 버릴 때는 언제고, 너스레 떨며 볼 부빌 때는 언제인가 하면서….

다시 갈바람이 부는가. 은빛 억새풀이 힘차게 출렁인다.

2009년 12월

그해 소설(小雪)

기침을 하자
젊은 시인(詩人)이여 기침을 하자
눈 위에 대고 기침을 하자
눈더러 보라고 마음 놓고 마음 놓고
기침을 하자

김수영(金洙暎)의 시 '눈'의 한 대목이다. 무릇 시란 시어(詩語)가 지니는 상징성에 따라 그 의미가 결정된다. 아마도 이 시의 작가는 일상에 많은 불만을 지니고 있던 것 같다. 그렇지 않고서야 왜 하필이면 순수하고 때 없는 눈 위에 기침을 하자고 했겠는가. 그가 말하는 눈은 아마도 그냥 눈이 아닌, 거짓된 순수나 불순한 진실이었을 것이다.

그렇다면 기침을 하자는 그의 제의도 조금은 이해가 된다. 추악한 현실을 감추고 있을 뿐인 눈을 응징하자는 뜻일 터이므로. 결국 이 시는 잘못 굴러가는 현실에 대한 분노와 울분의 토로요, 그런 현실을 수용만 해나갈 뿐인 자아에 대한 꾸짖음이라고 이해할 수도 있겠다. 비슷한 상징성을 우리는 이어령(李御寧)의 수필 '겨울의 기침소리'에서 발견한다.

> 기침소리는 허파의 가장 깊숙한 밑바닥에서 울려 나오는 소리이다. 그 소리는 무슨 음악처럼 박자나 화음이나 음계 같은 것으로 울려오지 않지만, 어떤 미열과 고통 그리고 미세한 바이러스를 거부하는 분노 같은 힘들이 묘하게 어울려 번져가는 생명의 리듬이 있다.

오늘은 11월 22일 일요일. 절후는 소설(小雪)이다. 흰 눈을 기대했지만 순결무구한 백설은 내리지 않았다. 이날은 낮 최고 기온이 9도까지 올라갔다던가. 따라서 '눈더러 보라고 마음 놓고 마음 놓고 기침할 일'도 없었다.

흔히 소설은 소춘(小春)이라 한다. 바로 이맘때는 겨울이라 해도 비교적 날씨가 따뜻하기 때문이다. 그래도 "소설에는 초순의 홑바지가 하순의 솜바지로 바뀐다"는 말이 있기는 하다. 그것은 점차 땅이 얼면서 갑자기 겨울 기분에 젖어들기 때문일 것이다.

소설과 관련해서 흥미로운 속담이 하나 있다. "소설 추위는 빚을 내서라도 한다"는 게 그것이다. 추워지면 걱정거리가 많아질 텐데, 빚을 내서라도 추위를 맞겠다니 무슨 패러독스인가? 그러나 이 속담에는 지난날 우리가 겪었던 삶의 고단함과 아픔이 서려 있다.

우리는 1960년대 까지 가난을 면치 못해 배를 곯아야 했다. 지금은 전설같이 들리지만 '보릿고개'도 있었다. 지난해 추수한 곡식이 다 떨어져 바랄 것은 햇보리뿐인데, 아직 낟알이 여물지 않아서 음력 3~4월이면 식량난이 극심했다. 내남없이 이 춘궁기(春窮期)를 넘기기가 쉽지 않았다. 사람들은 빈 배를 채우기 위해 소나무 껍질을 벗기거나 칡뿌리를 캐는 등 그야말로 초근목피로 생명을 부지해 나갔다. 오죽하면 '보릿고개 넘기가 태산보다 어렵다'는 말이 생겨났을까.

흔히 '소설에는 날씨가 추워야 보리농사가 잘 된다'고 한다. 그러니 보리농사가 대풍을 이뤄 목숨을 연명하기 위해서는 어디 가서 꾸어오는 한이 있더라도 소설 추위가 냉랭할 필요가 있었던 것이다.

요즘 우리는 쌀이 남아도는 세상에 살고 있다. 1955년에 295만 9000 톤이던 쌀 생산량은 1996년에 532만 3000 톤으로 40년 동안에 약 2배로 증가했다. 그럼 2009년의 쌀 생산량은 어땠나? 통계청이 지난 11월에 발표한 바로는 전년에 비해 1.5%가 증가한 491만 6천 톤이라 한다. '보릿고개'의 대명사로 알려진 보리는 이제 귀중한 식재료로서가 아니라 웰빙과 다이어트의 표본으로 위상이 바뀌었다. 놀라운 변화가 아닐 수 없다.

오늘 아침에는 5촌 조카들과 함께 시향(時享)에 참례했다. 시향은 시사(時祀) 또는 시제(時祭)라고도 불린다. 다른 집안은 어떤지 모르나, 우리 종파는 음력 10월에 5대 이상의 조상 산소를 찾아 제사를 지내고 있다.

아침에 일어나 바깥부터 살펴봤다. 시후(時候) 따라 혹 눈이라도 내리지 않았을까 하고. 그러나 눈은 없었다. 다만 낮게 깔린 구름 사이로 간간이 햇살이 보였다. 눈 걱정은 안 해도 좋을 것 같았다.

시향이 베풀어질 파주시 광탄읍의 9세조 할아버님의 묘소에는 예정시간인 10시 30분에 앞서 너덧 종친이 먼저 와 있었다. 묘역은 그동안 관리가 잘 돼 있어 단정하고 깨끗했다. 비석이며 망주석, 장명등도 깔끔히 손질되어 있었다.

조상님들 산소에 오면 나는 왠지 모르게 마음이 편해짐을 느낀다. 호젓하고 아늑한 묘역 특유의 분위기 때문일까. 아니, 조상의 음덕(陰德)을 깊게 받았고, 앞으로도 두터이 받으리라는 믿음 때문인지도 모르겠다. 설사 오늘의 삶이 때로 껄끄러워도 곧 모든 일이 제대로 풀려 나갈 것 같은 생각이 드는 것이다.

시향 준비가 끝났나 보다. 초헌관(初獻官)으로 분향재배하며 제주를 올렸다. 사른 향냄새가 바람을 타고 천천히 묘역에 퍼진다. 조상님들은 이 향내 닿으시고 술 한 잔 하러 오실 테지. 그리고 1년 내 못 잡수신 음식도 배불리 잡수셨으면 좋겠다.

　구름 사이로 숨바꼭질하던 해가 드디어 모습을 감추더니 눈 대신 몇 방울 비를 내린다. 소설(小雪)이란 절후도 잊은 채…. 서둘러 식사를 마치고 산을 내려왔다. 묘역 일부가 도시계획에 들어가 있어 내년 시향은 어찌 될는지? 거푸거푸 조상 걱정을 하게 되는 것은 나도 엔간히 나이가 들었음인가.

　빗방울이 점점 굵어진다.

2009년 11월

지금 봄은 몸단장 중

오늘은 2009년 1월 20일. 음력으로는 기축년(己丑年) 섣달 초엿샙니다. 한 해 24절기 가운데 마지막에 해당되는 대한(大寒)이 오늘이므로 보름 뒤엔 당연히 입춘(立春)을 맞게 될 테지요.

원래 겨울날씨는 입동(立冬)에서 시작하여 소한(小寒)으로 갈수록 추워지고, 대한에서 절정을 이루는 것이 상식입니다. 그러나 우리의 경험은 조금 다른 것 같군요. 소한이 대한보다 더 추운 것입니다. 이번 만해도 그렇지 않습니까. 소한인 1월 5일에는 4일에 이어 엄청난 눈이 내렸고 바람까지 드세게 불어 동장군(冬將軍)이 기승을 부린데 비해, 대한인 오늘은 전국이 영상의 기온이었고 안개비까지 내렸습니다. 그러기에 "대한이 소한 집에 가 얼어 죽었다"라든가, "춥지 않은 소한 없고 포근하지 않은 대한 없다", "소한의 얼음 대한에 녹는 다"는 속담들이 생겨났을 테지요.

신문은 이번 '대한' 날씨를 가리켜 '봄날 같이 따뜻하다'면서 "문득 향긋한 냉이 향과 제주의 봄 바다가 그립다"는 등의 기사를 실었습니다. 이 칙칙한 겨울, 쌓인 눈은 미처 녹아내리지도 않았는데 봄 타령이라뇨?

궁금하기도 해서 뜰 안을 거닐어봤습니다. 혹 나도 모르는 사이에 삐죽 새싹이라도 돋지 않았을까 해서였죠. 그러나 벌거벗은 채 서 있는 나무들은 그대로였습니다. 모과 살구 대추 매실 감 자두 체리 등 어떤 나무도 아무런 기척이 없었던 겁니다. 잔디와 도라지 더덕 철쭉 원추리 카사블랑카 크로커스 나리 등도 죽은 듯 제 자리를 지키고 있었지요. 살아 있음을 확인할 수 있는 것은 사철 푸른 옥향과 대나무, 그리고 몇 년 전에 구해 심은 소나무 묘목뿐이었습니다. 그나마 핏기 잃은 모습으로….

따라서 '겨울의 끝이 보인다'는 신문기사의 표현은 그저 느낌이 그럴 뿐, 시답잖은 겨울비 몇 방울이 떨어졌다 해서 겨울이 끝난 것은 아니었습니다. 기상대도 예고하지 않았던가요. 내일부터는 전국의 기온이 다시 뚝 떨어져 영하의 날씨를 보일 것이라고…. 하기야 누가 뭐래도 봄은 올 것입니다. 땅 끝 저쪽에서는 벌써 부스스 몸을 일으키고 있는지도 모릅니다. 시인 신동엽(申東曄)의 '봄의 소식'이란 시와 같이 말이죠.

마을 사람들은 되나 안 되나 쑥덕거렸다.
봄은 발병 났다커니
봄은 위독(危毒)하다커니
눈이 휘둥그래진 수소문에 의하면
봄이 머언 바닷가에 갓 상륙허서
동백꽃 산모등이에 잠시 쉬고 있는 중이라는 말도 있었다,

그렇지만 봄은 맞아 죽었다는 말도 있었다.
광증(狂症)이 난 악한한테 몽둥이 맞고
선지피 흘리며 거꾸러지더라는…

마을 사람들은 되나 안 되나 쑥덕거렸다.
봄은 자살했다커니
봄은 장사지내 버렸다커니

그렇지만 눈이 휘둥그래진 새 수소문에 의하면
봄은 뒷동산 바위 밑에, 마을 앞 개울
근처에, 그리고 누구네 집 울타리 밑에도,
몇 날 밤 우리들 모르는 새에 이미 숨어와서
몸 단장(丹裝)들을 하고 있는 중이라는
말도 있었다.

봄은 언제나 우리 집 앞뜰부터 먼저 찾아오곤 했습니다. 왜냐고요? 남향받이라서 그럴 수밖에 없지요. 올봄도 그럴 겁니다. 하니, 새삼스레 몸단장을 할 필요도 없을 것 같군요. 멍석 깔고 탁주 받아 놓을 테니 얼른 달려와 여행의 노독(路毒)이나 풀었으면 합니다.

지난 12일 중앙아메리카의 섬나라 아이티에서는 리히터 규모 7.0의 강진이 발생했습니다. 대통령궁을 비롯한 정부기관 건물과 의회, 병원 등 건물 4천 채가 무너지고, 사망자는 무려 20만 명에 이를 것으로 추산된다고 하는군요. 지진 피해가 가장 심한 지역은 아이티의 수도인 포르토프랭스의 중심지 델마 지역. 먹을거리를 찾아 거리로 쏟아져 나온 사람들, 길가에 아무렇게나 방치돼 있는 시신들, 애타게 구조를 기다리다 콘크리트 더미 사이에서 숨져간 사람들, 상처가 썩어가는 환자들의 비명, 중장비를 동원해 참변 현장을 정리하는 유엔 평화유지군의 어수선한 모습 등으로 생지옥과 같았다고 현지에 파견된 기자는 전하고 있습니다. 어떻게 이런 재앙이 삽시간에 일어날 수 있을까요?

아이티는 중앙아메리카 카리브 해 연안의 섬나라로 공식 명칭은 아이티공화국입니다. 면적은 2만 7천여㎢, 인구는 약 892만 명, 1인당 GDP는 2008년 기준으로 1400달러입니다. 중남미에서는 니카라과 다음으로 가장 못사는 나라이죠. 이런 나라에 대 참사가 일어나 가슴을 더욱 아프게 합니다.

아이티는 비록 가난은 할지언정 풍광만큼은 뛰어난 나라로 널리 알려져 있습니다. 파란 하늘과 에메랄드 빛깔의 바다에 야자수 잎은 흔들리고, 사람들은 열정적이어서 '비너스의 섬' 이라는 이름까지 듣고 있지요. 특히 화가 고갱은 이 섬을 좋아한 나머지 주민들과 함께 지내면서 작품 활동을 했음은 물론, 아이티에서 삶을 마감했을 정도입니다. 그랬던 이 섬이 카리브 해 비극의 현장으로 바뀌다니 이 무슨 변고인지 모르겠군요.

더운 나라 아이티는 지금 혹한 이상의 어려운 상황을 맞고 있는 격입니다. 하지만 난관을 헤쳐 나갈 희망의 끈은 있습니다. 한국을 비롯한 국제구조팀 50여 개가 투입돼 있고 비상식량도 끊임없이 공급되고 있으며, 각국 정부의 지원금도 상당 액수 적립된 상태이니까요.

더욱 고무적인 뉴스가 있습니다. 지난 19일 생후 15일된 여자 아이와 69세 된 할머니를 무너진 집과 매몰된 성당 사택에서 각각 구출해 낸 겁니다. 또 같은 날 25세의 여성도 한 쇼핑센터 잔해더미에 있다가 햇빛을 보게 됐다고 외신은 전하고 있지요. 이들은 지진이 일어난 후 일주일동안 물과 음식을 전혀 먹지 못했다고 합니다. 이 세 사람의 생환 소식은 산다는 것의 귀중함과 숭고함을 거듭 느끼게 하는군요. 오늘(21일) 현재 지진 후 구출된 사람은 121명. 앞으로 그 숫자가 훨씬 많이 늘어나면 좋겠습니다.

봄이 '우리들 모르는 새에 숨어들어 몸단장을 하고 있는 중'이듯, 아이티의 하늘과 땅에도 제발 시련의 '혹한'이 속히 물러갔으면 하는 바람입니다. '눈이 휘둥그래질 만큼' 신속하게요.

2010년 1월

※ 이 원고를 마칠 때 한 가지 희소식을 들었습니다. 위스몽 장 피에르라는 남자가 무너진 호텔의 잔해에서 구조됐다는 뉴스였습니다. 아이티 지진 12일째인 23일의 일입니다. 그는 '눈에 띄는 모든 것을 먹으며 버텼다'던가요? 생명의 숭고함을 가슴으로 느꼈습니다.

부러진 꽃대의 오기

장마는 지금 소강상태라 한다.

그제 오전에는 서울과 중부지방을 중심으로 전국에 장맛비
가 내렸다. 경기 북부지방의 경우 시간당 25mm의 폭우가 쏟
아진 곳도 있다고 한다. 그랬던 장맛비가 어제는 찔끔 시늉만
낸 채 구름만 드리우더니 오늘은 소서(小暑)를 사흘 앞둔 날
씨답게 땡볕이 요란했다. 남쪽으로 물러간 장마는 이번 주말
쯤에나 다시 북상하리라는 기상대의 예보이다. 어쨌거나 올
장마는 제발 수월하게 치렀으면 하는 바람이다. 도시든 농·
어촌이든 두루 아무런 피해가 없게끔….

비 그친 집안 뜰은 7월의 햇볕 속에 더욱 싱그럽게 느껴진
다. 열매를 다 내린 살구와 매실은 푸른 잎이 훨씬 짙어진 느
낌이고, 감과 모과나무의 어린 열매도 빗속에 더 자랐는지 한

결 튼실하고 도톰해진 것 같다. 뜰 안의 감나무는 모두 네 그루. 기름칠을 한 듯 번들거리는 잎 때문에 녀석들을 쳐다보면 눈이 부실 지경이다.

장맛비는 정원의 수목에만 변화를 준 게 아니다. 마당 곳곳에 심은 백합과 나리 그리고 카사블랑카는 이미 활짝 피었거나, 봉오리를 잔뜩 부풀려서 개화를 준비 중인 것 등 제가끔 바쁜 모습이다. 계단을 내려 뜰에 들어서면 코끝에 물씬 향내가 젖어든다. 무어라 형언키 어려운 향내, 그 냄새를 맡다 보면 몸속에 흐르는 피조차 맑아지면서 머리가 가뿐해지는 느낌이다.

내가 좋아하는 도라지꽃이 핀 것은 어제였던가. 뜰 안에 심은 여러 뿌리의 도라지 중 하나가 이번 장맛비를 맞고 마침내 꽃망울을 터뜨린 것이다. 꽃의 빛깔은 짙은 보라였다. 화단 밑 양지 바른 곳에서 피어난 꽃은 주변의 푸른 잔디와 어울려 여간 아름답지 않았다. 청초하고 단아한 품새가 영락없이 기품 있는 아녀자를 연상케 했다. 그리고 알 수 없는 그리움을 자아내는 것이었다.

한여름에는 왜 그리 잡초가 무성한지? 도라지꽃을 더 잘 볼 수 있도록, 그리고 도라지꽃에 방해가 되지 않도록 나는 잡풀을 뽑기 시작했다. 더위에 땀방울을 흘리면서…. 헌데, 이런 실수가 있는가? 나도 모르게 그간 도라지 꽃대 하나를 부러뜨리고 만 것이다. 꽃대가 일직선으로 고추 섰더라면 아무 일이 없었을 터였다. 그러나 햇빛을 받느라 본래의 자리에서 땅바닥으로 한 뼘쯤 이동한 뒤 꽃대를 일으켜 세운 탓에, 잡초더미에 묻힌 꽃대 밑 부분을 미처 못보고 동강을 내버린 것이다.

부러진 가지에는 보라색 꽃 말고도 5각형 종이를 접은 듯 보이는 작은 꽃망울이 3개나 달려 있었다. "이런 낭패가 있나!" 잘 해보려고 한 짓이 이런 지경을 만들었으니 아주 속이 상했다. 무엇보다 꽃에게 미안했다. 저도 주인을 기쁘게 해주려고 남보다 일찍 꽃을 피워냈을 텐데….

도리 없이 꽃대의 아랫부분을 적당히 잘라내고 그릇장을 뒤적였다. 언젠가 사서 얹어 둔 도자기 화병에 녀석을 꽂아두기 위해서였다. 화병 안팎을 깨끗이 닦아낸 뒤 물을 담고 꽃을 꽂았다. 그리고는 안방 문갑 위에 올려놓았다. 갑자기 방 안이 환해진 느낌이었다. 방에는 옷장 책장 화장대 컴퓨터 TV세트 말고도 여러 가지 허접스런 물건도 많은데, 작은 꽃 한 떨기가 그 모든 존재들을 제압하는 것 같았다.

지금까지의 도라지꽃이란 그저 빛깔만 눈에 띄었을 뿐이었다. 보라나 하양 같은…. 그런데 가까이 두고 보니 그게 아니었다. 꽃을 지탱하는 섬세한 맥줄까지가 뚜렷이 보였고. 그 모습이 꽃을 더욱 화사하게 만드는 것이었다. 그 맥줄의 치밀한 기하학적 구조라니…. 그 아름다운 '혈맥'은 잎에도 촘촘했다. 이 세상의 모든 것은 다 이유가 있어 존재한다지만, 한낱 하찮은 꽃이나 잎조차도 저렇듯 처절하게 존재를 지키고 있다는 점에 경외심을 갖지 않을 수 없었다. 도라지꽃의 새로운 모습을 발견하게 된 셈이다.

화병의 도라지꽃은 그 후로도 닷새ㄴ 생명을 유지했다. 그리고 마침내 시들어 버렸는가 싶었는데, 바로 그 옆 봉오리에서 다른 꽃이 피어나는 것이었다. 저희들끼리 배턴터치라도 한 모양인가. 아니, 부러진 꽃대의 오기인지도 모를 일이다. 그런데 이건 또 뭔가? 새로 핀 것은 차마 도라지꽃이라고 부를 수 없을 정도로 크기나 빛깔이 엉성했다. 아마추어가 빚어낸 조화 같았다. 자양분이 있는 땅 속의 물을 빨아들이지 못했고 햇빛 또한 제대로 받지 못했으니 자연히 그럴밖에. 그래도 나는 이 꽃대가 '살아야 되겠다'는 의지와 '반드시 꽃을 피우고 말겠다'는 결의를 보인 점에 힘찬 박수를 보낸다.

모르기는 해도 화병 속의 도라지는 나머지 2개의 꽃봉오리도 마저 피우고야 말 것이다. 핀지 사흘을 맞아 점점 시들어 가는 두 번째 꽃에 이어 날로 도톰해지는 봉오리가 그것을 증명한다.

독일 라이프치히 대학의 물리학 교수이자 의학박사였던 페히너(Gustav T. Fechner)는 이렇게 말한 적이 있다.

식물은 땅에 뿌리를 박고 있기 때문에 동물보다 움직임이 자유스럽지 못하다. 하지만 식믈이 동굴보다 허기나 갈증에 덜 민감하다고 생각하는 근거는 무엇인가? 동물은 몸 전체를 움직여 먹이를 찾지만, 식물은 몸의 일부분으로 그 일을 해낸다. 눈, 귀, 코 등의 감각을 통해서가 아니라 무언가 다른 감각을 이용해서.

인간들은 말이나 숨결로 서로의 존재를 확인하지만, 식물은 훨씬 우아한 방법으로 서로를 확인하는지도 모른다.

그렇다면 방 안에서 핀 도라지꽃도 이미 빙충맞은 주인의 실수를 모두 알고는 '끝까지 살아남는 방법'을 찾았을 것 같다.

그게 사실이라면 내 자신에게 묻고 싶다. "꽃대가 부러진 도라지조차도 저리 좌절을 딛고 아름다운 꽃을 피워내는 데, 당신은 대체 무어란 말인가?"

쉽게 체념하고 포기하며, 자주 실의하고 절망하는 나는 정말 어떤 존재인가? 식물의 움직임은 동물보다 자유스럽지 않지만, 무언가 다른 감각을 이용해서 그 일을 해 낸다고 하지 않는가? 그러고 보니 이곳저곳을 마음 내키는 대로 돌아다닐 수 있는 내 두 다리가 오히려 부끄럽다.

2010년 7월

돌 이야기

그러고 보니 이 집에서 산 지도 꽤 오래 된 듯싶다. 1978년 초봄에 이사했으니 햇수로는 벌써 32년이 된 셈이다. 남들은 집을 팔고 되팔아 강남에 아파트를 샀네, 떼돈을 벌었네 하고 자랑이지만, 나란 멍청이는 강북 후미진 곳 단독주택에서 이토록 오래 지겹도록 살고 있으니 얼마나 딱하고 한심한 노릇인가. 하지만 몇 가지 이유가 있어서 나는 이곳을 못 떠난다.

서울시 서대문구 북가좌1동 349번지 1호. 우선은 이 집이 4방 6m의 소방도로 한 귀퉁이에 놓여 있다는 점이다. 조망이 시원할뿐더러 이쪽저쪽 출입이 자유롭다. 또 건물의 앉음새가 동남향이어서 겨울엔 따뜻하고 여름엔 시원하다. 동남향 집에 살려면 3대에 걸쳐 덕을 쌓아야 한다는 말도 있잖은가.

대지가 80평 정도라 그리 넓다고는 말할 수 없겠다. 그러나 네 모 반듯한 뜰에는 잔디밭이 있어 흙냄새, 풀냄새를 아무 때고 실컷 맡을 수 있다. 어디 그 뿐인가. 살구 모과 감 대추 매실 자두 산 앵두 등의 유실수가 그득하고, 라일락 장미 찔레 철쭉 목백일홍 황국이 다투어 핀다. 7월 중순 지금에는 더덕과 도라지꽃, 능소화, 금계국 그리고 카사블랑카가 청순하게 또는 열정적인 자태를 뽐내고 있다. 이런 것들이 후딱 집을 옮기지 못한 이유이다.

처음 이 집으로 이사 올 때만 해도 뜰 안은 보잘 것 없이 삭막했다. 3면 화단 위에는 덩치가 큰 몇 덩어리 잡석만 올려져 있었고, 나무라고는 후박과 향나무 그리고 보도 옆에 심어진 몇 그루 옥향나무가 전부였다. 새로운 정원석으로 화단을 꾸미기 시작한 것은 다음 해 봄이었던가. 강남의 한 원예원에서 강돌 두 트럭분을 실어 날랐다. 내가 직접 현장을 방문하여 마음에 드는 돌을 백묵으로 표시하는 방법으로 돌을 선택한 것이다. 산에서 채취한 돌은 모가 나고 빛깔도 거무튀튀하지만, 강돌은 강물에 닳고 씻기어서 모난 데가 없고 때깔도 밝은 것이 특색이다. 모든 돌에는 제각기 독특한 모양과 빛깔이 있는 법. 나는 되도록 야단스럽지 않은, 우리 집 마당에 어울릴만한 돌들을 골랐다.

새 흙을 받아 시작한 정원석 공사는 이럭저럭 사흘이나 걸렸다. 정원이 완성됐을 때의 그 가슴 벅찬 기쁨이라니! 시끄럽고 번잡한 도시 한 구석이 아니라, 고요하고 아늑한 대자연의 품에 안긴 듯 쾌적한 느낌이었다. 신선이 되면 이런 기분일까. 돌마다 갖고 있는 각양각색의 모양, 색채, 문양은 까칠한 세상에 부대끼고 휘둘린 나를, 내 기분을, 전혀 다른 모습으로 바꿔났다. 정원공사를 아주 잘 했다는 생각이었다. 나는 틈나는 대로 돌에 물을 뿌려 주었고, 들 사이사이에 심은 철쭉이나 회양목을 가위로 손질했다. 아름다운 돌을 더 선명하게 볼 심산으로.

하지만 그렇듯 살뜰한 보살핌은 그리 오래 가지 못했다. 물을 뿌려 돌을 광내는 것 자체가 의미 없이 느껴졌고, 뿌리를 깊게 내린 철쭉과 회양목이 날로 기서 좋게 자람으로써 돌 자체를 거의 덮어버렸기 때문이다.

돌을 통해 자연을 알고, 돌만이 갖는 천변만화의 아름다움을 만끽하며, 풍류까지를 만지작거리그자 했던 바람도 포기할 밖에 없었다. 두 토끼를 잡는다는 게 여간 어렵지 않다는 사실을 경험으로 느낀 것이다.

어차피 돌이라는 말이 나왔으므로 오늘은 그동안 기억에 남은 돌을 중심으로 얘기를 엮어야 할 것 같다.

한 때는 수석에 관심을 두기도 했었다. 바쁜 방송국 생활에 동호인 모임엔 가입하지 못했어도, 틈이 나면 아내와 둘이서 탐석에 나서고는 했다. 충북 제천도 두어 번 갔었고, 강원도의 동강, 그리고 경기도의 임진강도 몇 차례 다녀왔다. 그러나 돌을 볼 줄 아는 안목이 전혀 없어서인가. 그 숱한 돌 가운데서 "저거다!" 싶게 마음에 드는 돌을 만나본 적은 없었다.

명품을 찾는답시고 제천으로 두 번째 탐석에 나섰을 때의 일이다. 아무리 헤집고 다녀도 '명품'은 고사하고 반반한 김칫돌조차 보이지 않는 것이었다. 그렇다고 손 털며 그냥 집으로 가기에는 그렇고…. 해서, 수석이 많이 나온다는 어떤 산골짝 시냇가를 찾아갔다. 그러나 그곳 역시 여러 차례 손을 타서인지 "내가 명품이오." 하고 나서는 돌은 보이지 않았다. 여기에서도 빈탕이면 안 되겠다는 생각에 이리 넘어지고 저리 자빠지며 '물돌' 몇 덩어리를 차에 실었다. 그리고는 급히 차를 몰아 서울에 닿자마자 집 근처의 어느 수석 가게를 방문했다. 내친김에 아예 받침대까지 만들 생각이었던 것이다.

그런데 돌을 보고난 주인의 표정이 심상치 않았다. 그리고 이렇게 말하는 것이었다.

"정말 '돌'을 가져 오셨네요. 양심상, 이 돌들을 위해 받침대를 만들 수는 없습니다."

아마 바로 그 무렵이었던 것 같다. 쌍사자 석등이 집 뜰 안에 들어서 새 식구가 된 것은…. 이름을 '임진강민속품'이라 했던가? 아니, '한강민속품'이었던 것 같다. 아내와 함께 바람이라도 쐬러 서오릉을 가려는 참인데 그 언저리에서 석물과 옹기, 목기를 취급하는 민속 공예품 가게를 만난 것이다. 노천에 내놓은 여러 물건들 가운데 유독 눈에 잡히는 것이 있었다. 바로 쌍사자 석등이었다. 얼핏 보니 속리산 법주사에서 봤던 국보 5호의 '쌍사자 석등'과 모양이 비슷했다. 물론 골동품은 아니다. 높이도 작았고 조각 또한 생략한 부분이 많았다. 말하자면 국보 5호를 흉내 낸 모조 장식품이었다.

그런데도 왜 그 물건이 내 마음을 사로잡았는지 모른다. 우리 집 뜰 안에 세워 놓으면 무척 어울릴 것 같은 생각이 든 것이다. 어렵사리 흥정 끝에 결국 물건을 사들였다. 서오릉은 뒤로 미루고 그 길로 민속품점 주인과 함께 집으로 돌아와 석등을 설치했다.

석등의 전체 길이는 1m 20cm. 4각의 아래 받침돌 위로 8개의 큼직한 연꽃무늬가 둘러쳐 있고, 가운데 기둥을 대신해서는 쌍 사자를 조각해 세웠으며, 서 있는 두 마리의 사자는 가슴을 맞댄 채로 앞발과 주둥이로 윗돌을 떠받치고 있는 모습이었다. 눈과 갈기의 모습이 뚜렷하고, 구부려 처리한 꼬리가 희화적이어서 정감을 느끼게 했다. 8각의 윗돌 옆면에도 8개의 연꽃이 조각되어 있는데, 쌍 사자와 윗돌은 하나의 몸체로 붙어 있었다.

불을 밝히는 화사석(火舍石)은 8각으로 높이는 20cm. 동서남북 4군데에 직사각형 창을 갖추었고, 8각의 지붕돌은 처마 밑이 평평하지만 여덟 귀퉁이에서 위로 살짝 들어 올린 자태가 특이했다. 또 지붕이 두툼하여 넉넉함과 안정감을 느끼게 해 주었다. 지붕 중앙에 있는 복숭아 크기의 지붕꼭지는 본래 보배로운 구슬을 형상화하려 한 연꽃이 아니었을까 싶다.

쌍사자 석등은 대문 옆의 쪽문에서 두어 발짝 떨어진 곳에 설치했다. 작은 키를 보충하느라 50cm 가량 블록을 쌓고 세워놓으니 마치나 수호신 같이 의풍이 당당했다. 사자는 용맹과 지혜를 상징하는 동물이다. 특히 불가에서는 매우 신성한 동물로 보고 있어서 인도나 중국, 일본의 불교조각에는 사자가 흔히 등장하고 있다. 물론 나는 아무런 종교도 갖지 않은 터라 석등에 특별한 의미를 주고 싶진 않다. 그러나 우리 집의 액운을 물리쳐 주고 축복을 내려준다면 감사할 일이 아니겠나? 그럴 바엔 아예 좌우 대칭으로 두 개의 석등을 놓았더라면 더 좋지 않았을까 하는 생각이 들지만, 유홍준의 ≪나의 문화유산 답사기≫가 이러한 아쉬움을 덜어 주고 있다.

> 본래 석등은 하나만 모시는 것이 불가의 불문율이다. 아무리 절 마당이 커도 석등은 하나만 모시도록 되어 있다. 그것은 불문율이 아니라 ≪시등공덕경(施燈功德經)≫에 "가난한 자가 참된 마음으로 비친 하나의 등은 부자가 비친 만 개의 등보다도 존대한 공덕이 있다"는 구절에 근거를 둔 것이다.

2층 거실 문을 열면 쌍사자 석등이 눈에 들어온다. 볼 때마다 든든한 마음이 든다. 그리고 무언가가 잘 풀리고 모든 일이 훌륭하게 매듭을 지으리라고 생각되는 것은, 아마도 내가 하찮고 시답잖은 삶을 살아온 때문일지도 모르겠다.

돌에 관한 얘기에 두 가지만 더 보태겠다.

1971년에 결혼한 나는 3년 후인 1974년에 '내 집'을 마련해 서대문구의 북가좌동으로 이사했다. 그러니까 지금 살고 있는 집의 옆 동네였던 것이다. 당시의 북가좌동은 미처 개발되기 전이어서 집도 듬성듬성했고 골목길은 맨흙이었다. 빈 터에는 건축 폐자재 등 온갖 쓰레기를 내다 버리는 등 어수선하기 짝이 없었다.

어느 날, 빈 터를 지나다가 잘 다듬어진 돌 하나를 발견했다. 그런데 모서리 한 군데가 땅에 박힌 채였다. 폐자재더미에 휩쓸려 온 돌같이 보였다. 손으로 밀어 쓰러뜨리고 보니 모양이 반듯하고 아무 흠집 없이 온전했다. 집에 갖다 두면 귀물이 될 것 같았다. 우선 근처에서 리어카를 빌렸다. 그리고 지나는 젊은이의 도움을 받아 돌을 싣고 집으로 돌아왔다.

돌의 크기는 가로 77cm, 세로 42cm에 두께는 23cm. 석재는 화강암이었다. 한쪽 면을 반들반들하게 손질하고 각진 부분도 다듬어내는 등 정성을 다해 가룬 흔적이 뚜렷했다. 얼른 보면 상석으로도 보였다. 그러나 상석치고는 너무 작지 않은가. 왜 이 돌을 만들었을까. 아무리 생각해도 용도를 헤아릴 수 없었다.

나는 이 돌을 어머니가 좋아하시던 마당 앞 수국 밑에 놓았다. 돌이라고는 화단의 검은 곰브 돌밖에 없는 터라, 공짜로 얻은 이 돌은 홀연 마당 분위기를 바꿔 놓았다. 그러니 귀물 취급을 받을 밖에…. 특히 어머니가 이 돌을 좋아하셨다. 가끔 고향에서 올라오신 어머니가 수국 그늘 돌 위에 앉아 손자 손녀들의 재롱을 지켜보며 즐거워하시던 기억이 새롭다.

그 돌은 현재의 이 집으로 이사 올 때 함께 따라왔다. 그리고 지금 쌍사자 석등 옆 보라색 철쭉 밑에서 쉬고 있다.

이번엔 대형 돌절구 얘기이다.

쌍사자 석등을 들여 놓은 지 두 달쯤 됐을까. 무슨 일로 모래내 재래시장을 간 적이 있다. 그때 골목 안 떡집 마당구석에 놓인 돌절구를 만나게 된 것이다. 덩치가 비교적 큰데도 전체적인 균형이 잘 어우러져 있었다. 마침 그 떡집은 곧 문을 닫기로 되어 있어 절구를 필요로 하지 않는다는 사실을 알게 됐다. '절구를 차지했으면' 하는 마음이 불같이 일었다. 얼마나 마음이 들떴으면 값을 알아보는 과정에서 상대방의 말을 잘못 알아듣고 가벼운 시비까지 벌였을까. 꽤 높은 값을 치르고 그 돌절구를 사들였다.

허나, 집에까지 가져오는 게 문제였다. 일단 빈손으로 귀가 후 동네방네를 헤매며 리어카를 빌리느라 큰 고역을 치렀다. 배달은 못해 주겠다니 목마른 사람이 우물을 팔밖에 더 있는가. 아니, 그보다도 어둑한 시간에 2~3km의 거리를 비지땀을 흘리며 힘들게 싣고 오던 기억이 새롭다.

돌절구는 높이가 50cm, 지름이 53cm로, 처음 8cm의 두께로 시작해서 점차 경사지게 절구 안쪽을 만든 형태이다. 한바탕 물로 닦아내니 그렇게 의젓하고 아름다울 수가 없었다.

바다돌이서 화강암보다는 밝지 못하고 덜 단단한 게 흠이라면 흠일까. 어쨌든 장구모양의 돌절구가 새 식구로 들어옴으로써 그동안 집념 어린 내 작은 희망, 석물을 뜰 안에 갖췄으면 하던 욕구는 채워진 셈이다.

어떤 사람은 말한다.

“돈 들여 석물은 사놔서 뭘 하나? 봐 하니 별로로구먼.”

하지만 그러한 평가는 ‘돌의 미학’을 잘 모르고 하는 소리일 것이다. 시인 조지훈(趙芝薰)은 말한다.

> 무미한 속에서 최상의 미를 맛보고, 적연부동(寂然不動)한 가운데서 뇌성벽력을 듣기도 하고, 눈 감고 줄 없는 거문고를 타는 마음이 돌의 미학이다.

나는 아직 돌을 보면서 ‘고요한 가운데 번개치고 우레가 울리는 소리’를 알아낼 만큼 마음의 귀가 밝지 못하다. 그러나 돌은 그 자세가 의연해서 전혀 흔들리지 않는다는 것쯤은 안다. 정원석과 어둠을 밝히는 석등, 어머니가 즐겨 앉으셨던 돌, 그리고 저 무언의 돌절구로부터 한결같은 부동의 자세를 배울 수 있다면, 육중한 돌들을 뜰 안에 끌어드린 가치는 충분하지 않겠나?

장마 걷힌 7월의 태양이 뜨겁다. 저 돌들도 갈증을 느끼지 않을까. 찬물이라도 한 바가지 뿌려줘야 할까보다.

2010년 7월

2009년 마지막 날 밤에

오늘은 12월 31일. 음력으로는 동짓달 열엿새.

2009년을 마무리하는 날이다. 가는 해를 잡지 못해 심술이라도 부리는 것일까. 오늘 서울지방의 날씨는 영하 14도로 맵고 차가웠다. 어제까지만 해도 영하 5도였는데….

오늘밤 자정에는 종로 보신각에서 타종 의식도 가질 것이다. 33번 종이 다 울리지 않아도 사람들은 다 안다. '뎅그렁!' 첫 소리에 2009년은 사라진다는 것을. 그리고 2010년 새 해를 맞는다는 것을.

한 해의 마지막 날을 음력에서는 섣달그믐이라 부른다. 구미에서는 새해의 전날(New Year's Eve) 또는 질베스터(Silvester)라 부르는 모양이다. 순수한 우리말로 '해넘이'가 있지만 딱 들어맞는 표현은 아니다. 태양이 어찌 그 해의 마지막 날에만 뜨고 지랴. 1년 365일 매일같이 뜨고 지기 때문이다. 어쨌거나 이날을 맞으면 까닭 모르게 마음이 뒤숭숭해진다. 아쉬움과 후회, 우울과 울적, 자책과 자괴, 허무와 상실 등 종잡을 수 없는 기분이 되어 버리는 것이다. 곰곰 생각자면 개운치 못하고 꺼림칙한 일은 왜 그리 많은지. 제대로 뒤처리도 못한 채 바삐 화장실을 나왔을 때의 느낌이 이럴 것 같다는 생각이다.

올해 초 나는 몇 가지 약속을 자신에게 했었다.

첫째는 하루에 한 시간씩 걷기운동을 하자는 것이었다. 눈과 비를 무릅쓰고 매일같이 실천한 것은 아니지만, 때로는 걷기보다 더한 근육운동까지 했으므로 이 약속은 그런대로 지켜진 셈이다.

둘째, 많은 책을 읽자고 했다. 재작년에 구입한 300여 권의 책 가운데 10여 권의 책을 소화시켰을 뿐이어서 이런 약속을 한 듯싶다. 그러나 이 결심은 지켜지지 않았다. 지난해에는 두 번째 에세이집 《석모도 가는 길》의 발간에 많은 시간을 빼앗겨, 다른 책을 살펴볼 수가 없었기 때문이다. 대충 헤아려보니 10권 내외만을 읽은 것 같다.

셋째, 외국어 학습에 정진하겠다는 것이었다. '열심'을 넘어 '정진하겠다'는 스스로의 결의어 주눅이 든 때문일까. 이 약속도 제대로 지켜내지 못했다. 그저 복습할 외국어의 교재만을 챙기는 것으로 끝났다. 유일한 실적이 있다면 오 헨리의 단편집에서 몇 개를 골라 원어로 읽은 정도일 것이다.

넷째, 덜어내고 버리며 살겠다고 지껄인 기억이 난다. 잡동사니 같이 가득 쌓인 것들을 정리하여, 마음의 숨통을 트고 어수선한 영혼에 여백을 마련해 주겠다는 것이 작년 초의 내 뜻이었다. 하지만 돌이켜보니 이 약속도 흐지부지 끝내버린 듯하다. 게으름 탓일까. 아니면, 있는 것을 버리지 못하는 허욕 때문일까. 마음과는 딴판으로 내다 버린 것이 별로 없어 보인다.

그러고 보면 '크게 버려야 크게 얻는다'는 무소유의 역리(逆理) 속에 '텅 빈 충만'을 만끽한 법정(法頂) 스님이 부럽게 느껴진다. 나 같은 속인은 활활 털어버리고 산다는 게 얼마나 어렵고 두려운가를 거듭 확인해준 한 해였을 뿐이었다.

다섯째, 친구들에게 자주 연락하겠노라 했다. 둘론 친구나 동료 선·후배들의 모임에는 되도록 빠지지 않으려고 신경을 써왔다. 그러나 일부러 휴대전화나 수첩을 찾아 친구의 안부를 물은 적은 드문 것 같다. '우정이란 관념적이거나 추상적인 존재가 아니며, 사려 깊은 관심이자 따뜻한 손길로 어루만짐'이라고 주절거렸던 내 자신이 부끄럽다.

여섯째는 노래 몇 곡을 배워 익히겠다는 것이었다. 일테면 조용필의 대표곡 '킬리만자로의 표범'이나 미치 밀러 합창단의 '황색 리본' 같은 노래 등…. 이 멋진 다짐이 뜻한 대로 이루어졌다면 내가 보낸 2009년도의 12월은 얼마나 찬란히 빛났을까. 각종 송년회나 망년회 때마다 뜨거운 박수를 받지 않았겠나. 그러나 결과는 참담했다. 이 노래들은 멜로디든 가사든, 나에겐 너무 벅차 일찌감치 접어버릴 수밖에 없었다.

결국 2009년 내가 스스로에게 약속한 것은 무엇 하나 제대로 이루지 못한 채 넋두리나 헛소리로 끝나버리고 만 것이다. 그러니 새해를 맞는 기분은 산뜻하지도, 유쾌하지도 않을 게 당연하다. 뭐, 특별히 색다른 계획을 세운 것도 아니었다. 지금까지 해 왔던 일을 좀 더 알뜰히 챙기자는 것에 지나지 않았다. 그런데도 결과가 시답지 않았으니 속이 상한다.

앞으로 서너 시간 뒷면 이 해는, 2009년은 사라진다. 영원히 역사 속으로.

　　　송년에 즈음하면
　　　도리 없이 인생이 느껴질 뿐입니다
　　　지나온 일 년이 한 생애나 같아지고
　　　울고 웃던 모두가
　　　인생! 한 마디로 느낌표일 뿐입니다

　　　송년에 즈음하면
　　　자꾸 작아질 뿐입니다
　　　눈 감기고 귀 닫히고 오그라들고 쪼그라들어
　　　모퉁이길 막돌맹이보다
　　　초라한 본래의 내가 되고 맙니다
　　　(하략)

‘송년에 즈음하면’이라는 유안진(柳岸津)의 시를 읽으면, 1

년 365일을 한결같이 뜻있고 보람되게 지내온 이는 그리 많지 않은 모양이다. 하기야 그렇게 허망하고 굴곡진 것이 우리네 삶이 아니겠나? 연초의 소망을 깔끔하게 이루지 못했다 해서 너무 자학하지는 말자. 올 4월에는 아들을 장가보냈고, 11월에는 60편의 에세이를 묶어 ≪석모도 가는 길≫이라는 책도 발간하지 않았는가.

2010년 새 해에는 더욱 다부진 마음, 짜임새 있는 계획으로 의미 있는 삶을 살아보련다.

그러니 새 해여, 어서 오거라.

2009년 12월

러브레터

꼭 10년 전인 2000년의 일입니다.

일본 스미토모은행은 그해 11월 '좋은 부부의 날'을 맞아 '60세의 러브레터'를 모집했습니다. 내건 주제는 '긴 인생을 함께 걸어온 남편이 아내에게'와 '아내가 남편에게 보내는 솔직한 사랑과 감사의 마음'이었지요.

2개월 남짓한 기간에 전국 각지에서 15,688통의 응모엽서가 밀려들었습니다. 본래 이 행사는 장기침체와 정리해고 등으로 정신적 위기에 빠져있는 일반 서민들에게 편지를 통한 사랑의 확인과 자신감을 불어넣기 위해 기획된 것이었다고 하는군요. 그런데 반응은 예상 밖으로 뜨거워 관계자 모두를 놀라게 했습니다. 작은 엽서 한 장에 담긴 러브레터. 내용은 짤막했지만 행간에 쌓인 사연은 장편의 인생 드라마였기 때문일 겁니다.

NHK 편집부는 이 엽서들을 추리고 추려서 한 권의 책을 만들었습니다. ≪예순에 사랑을 알다≫가 그것이죠. 선발된 165편의 엽서들은 저마다 뜨거운 감동으로 콧등을 시리게 했습니다. 그리고 부부로 연(緣)을 맺고 사는 사람들이란 남의 나라 일본이라 해서 별로 다르지 않다는 것을 알게 했지요. 기뻐하고 노여워하며 슬퍼하고 즐거워하는 감정은 매한가지였던 것입니다. 특히 60대 부부의 경우에는 더욱 그랬습니다.

책으로 엮어진 엽서를 보면 살아 있는 부부들 것만 골라 소개한 게 아닙니다. 죽은 남편 또는 죽은 부인에게 쓴 엽서도 있었죠. 부치지도 못할 엽서에 절절한 심정으로 써 내려갔을 러브레터는 가슴을 뭉클하게 하고, 눈시울을 뜨겁게 만들었습니다. 그리고 부부란 어떤 존재인가. 또 가정은 누구를 위해, 왜 존재해야 하는 것인가를 새삼 되돌아보게 했습니다.

유달영(柳達永)은 오래 전 그의 수필 '사랑의 아포리즘'에서 이렇게 말했습니다.

한 가정은 결코 남편과 아내의 혼합물이 아니라 화합물(化合物)이어야 한다. 부부가 결혼 후에도 변하지 않고 둘인 그대로 있다고 하면 진정한 부부는 아닌 것이다. 남편이 즐거우면 아내도 즐겁고 아내가 슬프면 남편도 슬프고 또 남편이 아프면 아내도 저절로 아프게 되는 것은 한 개의 유기체(有機體)가 된 까닭이다. 부부는 인간으로서의 부족한 것을 서로 채워서 그대로 하나가 되어야 한다.

가정이란 혼합물이 아니고 화합물이며, 생활기능이 없는 무기체가 아니고, 일정한 목적 아래 부분과 전체가 필연적인 관계를 지닌 유기체라는 점의 구체적인 실례를 ≪예순에 사랑을 알다≫에서 몇 편 골라 요약해 볼까 합니다.

"지난 10월에 뇌경색으로 쓰러진 당신은 그 후유증으로 실어(失語)와 반맹(半盲)이 되었지요. 글자도 숫자도 알아보지 못하는 세 살 아이로 되돌아갔습니다. 그러나 옛일은 다 기억하고 대화도 가능하며 걸을 수 있으니 불행 중 다행이란 게 이런 걸까요?

3년 전에 오랫동안 경영해 왔던 양계장도 다른 사람에게 넘기고, 이제부터 느긋하게 노후를 즐기자던 참에 일어난 일이지요. 그러나 그 틈에 하와이, 호주, 캐나다로 우리 둘이 해외여행도 많이 다녔으니 나는 섭섭한 거 하나도 없어요.

앞으로는 당신의 지팡이가 되어 둘이서 손을 맞잡고 살겠어요.

재활치료를 받으러 다니는 당신, 아주 조금씩이라도 괜찮아요. 부디 열심히 해주세요."

응모엽서의 연령 제한을 60 전후에 둔 때문인지 사연 가운데는 건강에 관한 것이 꽤 많았습니다. 다른 예를 들어보죠.

"당신은 나를 기억하나요? 이따금 눈을 뜨고서도 가타부타 말씀을 해 주시지 않네요. 그러나 알츠하이머로 자리에 눕게 되었어도 열심히 살아주는 당신의 모습은 내게 얼마나 큰 용기를 주는지요.

잊을 수 없는 1955년, 눈 내리던 크리스마스이브에 당신은 '절대로 놓지 않겠어'라며 나를 꼭 안아주었지요. 그때의 그 말을 지금 당신에게 드릴게요. 당신을 절대 놓지 않겠어요. 목숨이 붙어 있는 한 당신을 사랑할 거예요.

그러니 부디 오래오래 살아주세요."

가도야 히스코(66세)라는 부인이 병상의 남편을 위해 보낸 엽서입니다. 안타깝게도 남편은 그 후 '경막하혈종(硬膜下血腫)까지 겹쳤다고 책을 엮은이는 밝히고 있군요. 그러나 겹친 병이 무엇이든, 그 증세가 얼마나 더 심각하든, "목숨이 붙어 있는 한 사랑하겠다."는 히스코 부인의 약속은 지켜질 것이라 믿습니다.

엽서의 사연은 건강 이외에도 여러 가지가 있습니다. 부부가 함께 살면서 겪었던 기쁘고 즐거운 일, 힘들고 고통스러운 일, 분하고 억울한 일, 보람차고 자랑스러운 일 등 다종다양합니다. 어떤 것은 혼자만의 넋두리같이 들리는 사연도 있었어요. 하지만 그러한 편지라도 바탕에 깔린 것은 분명 '사랑'이었다는 점입니다.

165편의 엽서 중 읽는 이의 호기심을 자극하고 무언지 모를 흐뭇한 미소를 짓게 하는 사연은 아무래도 부부가 처음 만났을 때의 얘기가 아닌가 싶군요.

"언제였던가. 함께 데이트를 하면서 당신은 말했죠. '2~3일 후에 편지를 보낼 테니 기대하라'고. 그땐 무심히 들어 넘겼지요. 그런데 며칠 후 정말 편지가 온 거예요. 당신도 기억하고 있는지요?

'내게 와줄 날을 학수고대하고 있다'면서 무얼 보냈는지 알아요? 당신의 월급명세서였어요. 결코 많다고 볼 수 없는….

아직 흔들리고 있던 내 마음이 결정된 것은 바로 그때였지요. 그건 아마도 당신의 진실을 읽은 때문일 거예요. 그로부터 30여년이 흐른 오늘, 당신의 편지는 지금도 결혼생활의 버팀목 구실을 하고 있지요."

요즘 세상에도 편지로 청혼을 하며 그 안에 월급명세서를 별첨으로 보내는 사람이 있을까요. 그것도 많지 않은 월급을….

"너나 쓰세요!"하는 문자메시지를 받지 않는다면 오히려 다행일 듯싶은데, 제 생각이 잘못이길 바랍니다.

"눈이 수북하게 쌓인 아키타에서 유독 피부가 하얀 당신을 신부로 맞이했을 때는 정말 기뻤어. 하루하루가 반짝였지. '평생 소중하게 대해 주자'는 마음에 거짓은 없었어.

그러나 주제도 파악치 않고 꿈만 좇는 바람에 번번이 당신을 실망시켰지. 한 번만 믿어주구려. 당신을 귀하게 받들 날이 머지않다는 점을…."

'결혼은 어떤 나침반도 일찍이 항로를 찾지 못한 거친 바다'라고 말한 사람은 시인 하이네였던가요? 해서, 결혼생활은 시행착오의 연속이라는 말도 있는지 모르겠습니다. 하지만 그런 가운데 사랑보다 더한 정이 쌓여지는 것이 아닐는지요.

"내가 러브레터를 써본 것은 언제였을까?" 하도 오래되어

도무지 기억나지 않습니다. 이참에 나도 아내에게 연서(戀書)를 한 통 띄워볼까 합니다. 문자 메시지가 아닌 펜으로. 그것도 만년필로.

2010년 6월

제2부

어머니의 은비녀

태몽(胎夢)

　‘꿈’이라는 말을 사전은 네 가지로 풀이한다. ‘잠자는 동안 마치 깨어 있는 듯 여러 가지를 보고 듣고 느끼는 정신 현상’이 그 첫 번째 풀이이고, ‘마음속의 바람이나 이상’이 그 두 번째의 해석이다. ‘꿈’의 세 번째 뜻은 ‘덧없는 바람이나 희망’이고, 네 번째 의미는 ‘현실을 떠난 것 같은 즐거운 상태나 분위기’를 가리킨다.

　‘꿈’에 대한 뜻풀이 가운데 첫 번째 것, 말하자면 ‘꿈에 본 내 고향’이나, ‘밤마다 꿈을 꾼다’든지 ‘돌아가신 어머니가 꿈에 보였다’는 등의 ‘꿈’을 중심으로 얘기를 엮어 갈까 한다.

　스위스 출신의 저명한 정신과 의사이자 심리학자인 칼 융(Carl G. Jung)은 그의 저서 ≪무의식 분석≫에서 이렇게 말하고 있다.

무엇보다 꿈은 하나의 사실로 취급되어야 한다. 꿈이란 어찌 되었든 의미를 지니고 있다. 또 꿈은 무의식의 고유한 표현이다. 무의식을 아무리 대수롭지 않게 여기는 사람이라도, 그것이 연구할 가치가 있다는 점까지 부정할 수는 없을 것이다.

꿈은 '무언가 의미를 지니고 있다'지만 그 의미를 파악하고 이해하기란 쉽지 않다. 막연하면서 불확실하다. 태몽(胎夢)도 그 중의 하나이다. 태몽은 '아이를 밸 징조로 꾸는 꿈'을 말한다. 우리가 태몽에 관심을 갖게 되는 것은 '새로운 생명의 탄생'과 밀접한 관련이 있기 때문일 것이다.

자, 그럼 오늘은 태몽이란 얘기에 한 번 귀를 기울여 보자.

우리 어머니는 생전에 다음과 같은 꿈 얘기를 가끔 주위 사람들에게 해 주시곤 했다.

"장에 가서 실타래를 사오는 길이었다오. 누군가 다가오더니 '실타래 한 번 탐스럽네' 하며 반을 잘라 되팔라고 하는 거야. 애써 남이 골라 산 실타래를 잘라 팔라니 저렇게 경우가 없는 사람이 있는가 싶어 괘씸한 생각이 들었지. 그래서 '장에 가면 실이 쌓여 있으니, 가서 마음대로 골라 사라'고 말한 뒤 서둘러 집으로 돌아 왔다오."

그 후 태기가 있어 낳은 것이 나였다는 것이다. 어머니의 꿈 얘기를 들은 사람 모두가 '실은 명(命)줄이니, 아이는 분명 장수하리라'는 꿈 풀이를 해 주었다고 한다.

내 출생과 관련해서 어머니는 또 다른 꿈 얘기 하나를 갖고
계시다. 태어나기 며칠 전 어머니는 꿈에서 삼신할머니를 만
나셨다고 한다. 그리고는,

"이번에 낳을 아기는 쌍둥이엄마에게 해산구완을 부탁하
되, 고맙다는 뜻으로 속곳을 만들어 주라." 고 당부하더라는
것이다.

비록 꿈이라고는 하나 너무도 구체적이고 예사롭지 않아
어머니는 꽤나 이상스레 여기셨던 모양이다. 무언가 거역하
기 어려운 힘조차 느낀 어머니는 삼신할머니가 시킨 그대로
하셨다 한다. 산기(産氣)가 있던 음력 정월 열엿새 날 새벽 1
시에 큰누이는 추운 길을 걸어 2km 쯤 떨어져 있는 '대추벌'
의 쌍둥이 엄마에게 달려갔고, 애를 받아낸 쌍둥이엄마에겐 당시
구하기 힘든 옥양목 천을 떠서 속곳을 마련해 주셨다는 것이다.

어머니는 1899년 기해(己亥) 생으로 18살에 시집을 오셔서
8남매를 두셨다. 나는 어머니 나이 43세에 낳은 막내둥이였
다. 어머니는 장남에 이어 장녀를 두었으나 어려서 병으로 잃
으셨다. 그 아래로 딸 둘을 두시고 내리 아들 셋을 낳으셨다.
진성, 재성, 문성이 그들이다. 그러나 이 세 아들들도 어린 나
이에 어머니 품을 떠나버리고 만 것이다. 홍역으로 또는 이질
이나 폐렴 등으로.

금쪽같은 아들을 하나도 아닌 셋을 차례로 잃었을 때의 어
머니 심정이 오죽했겠는가. 모르긴 몰라도 그 당시의 어머니
속은 까맣게 타 있었을 것이다. 숯덩이보다 더 검은 빛으로.

그런 상황으로 늦게 아이를 가졌으니 노심초사(勞心焦思)
야 당연한 일이었으리라 생각된다. 이래서 꿈에서 조차 실타
래가 보이고 삼신할머니를 만났을 것이다. 이번만은 기필코
새 생명을 지켜내겠다는 심리적 압박이 꿈에 까지 연결되었
으리라 생각된다.

어머니의 태몽 탓일까. 나는 그동안 여러 차례 죽을 고비를
맞으면서도 용케 생명을 부지할 수 있었다. 지난번에 걸린 뇌
경색도 매한가지이다. 거뜬히 목숨을 건져, 일상생활을 유지
하는 데는 큰 어려움 없이 지낸다. 물론 후유증은 있다. 말씨
나 걸음걸이가 온전치 못한…. 그러나 그것까지를 없이 해 달
라고 바라는 것은 욕심일 터이다

어쨌든 내가 이렇게 당당히 살아 있음은 모두가 어머니가
태몽을 잘 꾸신, 아니, 꿈에서 맞이한 난처하고 어려운 일을
현명하게 처리하신 덕분이라고 생각된다. 일테면 '실타래가
탐스럽다'는 남의 칭찬에 현혹되어 쏭덩 반을 잘라 주었다거
나, 아기를 점지하고 그 생명의 안위를 책임지는 삼신할머니
의 간곡한 당부를 거역한 채 아무에게나 해산구완을 맡겼다
면, 괘씸죄에 걸려 어머니는 나를 일찌감치 가슴에 묻으셨을
지도 모르지 않겠는가.

그런데 문득 이런 생각이 드는 것이다. 기왕 태몽 꿈을 꾸
셨다면 잔잔하거나 덤덤한 내용이 아니라 더 어마어마하고
화끈한 꿈을 꾸실 수는 없었는지를 묻고 싶은 것이다. 휘황찬
란한 별을 가슴에 품었다든가 뜨거운 번갯불을 삼켰다든가

하는…. 그게 아니라면 황금지팡이를 휘두르는 꿈을 꾸셨어
도 좋았을 텐데…. 그랬다면 아마도 나는 무한 권력을 휘두르
는 제왕이 됐거나 부(富)와 명예를 누리며 거들먹거리는 존
재가 되었을 지도 모르지 않는가.

그러나 겸허하고 강직하신 어머니에게는 날벼락 맞을 요구
요, 불손하고 무례한 주문일 것이다. 귀여운 어린 아들을 줄
줄이 셋이나 잃은 어머니에게 높은 관직이나 명예가 무슨 소
용이 있으며, 돈 많은 부자도 어머니에게 무슨 필요가 있었겠
나. 오직 어머니에게 필요한 것은 '귀중한 생명'을 온전히 지
켜내는 일이었을 것이다.

오늘은 '어버이 날'. 나와 아내는 아들딸로부터 빨간 카네이
션을 받았다. 그리고 맛있는 점심식사도 대접 받았다. 하지
만, 돌아가신 어머니에게는 자식으로서 아무 것도 해 드릴 것
이 없었다. 가슴 아프고 서러운 일이다. 실타래 태몽을 꾸어
자식을 오랫동안 살리게 하셨던 어머니.

오늘밤 단 한 번만이라도

나타나 주신다면

그 얼마나 좋을까.

2010년 5월

어머니의 은비녀

간밤 꿈에서 어머니를 만났다. 간밤이라곤 하나 방금 전에 일어난 일이었다. 미처 5분 전도 안 된다. 꿈에서 어머니를 만난 것과 잠에서 깬 것, 그리고 일어나자마자 맡에 컴퓨터를 켜고 이 글을 쓰는 것이 거의 동시이니까.

꿈에 본 어머니의 표정이 어땠는지, 무슨 옷차림을 하셨고 무슨 말씀을 하셨는지는 전혀 생각나지 않는다. 오직, 기억에 또렷한 것은 곱게 빗은 뒷머리에 머리핀을 꽂으셨다는 것뿐이다. 머리핀은 직사각형 넙죽한 금속을 가로로 눕혀 약간 둥글게 접은 것이었다. 무슨 활자 같은 게 그 위에 찍혀 있었지만 알 수 없는 내용이었다. 생전의 어머니는 늘 쪽을 찌신 머리였다. 혹시 비녀라면 몰라도 난데없이 무슨 핀일까.

그러고 보니 어머니를 꿈에서 만난 지도 꽤 오래인 것

같다. 돌아가신 뒤 한동안은 어머니를 꿈에서 자주 만났다. 변변찮은 막내둥이를 남겨 놓고 훌쩍 떠나신 게 당신 마음에 걸리셨던 때문인지 모른다. 특히 직장의 업무로 해외에 출장이라도 떠나게 되면 영락없이 꿈에 나타나 주셨다. 마치 장도를 격려라도 하시듯이.

헌데 나이 들어 4~50이 되고부터는 빈도가 점차 줄더니 60을 넘어 70이 다 되어서는 야속하게도 전혀 꿈에 나타나시지 않는 것이었다.

"이젠 저 녀석도 낫살이나 먹었으니 제 일쯤은 알아서 하겠지."하고 마음을 놓으셨는지 모를 일이다.

어머니는 1976년 3월 24일(음력 2월 24일)에 돌아가셨다. 누리신 나이는 78세, 내 나이 35살 때였다. 며칠 전 작고하신 친구 어머니는 95세라던데 왜, 우리 어머니는 그리 서둘러 일찍 세상을 버리셨을까. 남아 있는 막둥이 아들은 아직도 세상물정에 어둡고 어리숭하기만 한데….

지금은 세상이 많이 달라졌지만 내가 어릴 때만 해도 막내둥이는 여러 가지로 불리한 입장에서 자라야 했다. 그도 그럴 것이 손위 형들이 물려준 옷을 입느라 새 옷은 구경하기조차 어렵고, 부모님 사랑을 받은 기간도 위의 형들보다는 상대적으로 짧을 수밖에 없었기 때문이다.

8남매 가운데 막둥이인 나는 위로 맏형 한 분과 그 아래로 누이 두 분만 살아남는 바람에 헌 옷을 물려받아 입는 경우는 없었다. 그러나 부모님의 따뜻한 사랑에는 늘 목말라했다. 아버지는 내 나이 3살 때 돌아가셨으므로 전혀 기억에 없다지만, 어머니는 내가 직장 잡고 결혼해서 1남 2녀를 낳는 등 본때 있게 살아가려는 참에 유명을 달리하셨기 때문이다. 그러니 부모의 애틋한 사랑을 손위 형제보다는 못 받은 게 사실이다. 꿈에서라도 자주 나타나 주신다면 사랑의 갈증이 조금은 풀어지련만 그렇지도 않으니 야속하다.

간밤 꿈과 관련해서 비녀 얘기가 나오니 문득 옛날 일이 떠오른다.

어머니가 7순을 맞이하실 때였다. 누이들이 마련한 선물 중에 금비녀가 있었다. 무늬가 곱게 음각된 것으로 무게는 닷 돈(18.75g)짜리였다. 당시로서는 꽤 귀하고 값나가는 선물이었다. 이 금비녀를 어머니는 그야말로 금쪽같이 소중히 여기셔서 보관만 단단히 하셨을 뿐, 평시에는 종전대로 은비녀를 사용하셨다.

그런 어느 해, 누이들을 방문하느라 서울로 오시면서 모처럼 금비녀를 사용하셨던 모양이다. 그런데 신촌에 살던 작은 딸네를 거쳐 아현동의 큰 딸을 찾아가는 길에 그만 비녀를 잃어버리시고 만 것이다. 귀하고 값진 금비녀를 잃어버렸으니 얼마나 허망하셨을까?

당시의 서울은 대중버스가 보편적인 교통수단이었다.

그래서 언제나 차 안은 붐볐다. 게다가 내남없이 살기도 어려웠던 때라 소매치기도 많았다. 하도 소매치기가 많고 극성스러워 이런 얘기까지 떠돌 정도였다.

"롤렉스 금딱지 시계 찬 사람을 보면 소매치기가 서울에서 부산까지 쫓아간다"는…. 그런 판국에 붐비는 버스 안에서 7순이 넘은 노인이 금비녀를 꽂고 있으니 그들로서는 얼마나 좋은 소매치기의 대상이 됐을까. 버스에서 내려 한두 걸음 걸으려는데 머리채가 툭! 떨어지더라는 것이다. 깜짝 놀라 뒷머리를 만져본 손에 비녀는 잡히지 않고…. 어머니가 느끼셨을 당혹스러운 표정이 눈에 보이는 것만 같다.

누이들은 '혼자 가시게 한 우리들의 잘못'이라며 다시 해 드리겠다고 어머니를 위로했다. 그러나 어머니는 "두 번 다시 바보가 되고 싶지는 않다. 지금 쓰고 있는 은비녀도 과람하다"면서 한사코 거절하시는 것이었다. 결국 어머니는 은비녀를 돌아가시는 날까지 사용하셨다. 하지만 다른 이유가 뭐 있겠는가. 분명 어머니는 자식들에게 또 다시 부담을 안겨 줄까봐 은비녀를 고집하셨을 것이다. 안타까운 일이다.

그런데 그 무렵의 나는 대체 무엇을 하고 있었을까? 나이로 보면 철도 꽤 들었을 텐데, 뒤에라도 왜, 금비녀를 못해드렸는지. 두고두고 후회가 드는 것이다.

달력을 보니 오늘은 3월 26일, 음력으로는 2월 11일이다. 어머니 제사도 열이틀을 남겨 놓았구나. 꿈에 힐끗 뵌 어머니가 정말 그립다.

벌써 동이 터 오려는가. 밖이 훤해진다. 창을 여니 싸한 바람이 불어닥친다. 그러나 바람결은 차지 않다. 부드럽고 신선하다. 성큼 봄이 다가왔음을 느끼게 한다. 한 주일 전만 해도 칙칙하던 뜰 안의 초목들은 지금 생기에 넘쳐 있다. 매화나무와 살구나무는 이미 수수알맹이 같은 꽃망울을 달고 있다. 목백일홍도 연두색 새싹을 틔우고 있는 중이다. 햇볕이 잘 드는 뜰 한쪽에서는 백합, 카사블랑카, 옥잠화, 작약 등의 파란 싹들이 수런거린다. 이제 곧 감나무 대추나무도 긴 겨울잠에서 깨어날 것이다.

사람 역시 저들 초목과 같이 춥고 힘든 세월 깊이 잠들어 있다가, 태양이 비추고 따스한 바람이 불 때 다시 눈 비비고 일어날 수는 없을까? 그래만 진다면, 그렇게 어머니가 환생만 하신다면, 금비녀 아니라 금강석비녀라도 해드릴 수 있을 텐데….

어머니가 놓고 가신 은비녀. 녹슨 은비녀를 보고 있으려니 후회와 그리움이 더욱 짙게 가슴에 번져온다.

2010년 3월

별과 풀 애기를 들려주렴

아내와 단 둘이서만 산지도 벌써 15개월이 돼 갑니다. 장남인 아들은 작년 4월에 장가들어 직장 부근인 강남에 따로 살림을 냈습니다. 그 밑의 딸 쌍둥이 후둥이는 그보다 4년 전에 결혼했지요. 마침 살게 된 곳이 친정인 우리 집 근처여서 좋다 싶었는데, 재작년에 역시 강남으로 이사하고 말았답니다. 그럼 선둥이는 어찌 됐느냐고요? 이 녀석은 10년 전에 성악을 한답시고 미국으로 유학 가서 돌아오지 않고 있습니다. 아직 결혼은 안 했습니다.

늙은 내외끼리만 뚝 떨어져 산다는 게 처음엔 아주 이상했죠. 마음이 허전하고 스산해서 뭔가 아주 중요한 것을 잃어버리고 사는 느낌이 들었던 겁니다. 기쁘고 즐거운 일을 맞아도 좋은 줄을 몰랐습니다. 마음은 늘 허허로웠고 심드렁했습니다. 맛있는 음식을 먹어도 소태같이 쓰기만 했습니다.

아이들은 가끔 전화도 하고, 뜨악하기는 할망정 집으로 찾아오기도 합니다. 그러나 그것은 그야말로 '가뭄에 콩 나기' 식이어서 성에 차지 않습니다. 그렇다고 티를 내거나 야단을 칠 수 없는 것이, 아이들은 따로 떨어져 있고, 직장 일로 눈 코 뜰 새 없이 바쁜 걸 알고 있기 때문입니다.

가장 아쉬운 것은 손녀인 지윤(知潤)의 재롱을 마음껏 볼 수 없다는 점입니다. 녀석은 지금 세 살배기이죠. 딸의 딸이므로 '외손녀'가 정확한 표현일 겁니다. 어쨌든 나에게 있어 녀석은 손자 손녀로서 유일한 존재입니다. 적어도 지금까지는 그렇습니다. 그 때문일까요. 귀엽고 사랑스럽기 그지없습니다. 하기야 어느 할아비치고 손자 손녀를 탐탁히 여기지 않는 사람이 있겠습니까만, 녀석은 유독 더 한 느낌입니다.

손녀 지윤은 참 얼굴이 예쁩니다. 눈 코 입 귀 어느 한 군데 미운 곳이 없습니다. 특히 슬기가 가득 찬 눈으로 이 할아비를 바라볼 때는 세월의 때로 칙칙해진 영혼이 꿈틀하고 새롭게 약동하는 느낌이 들지요. 혹, 산앵두를 보신 적이 있는가 모르겠습니다. 도톰하고 앙증맞은 입술로 할아비 볼에 뽀뽀라도 할라치면 내 가슴엔 아지랑이가 일고 기쁨이, 행복이 충만해지지요.

녀석은 태어날 때부터 이마와 뒤통수가 툭 튀어나온 장구머리란 얘기는 언젠가 다른 글에서 말한 기억이 납니다. '장구머리는 머리가 좋다'는 속설도 아마 자주 들으셨을 줄 압니다. 건망증이 심하거나 머리가 별로인 사람을 가리켜 '새 대가리'니 '쥐 대가리'하고 폄하해 부르는 것도 잘 아실 테지요. 그런 저런 이유로 '머리 큰 사람이 지능이 높다'는 말은 사실인지도 모릅니다.

5년 전 로이터 통신이 보도한 내용이 이를 간접적으로 증명하고 있지요. "미국 버지니아 대학의 마이클 맥 대니얼 박사는 과학저널 ≪인텔리전스≫어 발표한 논문에서 1530명의 뇌 크기와 지능을 분석한 결과 뇌가 클수록 지능지수가 높다는 결론을 얻었다"라고 밝힌 기사내용이 그것입니다.

지난 2005년이라 기억되는군요. 캐나다 맥마스터 대학의 한 연구팀도 과거 25년간 특정 지역에서 사망한 남녀 100명의 두뇌 크기와 사망 전에 실시한 아이큐 테스트 결과를 분석하고 같은 의견을 내놓았다는 것입니다. 머리가 큰 사람은 복합문장에 대한 이해력과 논리적 정보구성 또는 문장 기억력이 뛰어나다는 것이었죠.

물론 반대 의견도 없지 않습니다. 말하자면 뇌의 크기는 지능과 아무런 상관이 없다는 것이죠. "아인슈타인은 천재의 대명사처럼 알려져 있지만 그의 머리가 크더냐?" 하는 것이 그들이 반박하는 근거입니다. 아직은 그 어느 주장도 과학적으로 명쾌하게 증명되지 못한 까닭에 이 논쟁은 앞으로도 얼마간은 계속될 것 같습니다.

얘기가 좀 엉뚱한 곳으로 빠졌나요? 하여간 손녀 지윤은 똑똑하고 말솜씨가 여간 아닙니다. 녀석이 주워섬기는 말은 나조차 놀랄 때가 많으니까요.

언젠가는 전화를 걸어 할아비인 내 집에 놀러 오라고 말한 적이 있습니다. 그랬더니 뭐라고 대답했는지 압니까?

"그런데, 할아버지. 먹구름이 껴서 밖에 못나가. 황사도 있어요." 그 나이 또래의 말이라고는 믿어지지 않을 정도로 어휘력과 표현력이 대단했습니다. 시쳇말로 놀라 자빠질 지경이었죠. 지지난 주에는 퍼즐 몇 판을 사서 선물했었죠. 그런데 맞추는 속도가 나보다 빠른 거예요. 맞추면서 혼자 중얼거리기에 무슨 내용인가를 가만히 들어봤습니다.

"이건 구석으로 가야 해."

"이건 빛깔이 틀리네. 어디 갔지?"

녀석은 퍼즐의 기하학적 형태 또는 색상의 구성 등이 어떻게 이뤄져 있는가를 알고 있음이 분명했습니다. 그런 것들을 찾아 맞추면서 혼잣말을 했던 겁니다.

며칠 전에는 아내의 휴대전화로 걸려온 전화를 내가 대신 받았죠. 그랬더니 다름 아닌 손녀였습니다. 뜻밖이어서 반색을 할 수밖에요. 그러나 제 깐에는 아주 의아했던 모양입니다. 대뜸 이렇게 말하더군요.

"할머니에게 전화를 했는데 왜 할아버지가 받지?"

참, 영특하다는 생각이었습니다. 손녀는 모든 사물이나 현상을 예사로 보지 않습니다.

요즘에는 유아원에 다니며 여러 가지를 배운다는 얘기를 들었습니다. 그곳에서도 선생님에게 가장 많은 질문을 하는 어린이로 알려져 있다고 합니다. 유아원 말고도 다른 몇 가지 학습을 따로 받는 눈치입니다. 혹시나 딸은 '영재교육'을 생각하고 있는 건 아닌지 모르겠군요.

영재교육이란 태어날 때부터 뛰어난 재능과 소질을 지닌 어린이들을 위해 마련한 특수교육이 아니겠습니까. 최근에는 국가사회의 발전에 기여한다는 점에서 영재교육의 필요성이 강조되고 있는 듯합니다. 이에 따라 부모들은 어린 자녀가 좀 특별한 생각이나 행동을 할 경우 흔히 영재교육을 머리에 떠올리게 마련이죠.

사실 우리나라의 영재교육은 문제점이 적지 않습니다. 무엇보다 교육의 보편화보다는 특정 분야에 치우치는 경향이 있죠. 이는 곧 창의성을 잘라 버리는 결과를 불러올 수도 있습니다. 또 영재교육을 받은 어린이는 스스로 우쭐한 나머지 그 성격이 비사교적이거나 비타협적으로 변하기도 한다는 얘기도 있습니다. 그러나 영재교육이 안고 있는 가장 큰 문제점은 부모들의 출세지향주의나 학력주의에 이 제도가 악용되고 있다는 점일 것입니다.

나는 그래서 딸이 우리 손녀를 행여 영재교육이라도 시키지 않을까 은근히 걱정됩니다. 그보다는 고뿔 한 번 걸리지 않을 튼튼한 어린이로 길러 주었으면 하는 바람입니다. 저쪽 밤하늘에 반짝이는 별이 있듯, 여기 땅 위에는 햇살에 커가는 작은 풀도 있다는 것을 손녀가 알았으면 좋겠군요. 커서도 마찬가지이죠. 기적이라는 요행을 바라지 말고 땀의 참다운 의미를 터득하도록 일깨워 주었으면 합니다. 역경에도 굴하지 않고 우뚝 일어서며, 실패와 절망 저쪽에는 늘 성공과 희망이 기다리고 있음을 아는 사람으로 키워주면 좋겠다는 얘기입니다. 정말 그래주었으면 합니다.

금방 또 손녀 지윤이 보고 싶어지는군요. 전화라도 걸어야 할까 봅니다.

2010년 7월

그 사람을 가졌는가

　가장 바람직한 우정, 그래서 모든 사람의 거울이 될 만한 우정으로 우리는 곧잘 관포지교(管鮑之交)를 들먹인다. 관포란 기원전 7세기 중국 춘추전국시대의 관중(管仲)과 포숙(鮑叔) 두 사람을 가리킨다. 따라서 관포지교는 관중과 포숙의 사귐이나 우정을 말함이다. 두 사람의 우정이 어땠기에 아득한 옛 얘기가 지금도 많은 사람들의 입에 오르내리는 걸까.

　둘은 어려서부터 친구 사이였다. 포숙의 집안은 명문가였지만 관중은 홀어머니 밑에서 가난하게 자랐다. 관중은 건달로 지내며 자주 포숙을 속였다. 그러나 포숙은 항상 호의로 대하며 이러쿵저러쿵 토를 달지 않았다.

　세상에 나와 포숙은 제(齊)나라의 공자 소백(小白)을 섬긴 데 반해 관중은 공자 규(糾)를 섬긴다. 왕위를 놓고 두 왕자는 쟁탈전을 벌일 밖에 없었다. 그러나 왕의 자리는 소백이 차지하여 환공(桓公)이 된다. 이 싸움에서 규는 죽고 그를 따르던 관중은 사로잡힌다.

포숙은 처형 직전의 관중을 구해주고 환공에게 추천한다. 그 덕분에 관중은 재상의 지위에까지 오를 수 있었다.

사마천(司馬遷)의 ≪사기(史記)≫는 직접 관중의 입을 통해 포숙과 가진 우정이 어느 정도였는가를 다음과 같이 기술한다.

일찍이 내가 가난했을 때 포숙과 함께 장사를 한 일이 있다. 이익을 나눌 때 내가 많이 차지했지만, 포숙은 나를 탐욕하다고 나무라지 않았다. 내가 가난하다는 것을 잘 알았기 때문이다.

또 나는 포숙을 위해 어떤 일을 계획하다가 실패함으로써 더욱 곤궁하게 되었으나, 포숙은 나를 어리석다고 하지 않았다. 시운에 따라 유리하고 불리함이 있다는 것을 이해했기 때문이었다.

전에 나는 세 차례 벼슬길에 나갔다가 세 번 다 임금에게 쫓겨났다. 그러나 포숙은 나를 무능하다고 비난하지 않았다. 내가 아직 때를 만나지 못했음을 알기 때문이었다.

또 나는 세 번 전쟁에 나아가 세 번 다 도망쳤다. 하지만 포숙은 나를 비겁하다고 하지 않았다. 나에게는 노모가 있다는 것을 이해했기 때문이다.

내가 모시던 공자 규가 패하자 소홀(召忽)은 싸우다 죽었으나, 나는 사로잡혀 부끄러움을 당했다. 그래도 포숙은 나를 가

리켜 부끄러움을 모르는 자라고 말하지 않았다. 내가 작은 의
리보다는 천하에 공명을 떨치지 못함을 부끄러워한다는 것을
알기 때문이었다.

따라서 나를 낳아준 이는 부모지만, 나를 알아준 사람은 포
숙이다.

진정한 우정의 표상 같은 '관포지교'를 설명하려다 보니 인
용이 좀 길어진 것 같다. 이번엔 함석헌(咸錫憲) 옹의 시 '그
사람을 가졌는가'를 읽어보자.

만리길 나서는 길
처자를 내맡기며
맘 놓고 갈 만한 사람
그 사람을 그대는 가졌는가

온 세상 다 나를 버려
마음이 외로울 때에도
'저 맘이야' 하고 믿어지는
그 사람을 그대는 가졌는가

탔던 배 꺼지는 시간
구명대 서로 사양하며
'너만은 제발 살아다오' 할
그 사람을 그대는 가졌는가

잊지 못할 이 세상을 놓고 떠나려 할 때

'저 하나 있으니' 하며
빙긋이 웃고 눈을 감을
그 사람을 그대는 가졌는가
(후략)

'그 사람을 가졌는가'는 '진정한 우정'을 나눈다는 게 그리 녹록지 않다는 점을 알게 한다. 관포지교의 고사 내용과는 다른, 아니 그보다 훨씬 어려우며 높고 깊은 우정을 지적함이다. 누가 나에게 '그런 그 사람을 그대는 가졌는가' 라고 묻는다면, 나는 몹시 당황해 할 것이다. 그리고 도망치고 싶을 것이다. "있습니다."라고 당당히 대답하기가 어렵기 때문이다.

이 나이까지 살아오면서 나는 그 누구에게도 '진정한 친구'가 되어준 적이 없었으니, 만 리 길 떠날 때 처자를 맡아주거나, 탔던 배 꺼지는 순간 하나밖에 없는 구명대를 양보해 줄 친구가 없으리라는 것은 당연할지 모른다.

생각자면 그런 친구가 없다는 것이 부끄럽고 창피하지만, 그렇다고 크게 자책하지도 않는다. 어차피 지금 우리가 사는 세상이란 친구인 남보다는 자신의 이익을 챙기기에 바쁠 만큼 인식도 달라지고 사회구조도 바뀌었으므로….

아주 오래 전에 봤던 영화가 있었다. 제목이 '흑과 백(원제: The Defiant One)'이었다. 미국의 명감독 스탠리 크레이머가 감독한 이 영화는 아카데미영화제에서 8개 부문에 수상후보로 오를 만큼 그 반향은 대단했다.

풍우가 몰아치는 어느 날 밤, 범죄자를 호송하던 차량이 마주오던 차를 피하려다 전복되고 만다. 부상자를 옮기고 경찰이 출동하는 어수선한 상황을 틈타 죄수 둘이 줄행랑을 친다. 백인인 조커 잭슨(토니 커티스 분)과 흑인인 노아 컬렌(시드니 포이티어 분)이 그들이다.

이들 죄수들은 서로 한 쪽 팔목에 쇠사슬이 묶여 있었다. 얼굴색이 다른 데서 오는 이질감과 두 사람을 묶어놓은 사슬 때문에 그들은 걸핏하면 치고 때리며 격렬하게 싸운다.

외딴 마을에 도착해서 그들은 어렵사리 사슬을 끊는데 성공한다. 그리고 다시 도주하여 산 속 외딴집에 몸을 피한다. 그런데 그 집에는 아름다운 여인과 어린 아들만이 살고 있었다. 조커는 여인과 사랑에 빠져 그 집에 남기로 한다. 어쩔 수 없이 노아는 혼자서 집을 떠난다. 여인이 알려준 지름길을 따라….

그러나, 그 길은 한 번 빠지면 헤쳐 나오기 어려운 수렁 밭이었다. 여인은 일부러 '죽음의 길'을 흑인 노예에게 알려준 것이다.

이 사실을 나중에야 알게 된 백인 조커는 여인의 집을 뛰쳐나와 정신없이 노아에게 달려간다.

힐끗 봐서 이 영화는 흑백 인종의 차별문제를 다룬 듯 보이지만, 전편을 통해 느끼는 것은 '진정한 우정'이었다. 특히 달리는 기차에 함께 오르려다 한 친구가 실패하자 성공한 친구조차 기차 밖으로 뛰어내려, 스스로 경찰에 체포되는 장면은 가슴 벅찬 감동을 느끼게 한다.

누가 있어 그들에게 "그 사람을 가졌는가?"라고 묻는다면 그들의 대답이 어떠할까. 아마도 그들은 자신 있게 대답할 수 있으리라.

"그럼요. 가졌습니다."라고.

2010년 6월

※ 이 글을 마치고 얼마 뒤 탤런트 박용하가 목 매 자살했다는 소식을 들었다. 대중의 인기 속에 살아가는 '스타'의 자살은 사회에 큰 파장을 일으킨다. 그런데 이 사건과 관련해서 더 큰 파장을 일으킨 게 있으니 바로 그의 친구 소지섭의 뜨거운 우정이었다.

그는 소식을 듣고 장례식장에 달려와 오열했고, 장례식 내내 빈소를 지키며 조문객을 맞이했다. 물론 삼우제에도 영정을 들고 참석했을 뿐 아니라, 수천만 원에 해당하는 장례비 일체도 부담했다. 위암 말기인 박용하의 아버지와, 아들을 잃어 망연자실해 있는 어머니에게는 '지금부터는 내가 아들'이라고 위로하면서….

뉘 있어 박용하에게 "그 사람을 가졌는가"라 묻는다면, 그는 자신 있게 대답하리라. "있다. 소지섭이다."라고. 그의 죽음을 어찌 슬프게만 여길 것인가?

휠체어 효자

저녁나절의 불광하천은 산책을 나온 사람들로 법석댄다. 요즘같이 찜통 날씨가 계속될 대는 더 하다. 피서 삼아 산책길에 나서기 때문이다. 대개는 혼자이지만, 부부나 친구 또는 가족 모두가 동행하는 경우도 있다.

이 하천은 은평구 불광동에서 시작하여 서대문구 북가좌동, 마포구의 성산동을 거쳐 한강까지 이어진다. 9km의 길이에 너비는 60m로 전체 면적은 21㎢에 이르고 있다. 하천치고는 꽤 넓은 편이다. 좌우 양쪽에는 산책로와 자전거 전용도로가 마련돼 있다. 여름에는 S자형의 물길 주변에 풀이 무성하여 녹색 양탄자를 덮은 듯하고, 화단에는 베고니아, 벌개미취, 창포, 칸나, 원추리, 범부채, 접시꽃, 좀비비추, 구절초, 옥잠화, 황화코스모스 등이 다투듯 피어난다.

산책로 곳곳에는 여러 가지 체육시설도 갖춰져 있다. 철봉을 비롯해 큰 활차머신, 서핑롤링머신, 싣업머신, 체스트 업 머신 등…. 참! 불광하천에는 분수시설도 마련돼 있다. 해서, 시원한 물줄기를 완상하며 더위를 달랠 수 있는 것이다. 비록 분수는 시간이 제한되어 있어 아쉽기는 하지만….

이렇게 휴식공간이 여러모로 쾌적하기 때문에 많은 사람들이 이 불광천의 산책로를 사랑하는 것 같다. 집의 위치가 마침 불광천 부근이어서 나도 운동 삼아 자주 산책로를 찾는 편이다. 멀리 보이는 북한산의 준봉을 바라보며 산책을 하노라면 가슴이 툭 터지는 느낌이 든다. 굳이 북한산에 눈길을 줄 필요도 없다. 피는 꽃과 싱그러운 풀숲을 보노라면 삶에 대한 의욕과 용기를 절로 느끼게 마련이다.

바로 엊그제 오후였다. 해 떨어질 무렵에 집을 나서 산책길에 들어섰다. 잡문을 끌쩍이느라 더워진 머리를 식히기 위해서였다. 새로 핀 여름 꽃을 즐기고 운동틀에도 매달려 보면서 와산교에 이를 무렵, 산책객 가운데 좀 특이한 모습을 발견했다. 그리고 그들 산책객들의 모습은 나에게 큰 감동을 주었다. 대체 어떤 모습이기에 그랬을까?

60대의 한 남자가 휠체어를 밀고 있었다. 휠체어 위에는 할머니가 앉아 계셨다. 얼핏 연세를 가늠해 보니 80대 후반은 돼 보였다. 모자관계가 분명했다. 아들은 휠체어를 미느라 힘이 들었던지 송골송골 이마에 땀이 맺혀 있었다. 그러나 얼굴 표정은 '늘 이런 일을 하고 있다'는 듯 담담했다. 이번엔 노모의 얼굴을 살펴봤다. 노인 특유의 표정, 희로애락을 얼른 읽을 수 없는, 생을 관조하는 하듯 한 얼굴이었다. 해서, 이런 나들이에 만족하는지 여부를 쉽게 알아채기는 어려웠다. 다만 주변 풍광을 찬찬히 들여다보는 눈빛은 즐거움과 기쁨에 차 있는 듯했다. 나이 지긋한 아들이 노모를 휠체어에 태워 산책을 시키는 것을 보고 나는 문득 매스컴을 통해 화제가 됐던 '지게 효자'가 떠올랐다.

벌써 4년 전인 2006년의 일이다. 그해 6월 인천에 사는 이군익(李軍翼) 씨(당시 41세)는 "생전에 금강산을 보고 싶다"는 아버지 이선주 씨(당시 92세)를 위해 알루미늄 지게의자를 만든다. 지게에는 방석을 얹고 안전벨트까지 만들어 맨다. 지게 무게는 15kg, 아버지의 체중은 43kg. 아들 이 씨는 아버지를 지게에 태우고 마침내 금강산에 오른 것이다. 만물상 아래 전망대까지…. 이 씨의 윗몸은 온통 피멍이 들었다.

그해 추석에는 아버지를 지고 덕유산 정상을 밟았다. 이 씨의 효행은 인터넷을 통해 멀리 중국에까지 알려져, 취푸(曲阜)에 사는 교포 권혁범 씨가 이 씨 가족을 초청했다. 이것이 지게에 아버지를 태우고 타이산(泰山)에 오른 경위이다.

산행을 마치고 숙소에 돌아오자 중국인들은 "뉴스에서 봤다"면서 반색을 하고 사인을 받아가고 함께 사진을 촬영하는 등 크게 관심을 보였다고 한다. 현지의 ≪치루(齊魯)일보≫는 '한국 효자, 취푸에 오다'라는 기사를 실어 이 씨의 효행을 기렸고, 많은 방송사들도 앞 다투어 이 사실을 보도했다.

취푸는 공자(孔子)의 고향으로 공자사상의 발원지. 늙은 부모를 극진히 섬기는 이 씨의 효행이 중국인들에게 깊은 감동을 주었던 것이다.

지금 우리나라는 고령화 사회로 골머리를 앓고 있다. 작년에 미국 상무부 인구통계국은 세계인구의 고령화 현상을 주요 내용으로 한 '고령화하는 세계'를 발표한 바 있다. 이에 따르면 한국은 1980년까지 고령인구가 전체 인구의 3.8%에 지나지 않았지만 2010년에는 10.4%, 2040년에는 28.9%가 될 것으로 예측하고 있다.

고령화 사회는 많은 문제를 일으킨다. 우선 경제적으로 자립하지 못함으로써 어려운 사람이 많아지고, 둘째는 봉양할 노부모에 대한 물질적 정신적 압박이 무거워지며, 셋째, 노동력 규모가 감소하면서 나라의 경제력이 둔화되고, 넷째, 의료비가 폭발적으로 증가하며, 다섯째, 노화로 인한 적응력 감퇴로 사회 발전이 전반적으로 뒤떨어진다.

그래 그럴까. 전통적으로 존경과 권위의 상징이었던 노인이 요즘에는 사회문제의 골칫거리로 전락되고 만 것이다. 자식 따라 관광(?) 갔다가 버림받거나, 요양시설에 맡겨진 뒤 자식들이 소식을 끊어 오도 가도 못하는 노인들도 한둘이 아니라는 얘기를 들었다. 이런 마당에 '지게 효자'나 '휠체어 효자'는 얼마나 훌륭한가? 아니, 얼마나 우리를 부끄럽게 하는가?

나는 8남매의 막내둥이로 아버지를 세 살 때 잃은 불효자식이다. 어머니는 내 나이 서른다섯 살 때 78세의 연세로 돌아가셨다. 그러나 살아생전에 잘못한 게 많고, 후회되는 일 또한 헤아릴 수 없으니 벌 받아 마땅한 자식임이 틀림없다. 지금 어머니가 살아 계시다면 112세이신가. 그저 살아만 계신다면 모든 정성을 다 해 받들어 모실 것 같은 마음인데, 정작 생존해 계신대도 이 마음에 변함이 없을까?

어머니가 좋아하셨던 접시꽃, 뜰 안의 저 꽃은 그 정답을 알 수 있을는지?

2010년 7월

혼수이불과 보헤미안 크리스털

　　우리 집 건넌방에는 큼지막한 보따리가 하나 놓여 있습니다. 가로 세로가 각각 85cm, 60cm로 네모진 모양의 이 물건은 그 높이가 얼추 네댓 살 어린이의 키만 합니다. 붉은색 보로 정성스레 싸여진 품이 누가 봐도 예사 물건 같지는 않아 보입니다. 노크하듯 손가락으로 두드려 보면 아무 소리도 들리지 않습니다. 느낌으로 봐서 목재나 철제 같지는 않군요. 이번엔 손바닥으로 지그시 눌러봅니다. 담요나 방석을 만지는 촉감이 전해집니다. 대충 짐작이 가신다고요? 그렇습니다. 작년에 아들이 결혼하면서 며늘아기가 혼수로 가져온 이불 짐입니다. 시부모인 나와 아내가 사용할….

　　문제는 이 혼수품을 받은 아내의 뒤처리 문제입니다. 택배로 받은 바로 그날은 아니라 해도 다음날에는 당연히 며늘아기가 혼수로 마련한 이불을 사용할 줄 알았습니다.

"물건 잘 받았습니다. 뭐 이렇게까지 신경을 쓰셨습니까. 색깔이 참 마음에 드네요. 감사합니다."는 등 안사돈에 대한 아내의 깍듯한 인사도 끝났으니 말입니다.

그런데도 아내는 어찌된 일인지 이불과 요를 사용하지 않는 것이었습니다. 그저 생각난 듯 가끔 물건을 매만져보기만 할 뿐이었죠. 보따리 속에는 베개까지 들어 있다는데, 햇솜이 도톰한 이불과 요를 사용하면 스르르 잠도 잘 올 것 같은데, 도대체 사용을 해야 말이죠. 한 주일을 참고 기다려 봤습니다. 그래도 여전하기에 나로서는 좀이 쑤셨습니다. 그래, 이렇게 물어 봤지요.

"새아기가 가져온 이불 요는 왜 사용하지 않지? 문제라도 있는 거요?"

듣고 있던 아내가 대답합니다.

"문제는 무슨…. 헌 것이 있어야 새 것도 있죠. 왜, 새 이부자리 생각이 나서 그래요?"

보채는 어린애를 나무라듯 하는 말투였습니다. 나는 겁이라도 먹은 듯 "그, 그냥…." 하며 말꼬리를 내리고 말았습니다. 이 나이에 새 이불 덮지 않아 큰 일 날 것도 아닌 다음에야 아무려면 어떠냐는 생각이 들었던 것입니다. 다만, 아내의 대답을 들으면서 "혼수이불인지 뭔지 써보긴 다 틀렸군." 하는 생각이 들었던 것은 사실입니다.

왜 그런 생각을 가졌느냐고요? 한 마디로 아내의 마음 씀

씀이를 너무나 잘 알기 때문이죠. 아내는 좀 진귀한 물건이라 여기면 그걸 그 자리에서 쓰지 않는 묘한 버릇이 있습니다. 설혹 실용품으로 구입했다 해도 장식품으로 용도가 변경되거나 또는 무용지물이 돼버리는 경우를 가끔 봐왔습니다. 따라서 이 혼수이불도 십중팔구는 그 짝이 되리라 예감이 되었던 것입니다.

1981년의 일입니다. 홍콩대학에 유학중 아내가 잠시 홍콩을 방문한 적이 있습니다. 당시 내가 유숙해 있던 '코리아센터' 부근에 원두커피를 파는 집이 있었지요. 근처를 지나가면 그 구수한 향이 진동했습니다. 그런데 아내는 원두커피의 독특한 향미보다는 원두가 뽀글뽀글 끓여져 한 잔 커피로 변화되기까지의 과정에 더 관심을 보였습니다. 그리고 자신도 커피제조기를 하나 마련했으면 하는 눈치였지요. 서울 같으면 "커피를 얼마나 마시겠다고 그깟 것이 무슨 필요하냐?"고 타박을 놓았을 겁니다. 허나 모처럼 해외나들이를 나온 아내가 아니겠습니까. 그 길로 페리보트를 타고 침사추이(尖沙咀)상가에 가 아이보리색깔의 원두커피 제조기를 한 대 산겁니다.

아내는 자신의 몸을 치장할 옷가지나 장신구를 산 것도 아니련만, 꽤나 흐뭇해했습니다. 이리저리 돌려보며 어린애같이 좋아하던 모습이 지금도 눈에 선하군요. 그런데, 그 후로 지금까지 나는 이 물건을 이용해 커피를 마셔 본 일은 없습니다. 녀석은 언제나 찬장의 제일 좋은 자리를 차지한 채 거들먹거리듯 하더니 요즘엔 찬장의 맨 아래, 잘 보이지도 곳으로 옮겨져 있는 상태입니다. 저도 세월을 거스르기란 힘든 모양으로 홀대(忽待)를 받고 있는 듯 했습니다. 하도 오래된 것이라 지금은 작동이나 할지 모르겠군요.

다른 예도 있습니다. 홍콩대학교 대학원 유학 중에 학교 측의 요구로 중국인 대학생들에게 한국어를 두어 달 가르친 적이 있습니다. 그들이 한국어를 배우려는 것은 다른 목적이 아니었습니다. 전공하는 학과가 '언어학'이므로 한국어의 언어적인 특성이나 문법적 체계가 어떤지를 알기 위함이었던 겁니다. 한국어 특별과외를 마친 그들이 "대단히 수고하셨다"면서 상자 하나를 선물했습니다. 뜯어보니 크리스털 잔 6개가 들어 있었습니다.

키는 11cm. 앙바틈하게 생긴 잔에는 정교하고 아름다운 조각이 촘촘히 새겨져 있어 영롱한 빛을 뿜어내고 있었습니다. 얼핏 보기에도 귀한 물건 같이 보였지요. 고가품이라는 것을 증명이라도 하듯 잔 받침 위에는 3개의 금딱지 스티커가 붙어 있었습니다. 그중 한 개를 봤지요. '산화납(pbo) 24%가 함유된 체코슬로바키아 보헤미아(Bohemia)제품'이라는 설명이었습니다. 보헤미아라면 세계적으로 유명한 크리스털 제품장소가 아닙니까? 다른 스티커로 눈길을 돌렸습니다. '수제품(hand out)'이라고 적혀 있었습니다. 나머지 스티커요? '24% pbo 체코슬로바키아'라고만 표기했더군요. 잘 아시는 대로 수제품에다 산화납 24%면 대단히 우수한 크리스털입니다.

잔 하나를 빼어봤습니다. 기분 좋은 중량감을 느꼈습니다.

이번엔 입 주둥이에 손가락을 튕겨봤습니다. "탱!"하는 금속
성이 울렸습니다. 찌든 영혼조차 맑아지는 기분이었습니다.
애들 말마따나 기분이 "뿅!" 갔지요.

　유학이 끝나면서 이 귀한 포도주잔은 주소지를 한국 서울
로 옮겼습니다. 아내는 새 손님을 맞고 아주 반가워했죠. 아
주 극진한 대우를 해 줬습니다. 어떻게 대우해 주더냐고 물으
시려는 겁니까? 예상하신 그대롭니다. 찬장에서 격을 높여
장식장에, 그것도 다른 걸 비키고 눈높이에 진열했습니다. 아
내의 보살핌은 거기서 끝나지 않았습니다. 한 달에 한 번 보
헤미안 크리스털을 꺼내 먼지를 닦아주는 등 정성껏 돌봤지
요. 어쩌다 내가 값싼 포도주라도 부어 마실라치면 아내는 대
형 마트에서 기념품으로 받아온 유리잔을 대신 내미는 것이
었습니다. 앞에서 얘기했듯 "헌 것이 있어야 새 것도 있죠."
하는 식이죠. 그러나 지금은 좀 다른 것 같군요. 유리잔을 고
집하는 건 옛날과 같지만, 먼지라도 앉을 새라 알뜰히 신경
쓰던 보살핌은 없는 것 같습니다. 지난 젊었을 때에 비해 아
내는 지금 남아돌 만큼 시간이 많을 텐데도 말입니다.

　우리말 속담에 "아끼면 찌 된다."는 말이 있습니다. '찌'란
소아용 어휘로 '똥'이라는 뜻이지요. 우리 집에는 아끼다가
결국 똥으로 전락된 존재가 여럿 있습니다. 니콘카메라가 그
렇고, 구하기 쉽지 않은 향수 '샤넬 No. 5'가 또한 그렇습니다.

　물건을 아끼고 귀중히 여기는 것이야 탓할 일이 아니겠지
만, 찌를 만들어서는 안 된다고 생각합니다. 값지고 훌륭한

물건을 보잘 것 없는 쓰레기로 단드는 것은 성격 탓이겠지요.
혹은 헐벗고 못살았던 옛날의 검약정신이 비뚜로 나타난 결
과일 수도 있을 겁니다.

그러나 말입니다. 요즘엔 물건이 너무 풍족해서인지, 아니
면 살기가 넉넉해서인지, 내남없이 흥청망청 마구잡이로 써
대고 있습니다. 그야말로 꼴불견인 경우를 많이 봅니다. 이런
무절제는 본인에게도 바람직하지 않고, 남에게도 자칫 해를
입힐 수 있다는 생각입니다. 그럴진대, 차라리 '아낀 끝에 찌
를 만드는 것'이 낫지 않을는지요?

4월, 초봄의 뜰 안이 화사합니다. 연보라 제비꽃은 지천으
로 피어 있고, 철쭉에는 꽃망울이 맺혀 있습니다. 아직은 살
구꽃도 볼만 하군요. 포도주 한 잔이 생각납니다. 보헤미안
크리스털을 사용하면 더욱 운치가 나지 않을까요? 아마 이제
는 아내도 불쑥 유리잔을 내밀지는 않을 겁니다. 무드 없는
삶, 그게 얼마나 삭막한지를 알 나이는 됐으니까요.

2010년 4월

옷차림

거의 30년 전의 일이다.

네덜란드를 방문해서 아주 특별나게 느낀 것 중의 하나는 노인들의 옷차림이었다. 처음 암스테르담에 도착한 때는 1981년 1월이었는데, 평상복을 편안히 걸치고 다니는 젊은이 모습들과는 달리, 노인들은 값 비싼 모직이나 털옷 외투를 입고 있었다. 물론 다 그렇다는 건 아니다. 젊은이 가운데도 정장 차림에 고가의 외투를 입은 이들도 있고, 노인들 역시 입성이 협수룩한 사람이 없는 것은 아니었지만 대체적으로는 그랬다.

그 무렵의 네덜란드는 우리보다 훨씬 잘 사는 부자 나라였다. 한국의 1인당 GDP가 1500달러에 불과할 때, 네덜란드의 GDP는 세계 랭킹 7위에 오를 정도로 경제적 부(富)를 누리고 있었다. 제4차 경제개발 5개년계획의 마지막 연도를 맞은 한국은 여러 모로 안간힘을 쓸 시기였다. 따라서 선진국 네덜란드와 빈부를 비교한다는 것은 무리일 터이다.

아무리 그렇기로서니 네덜란드는 한겨울의 평균온도가 0도에 지나지 않는 나라가 아닌가. 때 이른 털옷까지 챙겨 입는다는 게 내 눈에는 조금 이상하게 보였다. 그럴리야 없을 테지만 부유한 티를 보이느라 저러는 게 아닌가 하는 생각까지 들었다.

네덜란드는 국토의 25%가 해수면코다 낮은 국가이다. 이러한 지형적 어려움으로 이 나라 사람들은 매우 근면하고 성실한 국민성을 지니고 있다. 그뿐이 아니다. 더치페이(Dutch pay)라는 말에서 짐작하듯 네덜란드 사람들은 분명하고 합리적인 사고방식으로 행동한다. 지갑이 두텁다 해서, 살림에 여유가 보인다 해서, 마구잡이로 돈을 쓰려 하지 않는다. 하물며 옷차림으로 부를 과시하려 들겠는가.

나이 들면 누구나 신체의 기능이 떨어진다. 작은 추위에도 민감하게 반응하게 마련이다. 이 나라 사람들도 마찬가지일 것이다. 노인네들의 옷차림이 좋을 수 밖에 없는 것은 무엇보다 경제적으로 넉넉한 탓일 테고, 떨어져 있는 신체적 기능을 고려한 때문일 것이다. 그 밖에도 이 곳 사람들 나름의 경노사상은 아니었을까 하고 여겨진다.

어머니는 살아생전에 늘 옷차림이 수수하셨다. 오래 입어 낡아진 내 와이셔츠도 어머니는 그냥 버리시지 않았다. 목의

칼라와 긴 소매를 잘라낸 뒤 손으로 박음질해서 남방셔츠용
으로 당신이 입으셨다. 내가 짐짓 화를 내며 "궁상맞게 그 짓
은 왜 하시느냐"고 나무라면, 어머니는 태연히 말씀하시곤 했
다.

"내 아들이 입던 옷, 왜 남에게 천대받게 하겠냐? 이렇게
고쳐 입으니 좀 좋으냐?"

어머니의 말씀은 진심이었을 것이다. 하지만 내가 버린 와
이셔츠를 고쳐 당신이 입으신 뜻은, 물품의 재활용에 앞서 시
답잖은 아들의 벌이를 고려하신 게 아닌가 싶어 부끄럽고 송
구한 마음이 든다.

영하의 차가운 날씨라 해서 어머니의 입성이 달라지지는
않았다. 보온성이 좋으면서 가벼운 모직 코트나 털옷은 아예
없었고, 옥양목 두루마기나 털실 스웨터가 고작이었다. '그때
는 내남없이 어려운 시절이라 다들 그렇게 지냈다'고 말해버
릴 수도 있을 게다. 그러나 네덜란드 노인네들의 옷차림에서
내가 느낀 점은 돌아가신 어머니에 대한 죄송스러움이었다.

요즘 나는 아내로부터 옷차림에 대한 주의를 자주 받는다.
집 밖에 나갈 때는 말할 것도 없고, 집 안에서도 옷매무새를
단정히 갖추라고 귀 아프게 당부하는 것이다. 특히 어디 모임
이라도 있을 경우에는 반드시 정장을 하란다. 나이 70에 캐주
얼한 복장을 해도 좋으련만 아내는 대경실색한다. "활동량이
많고 얼굴 피둥피둥한 청장년들은 괜찮다. 그러나 당신은 지
금 다르지 않느냐? 옷차림이 추레하면 남 보기에도 흉하고,

자기 자신도 품위 없이 행동하게 마련이라"는 것이 '옷차림'에 대한 아내의 철학이다. 특히 내 걸음걸이가 바르지 못하고부터는 옷차림 단속과 채근이 더욱 심해진 느낌이다. 온전하지 않은 보행자세로 옷차림까지 구중중하면 사람들이 얼마나 얕보겠느냐고 나무라는 것이다.

얼핏 들으면 허세 같지만 맞는 얘기인 것 같다. '옷이 날개'라는 속담은 영어로 "Fine feathers make fine birds."이다. 깃털이 좋아야 멋진 새를 만든다는 뜻이니 우리의 정서와 비슷하다. 호사(豪奢)의 의미보다 자신에 걸맞는 멋스러움을 갖추라는 뜻이므로 '호박에 줄을 그어 수박을 만든다'는 의미와는 다르다고 본다.

생전에 허름한 청바지에 목발을 짚고 명동 거리를 다니다가 영락없는 거지로 오인을 받았던 장영희 교수는 그의 수필 ≪내 생애 단 한 번≫에서 이런 얘기를 하고 있다.

다음날부터 나는 청바지를 벗어버리고 정장을 했다. 옷을 선택할 때는 실용성보다는 문자 그대로 '거지처럼 보이지 않는'데 기준을 둔다. 로션 하나 안 바르던 얼굴에 화장도 한다.
이렇게 시간과 돈을 낭비하는 것을 나는 사명으로 생각한다. 아니, 더 나아가 희생이라고까지 생각한다. 어차피 목발을 두고 다닐 수는 없는 일이므로, 순전히 나를 선생님이라고 부르는 학생들의 체면을 위해 그리고 내가 몸담고 있는 학교의 명예를 생각해 그래도 동전 구걸하는 거지로는 보이지 말아야겠기 때문이다.

　하기야 "입은 거지는 밥을 얻어먹지만, 헐벗은 거지는 밥을 굶는다."는 속담이 생긴 것도 이 때문인지 모르겠다. 밥 얻어먹는 거지 입장에서도 옷차림에 신경을 써야 한다는 것은, 비록 거지 신분이라도 자신의 능력으로 해야 될 것은 해야 된다는 경구일 것이다.

　실용적으로, 검소하게, 내 방법대로 살고 싶은데, 남의 체면, 다른 사람의 입장까지 살피면서 살아야 하는 이 세상은 얼마나 복잡하고 어려운가?

2010년 3월

'럭키'와 '바둑이'

'럭키'는 우리 집에서 키우던 암캐 이름이다.

갈색 털을 가진 '럭키'는 몸집이 작고, 혈통이 수상쩍은 잡종 개이다. 그러나 귀가 쫑긋한 데다 꼬리를 말아 올린 품새를 보면 '캐넌 독'을 연상케 한다. '럭키'는 결혼해서 각각 제 살림을 꾸려 나간 아들딸을 대신이라도 하듯 우리 내외 곁을 지키며 위로와 위안을 주었고, 나와 아내 또한 그런 개에게 사랑을 쏟았다.

특히 아내는 '럭키'가 먹을 사료를 위해 집에서 한참 떨어진 화전(花田)까지 가서 사 날랐고, 외출이라도 할양이면 밥을 제때 챙겨주지 못할까봐 조바심을 내곤 했다. 녀석이 좋아하는 돼지갈비뼈를 구해 주느라 부근의 단골 음식점에 자주 청을 넣은 사람도 아내였다. 이렇듯 극진한 돌봄으로 강아지로 왔던 '럭키'는 어느새 중간 크기의 개로 성장했다.

본래 우리 집에는 '럭키' 말고도 큰 개 두 마리가 더 있었다. 아무리 단독주택이라도 개 3마리는 지나치다는 생각이었지만, 어쩌다 보니 그렇게 된 것이다. 그러니 밖에서 낯 선 사람의 인기척이라도 나면 개들은 정신없이 짖어대며 난리를 피웠다. 이웃들로부터 눈총을 받는 것은 당연했다. 시끄럽게 짖을 때마다 마당으로 뛰어나가 녀석들을 달래려 해도 소용이 없었다. 주인인 내가 나가면 개들은 뒷심이라도 받은 듯 더욱 요란하게 짖어댔기 때문이다.

"신고가 들어왔다"며 경찰이 찾아온 것도 여러 차례였다. 아무래도 무슨 특단의 결정이 필요할 것 같았다. 곰곰이 생각한 끝에 나는 녀석들을 전부터 잘 알고 있던 경기도의 한 농장에 보내기로 했다.

2년 전 어느 늦봄 오후, 덩치가 우람한 갈색 진돗개 '케리'와 흰색 풍산개 '봉이'는 마침내 낯선 주인에 끌려 우리 집 마당을 나갔다. 나는 차마 그 개들과 눈이 마주칠까 두려워 방도 나서지 못한 채 유리창을 통해서만 그들을 바라봤다. 아내는 마당 한 쪽에 서서 "케리야!", "봉이야!"를 번갈아 부르며 눈물을 찍어내고 있었다.

"동물에게 정 주지 말라"는 얘기가 있다는 것을 모르지 않는다. 그러나 10년 동안이나 식구와 같이 지냈던 것들을 떠나보낸 날 저녁식탁에서 나는 아무 것도 먹을 수 없었다. 그 다음 날도 마찬가지였다. 하루 종일 물 몇 모금만 마셨을 뿐이다. ‘들어버린 정’을 떼기란 참으로 어려웠다.

이후, 새 식구 ‘럭키’는 많은 사랑을 받았다. 그럴 수밖에 없었다. ‘케리’와 ‘봉이’에 대한 사랑까지 겹쳐 받았으니까.

‘럭키’는 낳은 지 두 달쯤의 강아지도 어느 음식점의 탁자 다리에 매여 있었다. 이리 채이고 저리 채이며 온갖 구박을 받고 있는 것을 헐값으로 사들인 것이다. 처음엔 볼품없던 것이 씻기고 거두어 먹이니 아주 괜찮은 모습으로 바뀌었다. 성미가 깔끔한데다 짖기를 잘 해서 집개로서는 안성맞춤이었다. 그런데 얼마 전부터 사료를 전혀 먹지 않는 것이었다.

어디 병이라도 났을까? 우유를 사서 사료에 부어 주었다. 그래도 사료는 먹지 않고 우유만 핥아 먹는 것이었다. 나중에는 우유조차 먹지 않았다. 개가 거식(拒食)행위를 하는 것은 흔히 있는 일이어서, 하루 이틀 지나면 다시 밥그릇을 찾을 줄 알았다. 헌데, 이번엔 좀 달라 보였다. 무엇보다 사료를 안 먹은 기간이 너무 길다고 느껴졌다. 이젠 우유조차 거들떠보려 하지 않고 겨우 물만 혀로 조금 핥을 뿐이다.

안 되겠다 싶어 아내를 불렀다. 함께 데리고 동물병원에 갈 생각이었다. 부엌일을 하다가 뛰어 온 아내가 “럭키! 럭키!” 하고 부르자 개는 비실대며 집에서 나왔다. 그리고 꼬리를 두어 번 흔들더니 화단 옆으로 가서 모로 눕는 것이었다. 숨을 몰아쉬는 품이 심상치 않았다. 그 길로 근처 동물병원으로 내달렸다.

늦은 시간이라 걱정했는데 다행히 의사는 있었다. 대충 상황을 설명하고 왕진을 부탁했다. 하지만, 다른 약속이 있어 왕진은 불가능하단다. 그럼 '먹일 약이라도 달라'했더니, '무슨 병인 줄 알고 약을 지어 주느냐'는 대답이 돌아왔다. 우문(愚問)에 현답(賢答)이었다. 그러면서 정확히 진단하려면 혈액검사가 필요하고, 병원에 입원시켜 상황을 체크해야 한단다. 혈액검사에 드는 비용을 물어 봤더니 7만 5천원이란다. 묻지도 않았는데 의사는 입원비용까지 알려 준다. "몇 십만원은 각오해야 한다"고….

순간 '개를 살리기는 틀렸다'는 생각이 들었다. 근처에 다른 동물병원이 있는 것도 아니었다. 있기로서니 의사의 답변은 비슷하지 않겠나.

아내와 나는 아무 소득 없이 집으로 발길을 돌렸다. 마음이 아파왔다. 제발 목숨이 길어 '럭키'에게 기적이 일어날 것만을 마음으로 빌 뿐이었다.

열쇠로 대문을 따고 개가 누워 있던 자리부터 살펴봤다. 전혀 기척이 없었다. 이번엔 몸을 흔들어 봤다. 미동도 하지 않는다. 죽은 것이다.

"딱하고 불쌍한 것!" 병원에 가기 전 아내가 "럭키! 럭키!" 하고 불렀을 때, 비척이며 집에서 나와 꼬리를 흔든 것이 주인에 대한 마지막 '순종의 예'였다니, 너무도 애석했다. 배고프면 저절로 밥 찾아 먹으리라고 여겼던 주인의 무지와 몰인정함을 '럭키'는 얼마나 야속하게 여겼을까.

그날 밤 나는 너무 허전해서, 그리고 왠지 죄 지은 마음이

돼서 제대로 잠을 이룰 수 없었다.

애견 '럭키'가 죽은 지 1주일이 지났다. 그냥 맨송맨송하게 뜰 안을 내버려 둬서는 안 될 것 같았다. 듣자니 모란시장에 가면 마당에서 키울 강아지를 살 수 있다는 것이었다. 모란장은 매월 4일과 9일을 중심으로 5일장이 열린단다. 마침 오늘은 장이 열리는 날. 점심을 먹고 친구와 함께 성남을 지나 모란시장으로 향했다.

강아지 파는 곳은 시장 초입의 끝에 있었다. 그러나 기대와 달리 강아지는 별로 많지 않았다. 진듯개 흰 놈이 마음에 들었으나 값이 좀 비쌌다. 그리고 전에 키워 본 것이기도 해서 흰 바탕에 갈색 털이 군데군데 나 있는 수놈 바둑이를 택했다. 갈색 털은 얼굴, 목덜미 그리고 꼬리 부분에 나 있었다. 얼굴이 예쁘장하고 행동이 민첩한 게 썩 마음에 들었다. 나는 즉석에서 이름을 지었다. '바둑이'라고….

바둑이는 집에 오자마자 목욕부터 했다. 강아지를 판 사람이 "잔뜩 먹여 놨으니 밥이나 사료는 내일부터 주라"기에 그날은 우유만 조금 먹였다.

3월 중순이라지만 밖은 아직도 추운 날씨여서 바둑이는 방에서 재워야 했다. 녀석은 한 곳에만 있지 않고 온 방을 헤매고 다녔다. 그리고는 똥, 오줌을 여기저기 아무 데나 쌌다. 이튿날엔 밥에다 우유를 홍건히 갈아 주었다. 밥은 거들떠보지 않고 우유만 먹어치운다. 사료 몇 알을 주워 봤다. 아기작거리며 씹어 먹는다. 다행이다 싶었다. 그런데 금방 설사를 하는 게 아닌가. 그 뒤로는 무얼 먹여도 설사였다. 전에도 비슷한 강아지를 키우다 설사 끝에 실수한 적이 있어 은근히 걱정이었다. 정로환을 반으로 잘라 아침과 저녁 잇몸에 발라 주었다. 그런데 정말 이렇게 신통할 수 있는가. 설사가 그치고 변을 가느다란 떡가래 같이 보는 것이었다.

그럭저럭 1주일이나 지났을까? 바둑이에게 이상한 현상이 일어났다. 틈만 있으면 앞발 뒷발로 몸을 긁어대는 것이었다. 피부병이라도 있는 걸까? 몸을 자세히 살피니 아닌 게 아니라 비듬 같은 이상 물질이 여기저기 눌어붙어 있었다. 그때부터는 더욱 바빠졌다. 쫓아다니며 배설물 치우랴, 우유 데워서 사료 먹이랴, 빗질해 주고 목욕시키랴 정신이 없었다.

온갖 신경을 다 썼으나 좀처럼 피부병은 낫지 않았다. 연고를 사서 발라줘도 그게 그 턱이었다. 아니 점점 심해졌다. 게다가 나까지도 전신이 가려워 견딜 수 없었다. 바둑이의 피부병에 전염된 것이 분명했다. 날씨도 풀렸기에 바둑이는 마당에 두고 키우기로 했다. 그나저나 피부병은 어떻게 고쳐야 하나? 요즘엔 털까지 성깃하게 빠지고 있잖은가. 키도 안 크면서….

어느 날 동네의 애완견센터를 지나다가 '바둑이의 이상'에 관해 물어 봤다. 주인은 애완견의 질병 특히 피부병에 관해 경험이 많은 사람이었다. 약물로 간단히 처리할 수 있는 방법을 알려 준다. 약품 이름과 가격, 사용하는 방법, 약품을 취급하는 장소와 약도까지…. 이렇게 고마울 수가 있는가?

다음 날 아침. 애완견센터 주인이 알려준 장소에 가서 약품 한 병을 사들고 서둘러 집에 왔다. 그리고는 일러준 대로 털을 깎고 약품을 물에 희석시켜 목욕을 시켰다. 혹시 독한 약을 입으로 핥아 먹거나 피부에 침투하는 일이 없도록 목욕도 조심해서 빨리 시켰다.

털이 깎인 채 목욕을 마친 '바둑이'의 몰골은 말이 아니었다. 사시나무 같이 떠는 게 측은했다. 마른 수건으로 감싸 주자 편안한 자세로 잠을 자기 시작한다. 얼마 후 나가보니 일어나 걷고 있었다. 달라붙은 비듬딱지는 다 떨어졌는지 피부가 말짱했다. "앞으로 털 나기만 기다리면 되겠네. 치료해 주기를 잘 했어…." 스스로 만족스러웠다.

그런데 이게 어찌 된 영문인가? 밖에서 다시 제 집으로 들어가려던 '바둑이'가 순간 비척거리는 것이었다. 그리고 쓰러진다. 갑자기 무슨 일인지?

물을 줘 봤다. 입을 꽉 다물고 먹지 않는다. 눈도 감겨 있다. 기진맥진해 늘어진 모습이 상태가 심각해 보였다. 도대체 뭐가 어떻게 된 걸까? 약품이 너무 독했던 것일까? 또 동물병원에 가야 하나? 어쩔 줄 몰라 혼자 애를 태우는 것도 잠시, '바둑이'는 죽고 말았다. 허망했다. 아니, 화가 났다. 잘 길러보려 애쓰지 않았는가? 알뜰하게 쏟은 정성을 '바둑이'는 이렇게 갚는가? 인연 맺은 지 고작 한 달 뿐인데….

허나, 돌이켜 보면 모든 게 다 내 잘못인 것 같다. 병원비를 아끼느라 제 때에 동물병원에 데려가지 못한 일이며, 잘 알지도 못하면서 수상쩍은 약품을 풀어 목욕을 시킨 일이 크게 후회됐다.

　햇볕이 따뜻한 오늘. 마당의 잔디는 더욱 싱그럽게 보인다. 고개를 돌리면 지금에라도 철쭉나무 어느 구석에서 '바둑이' 가 튀어 나올 것 같다. 귀엽고 앙증스러운 꼬리를 흔들며….

2010년 4월

뭉개진 봉서산(鳳棲山)

이문열(李文烈)의 장편소설 ≪그대 다시는 고향에 가지 못하리≫는 첫 머리를 이렇게 시작한다.

누구든지 고향에 돌아왔을 때, 그걸 대하면 "아, 드디어 고향에 돌아왔구나" 싶은 사물이 하나씩은 있게 마련이다. 그것은 이십 리 밖에서도 보이는 고향의 가장 높은 봉우리일 수도 있고, 협곡의 거친 암벽 또는 동구 밖 노송(老松)일 수도 있다. 그리워하던 이들의 무심한 얼굴, 지서 뒤 미류나무 위의 까치집이나 솔잎 땔 때는 연기의 매캐한 내음일 수도.

내 고향집의 옛 행정명칭은 경기도 파주군 주내면 연풍리 274. 1980년에 주내면은 주내읍으로 승격되었고, 1983년부터는 파주읍이라고 이름을 고쳤다. 또한 1996년에는 파주군이 파주시로 승격되는 등 여러 차례 명칭의 변화를 가져왔다. 그러므로 현재 행정상의 공식적인 명칭은 경기도 파주시 파주읍 연풍리가 될 터이다. 사실 고유명사는 어떤 특정한 사람이나 지역 또는 사물의 이름을 나타내기 위해 존재한다. 이런 고유명사가 자주 바뀐다면 그 '특정'이란 의미는 사라질 것이다. 그리고 여러 가지로 혼란과 불편도 주게 된다. 물론 인구가 늘고 산업이 발전하는 등 지역사회의 규모가 확장하는데 따른 불가피한 선택이긴 하겠지만.

어쨌든 나에게도 고향에 가면 "아, 드디어 고향에 돌아왔구나" 싶은 사물이 하나 있다. 바로 봉서산(鳳棲山)이 그것이다.

봉서산은 파주읍에 위치해 있다. 고향마을 연풍리(延豊里)에서는 2km쯤 될까? 해발 213m로 그리 높은 편은 아니다. 하지만 넉넉한 체수로 파주 벌판에 우뚝 서 있는데다, 봉우리 한 쪽이 기울듯 솟아 있는 모습이어서 첫눈에도 푸근하고 넉넉한 인상을 주는 산이다. 경의선을 타고 금촌역을 지나 파주역으로 접어들거나, 통일로를 따라 문산 방향으로 가다 보면 동북방향에 자리를 틀고 우람하게 버티어 있다.

봉서산은 이름 그대로 봉황이 깃들어 살았다 해서 붙여진 이름이다. 봉황은 상서롭고 아름다운 상상의 새로 수컷을 봉(鳳), 암컷을 황(凰)이라 한다. 용(龍)과 더불어 영물로 꼽히는데, 덕망 높은 군자가 천자(天子)의 자리에 오르면 출현한다는 새로 알려져 있다. 오동나무에 서식하고 대나무 열매를 먹으며 맑은 샘물로 목을 축인다던가?

따라서 봉서산은 적어도 파주에 적(籍)을 둔 사람들에게는 '행복을 실어오는 산', 곧 진산(鎭山)으로 여겨져 왔다. 마을의 모든 사악한 기운을 막아내고 안녕과 평온을 가져다 줄 것으로 생각한 것이다. 내가 입학하고 졸업한 파주초등학교의 교가에도 이 산이 등장한다.

봉서산 굳센 기상 우러러 보며/ 연풍 내 맑은 정기 솟아오르는
봉황이 깃들었던 성스러운 곳/ 전통에 빛나는 파주학골세/
전통에 빛나는 파주 학골세

파주초등학교의 바로 뒤에 봉서산이 있으니 교가에 반영된 것은 당연했을 것이다. 1906년 광흥학원으로 개교한 파주초등학교는 원래가 파주목(坡州牧)의 관아 터가 있던 자리였다. 1948년 내가 입학할 당시만 해도 교정 한 쪽에는 왕의 임시 행재소(行在所: 임금이 궁궐을 떠나 임시 머물던 장소)로 사용했던 원각과 객사(客舍)가 존재했다. 학교의 다른 건물과는 달리 기와집 형태여서 어린 나이에도 별나게 여겼었다. 물론 이 건물들은 6·25동란 중에 모두 불타 없어지고 주춧돌 몇 개만이 허허롭게 남아 있을 뿐이다. 문화재로서의 가치가 뚜렷하므로 복원했으면 좋으련만 아직 이에 대한 소식은 없는 듯하다.

동란 때의 내 나이는 아홉 살로 3학년 초까지 읍내의 파주 초등학교를 다녔다. 이 무렵 봉서산에 관해 들었던 얘기 가운데 하나는 "가끔 화살촉이 발견된다"는 것이었다.

"화살촉? 그럴 리가 있나?"

봉서산에서 전투가 있었다는 얘기를 아무에게서도 들은 바 없던 내 또래들은 그 말을 믿지 않았다. 그러면서도 우리는 다짐하듯 수군거리며 말했다.

"봉서산은 무서운 곳이다. 올라가지 말자."

그러나, 봉서산이 '무서운 산'은 아닐지 몰라도 '화살촉이 발견됐다'는 얘기는 참말이었을 것 같다.

지형적으로 볼 때 봉서산은 문산(汶山) 포구를 바라보는 군사적 요충지이다. 임진왜란 때에는 행주산성에서 대승을 거둔 권율(權慄) 장군이 왜군의 반격이나 장기전에 대비해서 이 산으로 본거지를 옮기기도 했다. 권 장군이 예측한대로 왜군은 이곳으로 진격하여 대규모 설욕전을 펴려고 도모했으나, 상황이 여의치 않자 중도에서 포기하고 말았다고 기록은 전한다.

삼국시대에는 백제가 쌓은 봉서산성이 있었다고 한다. 봉서산을 때로 성산(城山)이라 부르는 이유이다. 9부 능선을 끼고 600m에 이르는 성이 존재했기 때문이다. 또 봉서산성 안에는 봉수대가 설치되어 서쪽의 임진 도라산, 남쪽의 고양 소달산의 봉화에 응했다고 한다. 그러나 이 봉수대는 600m에 이르던 산성과 함께 철폐된 것 같다는 것이 파주시 문화체육과의 설명이다.

명산(名山)과 영산(靈山)에는 설화도 많은 법. 봉서산도 예외는 아니다. 산 정상에 두 개의 우물이 있는데 하나는 산성에서 사용했고, 다른 하나는 문산과 파주읍 주민들이 마셨다 한다. 이 우물은 대단히 깊어 명주실 한 타래를 풀어도 끝이 닿지 않았다는 것이다. 지금도 산마루에는 장사가 가지고 놀았다는 공기바위가 있다.

이렇게 봉서산 일대의 주민들에게 수호신 역할을 하고 꿈과 희망을 주던 영산은 6·25동란 중에 봉우리가 잘려나가는 참변을 당한다. 잘린 봉우리의 높이와 면적이 얼만지는 정확히 알 수 없다. 그러나 족두리를 비뚜로 쓴 듯 기묘한 형상을 가졌던 봉우리가 송두리째 날아간 것으로 봐서는 피해가 매우 컸으리라 짐작된다. 흉물스럽게 변모한 그 자리에는 을씨년스러운 군사기지와 삭막한 훈련장이 들어서 있다. 아름답고 수려한 영산이, 그것도 독특한 아름다움을 자랑하던 산봉우리가 뭉개져버렸을 때의 참담함을 어떻게 표현할 수 있을까. 그것은 갈 데 없는 절망이요, 상실이었다.

예로부터 우리는 경천사상(敬天思想)을 지녀 왔던 민족이다. 인간의 영혼이 하늘로 가는 통로를 풍수지리에서는 '산의 능선'으로 보고 있다. 특히 봉우리는 산의 정기가 모인 곳으로 생각했다. 그러므로 봉우리는 산의 얼굴이요 생명이었던 셈이다. 그런 산의 봉우리가 날아가 버린 것이다.

물론 6·25전란을 치루고 있었다는 현실을 이해 못하는 건 아니다. 많은 사람의 생명과 재산을 보호해야 하고, 어쩌면 국가의 존망이 걸려 있는 판에 산봉우리 하나를 뭉그러뜨렸다고 유난을 떨게 뭐 있느냐고 말할지 모른다. 하지만 전쟁에 맞서고 적을 물리치기 위해서 반드시 성스러운 봉서산 봉우리를 싹둑 잘라내야 했는지는 의문이다.

진산이란 어떤 산인가. 마을의 평화와 개인의 행복을 갖게 한다는 신뢰의 산을 말함이다. 세상을 다 뒤져도 이제 진산인 봉서산은 찾을 수 없다. 신뢰의 대상이, 신(神)적인 존재가 사라져 버린 것이다.

게다가 봉서산은 군 시설물이 80여 개나 들어서 있어, 자연 녹지로서는 이미 가치를 잃은 상태이다. 몇 년 전에는 아름드리 소나무와 잣나무를 비롯해 수십 년생 나무를 6500그루나 베어냈다는 소식도 들었다. 더욱 정나미가 떨어진다.

파주시는 2008년 '봉서산 공원화사업'을 완료했다면서, "군사시설 관계로 일반인의 출입이 통제됐던 산이 주민의 품으로 돌아왔다"고 자랑스레 말하고 있는 듯하다. 하지만, 봉우리가 뭉개진 채 조성한 공원화사업은 어쩐지 공허하게 들린다.

≪그대 다시는 고향에 가지 못하리≫라는 이문열의 소설이 왜 나에게는 자꾸 ≪나 다시는 고향에 가지 않으리≫로 잘못 읽혀지는지 모르겠다.

2009년 12월

제3부

늦게 터진 박수

부이치치를 아시나요?

지난 2월 21일 오후의 인천공항.

아주 특수한 여객 한 사람이 한국 땅을 밟았습니다. 아닙니다. 그가 탄 휠체어가 이 땅에 닿았다고 말해야 되겠군요. 공항을 빠져나오는 그를 보고 많은 사람들이 놀랐습니다. 그리고 수군댔습니다. 그럴 수밖에 없었지요. 그에게는 팔다리가 없었기 때문입니다. 있는 것이라고는 머리와 몸통 그리고 짧고 작게 자란 왼발과 거기에 붙은 발가락 두 개가 전부였습니다. 사람 몸이 저럴 수도 있는가. 보는 사람 모두가 의아해 하며 안쓰럽게 생각했지요.

그의 이름은 부이치치(Nick Vujicic). 호주 출신의 28세 청년입니다. 그가 한국에 온 것은 다른 이유가 있어서가 아닙니다. 장애의 아픔과 시련을 딛고 일어선 그였기에 실의하고 낙망하는 사람, 좌절하고 포기한 사람에게 희망과 용기를 주기 위해서였습니다. 바꿔 말하면 육체적으로 또는 정신적으로 고통을 겪고 있는 사람들에게 진정한 용기가 무엇인가를 말과 몸으로 알리려는 데 있습니다. 이 같은 목적을 위해 그는 지금까지 28개국을 방문했지요.

내가 처음 그를 안 것은 2008년도로, 국내의 한 케이블 TV를 통해서였습니다. 화면은 이른 아침 그가 잠자리에 일어나는 장면부터 시작됩니다. 이불이 젖혀진 침대에서 그가 굴러 떨어지듯 일어납니다. 그런데 그의 모습은 앞에서 말씀드린 그대로입니다. 팔과 다리가 없는 몸통에 짧은 다리뿐입니다. 더욱 놀란 게 있습니다. 그렇게 온전치 못한 몸을 지녔는데도 정상인 못지않은 일상생활을 한다는 것입니다. 이를 닦는다거나 머리를 빗질하는 것은 물론이고, 면도하고 컵에 물을 받아 마시는 일이나 전화를 받는 것도 혼자 힘으로 하지요. 발뒤꿈치와 두 개 뿐인 발가락을 써서 타자기며 컴퓨터도 사용할 줄 압니다. 글씨요? 물론 잘 쓰지요. 연필을 고정시킬 정도의 간단한 기구를 사용하기는 합니다만…. 스포츠 경기는 좀 어렵지 않겠느냐고요? 그렇지 않습니다. 스포츠야말로 그가 아주 좋아하는 분야이죠. 축구, 수영, 서핑은 말할 것도 없고 낚시, 골프도 즐기고 있습니다.

닉 부이치치는 1882년 희귀병인 '테트라-아멜리아(Tetra-amelia) 장애'로 태어났습니다. 갓 태어난 그를 보고 부모들은 얼마나 놀랐겠습니까. 그래도 불구의 몸으로 태어났을망정 그는 아주 건강했다고 합니다. 부모님들은 그에 대해 조금도 부끄러운 마음을 갖지 않고 키웠다고 합니다. 부이치치는 8살 때 초등학교에 들어가기 전까지, 자신이 남과 다르다는 것을 몰랐습니다. 그러나 학교에 가서 친구들이 놀리기 시작하면서부터 자신의 신체가 남과 다르다는 것을 알게 됩니다. 부이치치는 큰 충격에 빠집니다. 충격은 절망을 불러오고…. 산다는 것에 깊은 회의를 갖게 됩니다. 해서, 언젠가는 욕조에 물을 받아 넣고 뛰어들어 스스로 목숨을 끊으려고도 했습니다. 그 후에도 어린 부이치치는 두 번이나 자살 소동을 일으켰죠. 사춘기가 시작된 13살이 되어서야 그는 장애를 받아들이기 시작했다고 합니다.

"어느 날 어머니가 한 신문기사를 보여 주셨지요. 장애를 딛고 일어선 사람들에 관한 내용이었습니다. 장애인도 노력하면 못할 것이 없다는 희망을 갖게 된 것입니다. 그리고 무엇보다 장애로 고통을 겪는 사람이 나 혼자만이 아니라는 걸 알았습니다."

힘든 청소년기를 거친 그는 비장애인들과 같이 중고등학교를 나와 호주 그리피스대학에서 회계학과 재정학을 복수 전공했습니다. 절망과 패배의식을 희망과 용기로 바꾼 결과였습니다.

현재 그는 미국 로스앤젤레스에 비영리단체인 "Life without Limbs(팔다리 없는 삶)"을 운영하며 세계 각국을 방문해 희망을 전도하고 있습니다.

언제 어느 곳인지는 기억되지 않습니다. 그가 청소년들에게 강연할 때였지요. 부이치치가 말합니다. "손은 없어도 닭다리 같은 북채는 있다"면서 옆에 놓여 있는 작은 악기를 두드리는 것이었습니다. 느닷없는 연주에 청소년들이 함박웃음을 지으며 박수를 칩니다. "여기에 테크노까지 한다면 더 좋겠죠?" 말이 떨어지자마자 부이치치는 아주 빠르게 발놀림을 합니다. 관중들은 더 열광할 밖에요. "좋아요?" 청중들은 더 큰 박수로 환호합니다.

이때였습니다. 부이치치는 갑자기 근엄한 표정을 짓더니 말합니다.

"길을 가다보면 넘어질 수도 있겠죠? 이렇게요."

그리고는 직접 앞으로 넘어집니다. 청중들은 다소 어리둥절한 표정입니다.

"이렇게 넘어지면 어떻게 해야 하죠? 넘어진 상태로는 아무 곳에도 갈 수 없으니까요."

"……"

"넘어졌을 경우, 다시 일어날 수 있는 힘이 없다고 느낄 때가 있어요. 지금 여러분은 나에게 희망이 있다고 생각하나요?"

이 대목에서 청중들의 표정이 굳어집니다.

"왜냐 하면, 나는 이렇게 넘어져 있고 나에게는 팔다리도 없으니까요. 내가 다시 일어서기는 불가능하지 않겠어요?"

무슨 얘기가 뒤에 이어질지 몰라 청중들은 묵묵부답입니다. 그가 다시 말합니다.

"하지만 그렇지 않아요. 나는 백 번이라도 다시 일어나려고 노력할 거예요. 만약에 백번 모두 실패하여 일어나는 것을 포기한다면, 나는 다시는 일어서지 못할 테죠."

청소년들은 표정이 심각해집니다.

"실패해도 다시 또 다시 시도한다면 일어날 수 있습니다. 어떻게 이겨내는 것인지가 중요하죠."

"……"

"강인하게 이겨낼 건가요? 다시 일어날 수 있는 용기를 얻을 수 있을 거예요…. 이렇게요."

부이치치는 말을 끝내고 혼자 몸뚱이를 이리저리 버르적거립니다. 그리고는 마침내 이마를 바닥에 딛고 몸을 일으킵니다. 숨을 죽이고 이 모습을 지켜본 청소년들은 우레와 같은 박수를 터뜨립니다. 흐르는 눈물을 주체 못하는 사람들도 꽤 있었지요.

10년 전이던가요. 사지절단증이라는 희귀병으로 태어난 일본인 오토다케 히로타다가 쓴 《오체 불만족(五體不滿足)》을 읽고 감동을 받은 적이 있습니다. 비정상아 오토다케를 출산한 어머니는 한 달 동안 아들을 만나지 못했습니다. 산모가 큰 충격을 받을까봐 병원 측이 일부러 못 만나게 했던 겁니다. "아이가 황달이 심하다"는 핑계를 대면서….

당시의 상황을 오토다케는 그의 책 서문에서 이렇게 쓰고 있습니다.

드디어 모자간의 첫 만남이 이루어지는 날이 찾아왔다. 그때 어머니는 곁에서 보기 민망할 정도로 불안하고 초조한 모습이었다고 한다. 그래서 차마 팔과 다리가 없다는 말은 하지 못한 채 그냥 몸에 약간의 이상이 있다고만 했다. 또한 어머니가 기절할 것에 대비해서 병실까지 준비해 두었다. 그러나 '모자 상봉의 그 순간'은 정말 상상 밖이었다.

"어머, 귀여운 우리 아기…."

대성통곡을 하다가 정신을 잃고 그 자리에 쓰러질 것을 염려한 사람들의 예상을 뒤엎고 어머니의 입에서 흘러나온 첫마디였다.

우리는 부이치치와 오토다케의 어머니를 통해 자식에 대한 깊고 가없는 헌신적 사랑을 봅니다. 장애와 절망을 극복하는 데 부모의 역할이 절대적이었다는 점도 알고 있습니다.

그러나 실제로 장애자들이 숨 쉬며 살고 있는 우리사회는 어떻습니까. 그들의 애로와 고통, 그들의 아픔과 상처, 그들의 외로움과 쓸쓸함을 얼마나 이해하고 있는지요?

한국에 도착한 부이치치의 첫마디는 "절대로 포기하지 말라는 말을 하고 싶다"였습니다. 그러나 포기하지 않겠다는 장애인의 의지에 덧붙여 사회의 따뜻한 온기가 불어 넘친다면 이 세상은 더 밝아지리라고 생각됩니다.

문득 헬렌 켈러의 말이 떠오르는군요.

"장애는 불편하다. 그러나 불행하지는 않다."

2003년 3월

킨샤사의 기적

    이제 나는 어떤 사람의 얘기를 소가하고자 한다. 먼저 이 글을 읽는 독자에게 물어봐야겠다. "살아가면서 때로 감동한 적도 있는지? 그리하여 가슴이 뭉클해지면서 눈 가에 지분지분 눈물을 묻혀보기도 했는지"를.

    '감동'이란 글자 그대로 '깊이 느끼어 마음이 움직임'을 말한다. 과학적으로는 '눈이나 귀를 통해 입력된 외부의 메시지가 뇌에 인지되고, 그 자극에 따라 특정한 화학물질이 배출되면서 인간의 마음과 육체에 흥분이나 쾌미를 주는 어떤 현상'이다. 만약 지금까지 별다른 감동을 느낀 바 없었다면, 그리하여 가슴 치는 열정을 갖지 못했다면, 다음의 얘기에 귀를 기울여 볼 일이다. 지금 나는 바로 그런 글을 한 꼭지 써볼 참이므로….

오늘은 1월 17일.

1942년 이날, 미국 켄터키 주의 루이빌(Louvisville)에서 한 흑인 아이가 태어났다. 그의 이름은 캐시어스 마르셀루스 클레이. 권투에 천부적인 재능이 있었다.

그 당시 미국은 아주 시끄러워, 비틀즈 음악과 히피문화가 미국 사회를 휩쓸고 있었다. 게다가 베트남 전쟁에 참가하기를 반대하는 반전운동도 끊이지 않았다. 1963년에는 뉴 프런티어의 기수인 존 케네디 대통령이 암살되었고, 1965년과 1968년에는 흑인운동 지도자인 맬컴 X와 루터 킹 목사가 차례로 피살되었다. 사회 전체가 뒤숭숭하고 어수선할 밖에 없었다.

캐시어스 클레이가 복싱으로 이름을 날리기 시작한 때도 이 무렵이었다. 왜, 복싱을 하게 됐느냐고? 열두 살 때 그는 한 경기장에서 자전거를 잃어버린다. 물론 이 사실을 즉시 경찰에 신고한다. 자전거를 훔쳐간 놈을 혼내달라는 부탁과 함께…. 듣고 있던 경찰이 타이르듯 말한다.

"차라리 네가 복싱을 배워보는 게 어떻겠니?"

이것이 바로 캐시어스 클레이가 처음 복싱을 배우게 된 동기였다. 앞에서 밝힌 대로 권투에 타고난 재주를 지닌 그는 열일곱 살에 고향 켄터키에서 처음으로 골든 글로브(Golden Gloves) 상을 받는다. 이후 승승장구. 아마추어 선수생활을 하면서 모두 6번의 켄터키 골든 글로브를 차지한 외에 2번의 내셔널 골든 글로브와 역시 2번의 내셔널 AAU(Amateur Athletic Union) 타이틀을 따낸다.

1960년 로마 올림픽이 열릴 때 그의 나이는 불과 18 살이었다. 그러나 캐시어스 클레이는 라이트헤비급에서 당당히 금메달을 목에 건다. 올림픽에서의 금메달, 그것은 누구도 흉내 낼 수 없을 만큼 뜨거운 복싱에의 열정과 피땀 어린 훈련의 결과였다. 금의환향하면서 그는 한 백인식당에 들른다. 그러나 흑인이란 이유로 출입을 거절당하고 몰매를 맞는다. 분노와 치욕을 견디다 못해 자신이 딴 금메달을 오하이오 강에 "풍덩!" 던져버린다. "인간으로 존중받지 못하는 올림픽 금메달의 영광이 무슨 쓸모가 있겠느냐?"면서.

1962년 11월 15일. 그는 전 세계 라이트헤비급 챔피언 아치 무어(Archie Moore)와 대결한다. 링에 오르기 전 대기실 칠판에 낙서하듯 써놓는다. "무어를 4회에 KO시키겠다."라고. 우연의 일치였을까. 정말 그는 4회에 KO승을 거둔다. 이때부터 '떠버리 클레이'라는 별명이 붙는다.

1964년 2월 25일. 미국 플로리다 주 마이애미비치 컨벤션홀에서는 세계 헤비급 타이틀전을 준비 중이었다. 소니 리스튼(Sonny Liston)과 클레이와의 대결을 위해서였다. 소니는 '인간 기관차'라는 별명이 말해 주듯 철권(iron fist)을 가진 사나이. 대전을 앞두고 클레이가 다시 떠벌린다. "나비처럼 날아 벌처럼 쏘겠다." '떠벌렸다'는 내 표현은 아무래도 결례인 것 같다. 그는 실제 경쾌한 스텝과 빠른 몸놀림으로 소니를 7회 TKO로 물리치면서 챔피언이 됐으므로….

이 경기 후 그는 자신이 이슬람교도임을 만 천하에 알린다.

그리고 노예의 이름인 '캐시어스 클레이'가 아니라 '무하마드 알리'로 불러달라고 요구한다. 그의 요구는 종교적 신념을 지켜나가기 위한 권리이자, 자유인의 평등을 주장하는 당당한 선언이었다. 그리고 알리는 계속 링 위에서 싸워나갔다.

1967년. 알리에게 징집영장이 발부되었다. 베트남전쟁에 참가하라는 것이었다. 이에 알리는 단호하게 거절한다. "그들이 나와 내 민족을 공격하지 않았는데 내가 왜 싸움터에 가야 하나? 베트콩과 싸우느니 흑인을 억압하는 세상과 싸우겠다."

이렇게 미국식 가치관과 체계를 부정하고 징병소집에 응하지 않음으로써 그는 결국 선수 자격과 챔피언의 자리를 빼앗기고 만다. 여권까지 압수당했음은 물론이다. 알리는 이에 굴하지 않고 법정투쟁을 벌여 나간다. 그리고 3년 5개월 만에 대법원은 그의 유죄를 기각하면서, 양심적 병역거부 요구(conscientious objector claim)를 승인한다. 그가 이긴 것이다. 그러나 득(得)이 있으면 실(失)도 따르는 법. 2년 반 동안의 연습 공백은 알리의 다리에서 경쾌함과 날렵함을 빼앗아 가버리고 말았다.

1971년 3월 8일. 알리는 조 프레이저가 갖고 있던 WBC·WBA 헤비급 타이틀전에 도전한다. 하지만 15회에 왼쪽 훅을 얻어맞고 판정패 당한다. 그의 생애 첫 패배였다.

이 후 1972년과 1973년에도 알리는 몇 차례 경기를 가졌지만 경기결과는 썩 만족스럽지 못했다. 그러고 보니 그도 어느새 나이 서른을 넘기지 않았는가. 세월을 이기는 장사가 어디 있으랴? 그런 가운데 이듬해를 맞은 것이다.

1974년 10월 30일. 조지 포먼(George Foreman)에게 도전장을 내민 알리는 자이르(Zaire·현 콩고민주공화국)의 킨샤사(Kinshasa)에서 그와 맞선다. 포먼이 누구이던가. 무시무시한(fearsome) 주먹의 소유자로 벼락같은 파괴력을 지닌 그는 켄 노턴(Ken Norton)을 녹아웃 시켰고, 조 프레이저(Joe Frazier)를 한 방에 날려버린 인물이다. 스물넷이라는 젊은 나이에 40 연승 무패의 기록을 지니고 있었다.

이에 비해 알리는 3년 5개월이라는 공백기를 가졌고, 나이도 서른두 살이 아닌가. 권투선수로서는 은퇴를 고려해야 할 나이였다. 모든 이들이 포먼의 압도적인 승리를 장담했다. 오죽하면 그의 주치의조차 긴급 시에 대비하여 스페인으로 후송할 준비를 했을까. 아니, 포먼의 해머 펀치에 알리가 링 위에서 죽을지도 모른다고 걱정하는 사람도 많았다. 그런데도 떠버리 알리는 탕 탕 큰 소리를 쳤다. "포먼은 내 스피드에 따라 움직이기만 해도 허우적거릴 걸. 15라운드 판정? 천만에! 8라운드면 충분해!"

그러나 떠벌린 얘기와는 달리 알리는 경기 내내 줄곧 얻어 터지기만 했다. 그래도 입만은 살아 있었다. "이 정도 주먹은 계집애 꺼야. 이것밖엔 안 돼? 진짜 이게 다냐고?" 알리는 7회 까지 계속 펀치를 허용했다. 로프가 아니라면 그냥 쓰러졌을 것이다. 그러나 이는 '로프를 이용해 상대의 힘을 뺀다(The Rope-A-Dope)'는 알리의 작전이었다. 아닌 게 아니라 포먼은 점점 지쳐갔다.

마침내 8회전의 공이 울렸다. 순간 포먼은 다리에 힘이 빠지는 것을 느꼈다. 바로 그때였다. 로프에서 나온 알리가 전광석화 같은 펀치를 날린 것이다. 그리고 그게 끝이었다. '아프리카의 격전', '킨샤사의 기적'은 그렇게 이루어졌다. 한 편의 드라마가 아니고 무엇이랴.

신장 191cm, 팔 길이 200cm. 헤비급 복서답지 않게 가벼운 발놀림과 다양한 펀치, 그리고 탁월한 경기 센스와 입담 또한 걸쭉했던 무하마드 알리는 1960년 프로로 전향하여 1981년 은퇴할 때까지 61전 56승(37KO) 5패를 기록했다.

많은 복싱 전문가들은 그를 사상 가장 위대한 헤비급 챔피언이라고 부르기를 주저하지 않는다. 왜 그런가? 헤비급 선수인데도 웰더급에 버금가는 뛰어난 스피드가 있어서인가? 상대 선수의 KO 라운드를 알아맞히는 신통력 때문인가? "나는 내가 원하는 챔피언이 될 것이다. 나는 누구보다 위대하다"는 자신에 찬 언사가 큰 울림으로 느껴서인가? 조 프레이저, 조지 포먼 등 세기의 철권들을 차례로 꺾으며 3번이나 세계 헤비급챔피언을 차지한 불멸의 기록 때문인가? 물론 틀린 말은 아니다. 그러나 그것들만으로는 '사상 가장 위대한 헤비급 챔피언'이라는 칭호를 내릴 수 없다. 그의 위대성은 다른 데 있는 것이다.

캐시어스 클레이, 아니, 무하마드 알리.

그는 핍박 받는 흑인들에게 꿈의 상징이었다. 그리고 지구

촌의 그늘에 있는 사람들에게는 희망의 상징으로 남아 있다. 알리는 모든 세계인에게 '어떤 어려움도 극복할 수 있다'는 신념과 용기를 준 것이다. 4각의 링 밖에서도 알리는 화려한 스포트라이트를 받고 있다. 수백만 달러의 기부금을 대학과 단체에 기부했고, 인도네시아 자카르타 아동병원, 아이보리 코스트의 고아원 등을 찾아 2천만 끼가 넘는 식사와 함께 구호품을 전달했으며, 전쟁과 인종문제에도 두려움 없이 정면으로 도전해 왔던 것이다. 무하마드 알리는….

1996년 7월 19일. 애틀랜타 올림픽 개회식에서 마지막 성화 점화자로 등장했던 알리. 파킨슨(Pakinson)병으로 그의 다리는 흔들대고 손은 떨고 있었다. 생판 달라진 모습에 우리는 정말 얼마나 놀라워했던가. 링 위에서 쉴 새 없이 얻어터진 펀치 드렁크(punch drunk)가 결국 난치병을 불러들인 것이다.

그는 지금 생애 마지막 적수인 파킨슨병과 대결을 벌이고 있다. 이 경기는 3분 15라운드가 아니다. 누구도 그 승패를 가늠할 수도 없는 무한(無限) 라운드이다.

그러나 우리는 안다. "나비 같이 날라 벌처럼 쏘겠다"고 말한 그가 아니던가. "가슴 깊은 곳의 소망, 꿈 그리고 이상이 진짜 챔피언을 만든다"고 말했던 그였다. 그러기에 이 경기에서도 반드시 그는 KO 펀치를 날릴 것이다.

알리여, 일어나라! 그리고 불끈 주먹을 쥐어라! 다시 한 번 기적을 일궈내야 하지 않겠나?

2010년 1월

늦게 터진 박수

뜨거운 박수 속에 공연이 끝났다. 이제 무대 위에는 아무도 보이지 않는다. 그런데도 관중은 계속해서 박수를 친다. 마치 공연에 취해 집에 돌아가기를 잊기라도 한 듯이….

그때, 무대 뒤로 사라졌던 출연자가 다시 나타난다. 관중들의 박수 소리가 더욱 커진다. 우리는 이것을 '커튼콜(curtain call)'이라 부른다. 연극, 음악회 등에서 자주 볼 수 있는 모습이다.

커튼콜은 흔히 기립박수(standing ovation)를 동반한다. 자리에서 벌떡 일어나 박수를 치는 것은 출연자가 그만큼 뛰어난 연기를 보였다는 반증일 것이다. 아니, 관중들이 해당 연극이나 음악에 뜨거운 감동을 받았다는 의미일 것이다.

공연 역사상 최초의 기립박수는 헨델의 '메시아(Messiah)'

가 받은 것으로 알려져 있다. 1743년 영국 런던에서 대규모 합창단과 오케스트라에 의해 메시아가 공연되었을 때, 객석에서 관람 중이던 국왕 조지2세는 바로 '할렐루야'의 합창 대목에 이르자 감격한 나머지 자리에서 일어나 박수를 쳤다는 것이다. 함께 관람하던 귀족들이 덩달아 일어나 박수를 친 것은 물론이고…. 그 후 이 공연물은 같은 부분에서 기립박수를 받게 되었고, 다른 작품들에도 영향을 끼쳤다고 한다.

커튼콜에는 여러 가지 기록들이 전해지고 있다. 전설적인 오페라 가수인 마리아 칼라스(Maria Callas)가 1956년 뉴욕의 메트로폴리탄 무대에서 베르디의 오페라 토스카(Tosca)를 공연할 때였다. 이름값에 걸맞게 그녀는 16번 커튼콜과 기립박수를 받았다. 미성은 아닐지 몰라도, 영혼을 사로잡듯 매혹적이고 열정적인 목소리가 어떤 것인가를 관람객들에게 들려주고 보여 줬으리라는 짐작이다.

그러나 그녀가 받은 횟수는 뮤지컬 여배우 그웬 버돈(Gwen Verdon)에 비하면 아무 것도 아니다. 1953년 뮤지컬 '캉캉'을 공연했을 때 그녀는 커튼콜을 자그마치 45차례나 받았으니까.

굳이 먼 나라의 오래된 기록에서 커튼콜의 예를 찾을 필요는 없을 것 같다. 우리나라에도 비슷한 경우는 적지 않기 때문이다.

2009년 러시아 출신의 천재 피아니스트인 에브게니 키신(Evgeny Kissin)이 내한해 서울 예술의 전당에서 공연을 가질 때였다. 그는 36차례나 커튼콜을 받았다. 그리고는 10개의 앙코르곡을 신명나듯 연주해 관객의 환호에 답했다. 3년 전에 그가 제1차로 한국을 방문했을 때도 상황은 비슷했다.

커튼콜은 객석의 관람객들이 무대의 출연자에게 보내는 감동의 메시지일 것이다. 가슴으로 느낀 것을 몸으로 전하는…. 그러기에 그 연극이나 음악회가 성공했는지의 여부는 커튼콜의 횟수로 가늠되기도 한다. 그럴 수밖에 없지 않겠는가. 커튼콜은 무대에 올려진 출연자의 의지와는 상관없이 관객의 만족도나 열정으로 이루어지기 때문에.

요즘에는 커튼콜이 사용되는 분야가 조금 넓어진 것 같다. 영화의 갈라 시사회는 물론이고 심지어는 야구경기에서도 이 말이 쓰이고 있음을 본다. 예컨대 올 5월에 폐막한 제63회 프랑스 칸 국제영화제에 앞서 공식 경쟁부문 진출 작품인 한국영화 ‘시’가 전용 상영관인 뤼미에르 대극장에서 시사회를 가진 뒤 2000여 객석을 가득 메운 관객으로부터 5분여 동안 환호의 박수갈채를 받은 것이 그렇고, 2009년 3월 22일 라저 스타디움에서 벌어진 WBC 준결승전에서 상대팀 베네수엘라의 의지를 무력화 시킨 김태균의 2회 2점 홈런구를 본 관객의 커튼콜이 또한 그러하다. 한국영화 ‘시’의 감독과 주연배우 윤정희는 무대에 올라 미소를 지으며 객석의 열광에 화답했다. 김태균은 어떤 반응을 보였을까. 그는 대형 화면에 본인의 얼굴이 나타난 것을 뒤늦게 알고 더그아웃으로 걸어 나와 관중석을 향해 손을 흔들어 주었다.

  프로야구에서의 커튼콜은 통쾌한 홈런을 때린 유명 선수만을 대상으로 하는 건 아니다. 결정적인 타격이나 투구로 경기의 승패를 결정짓는 선수에게도 주어진다. 앞으로 커튼콜은 더 넓은 분야로 확산될 것이다.

  그 넓은 분야에 음악, 영화, 연극, 스포츠와는 무관한, '어떤 개인의 바람직한 활동'도 포함될 수 있는 것일까? 이 세상은 큰 무대에 비유된다. 하니, 한 순수한 자연인이라도 세상이라는 무대에서 훌륭한, 그리하여 감동스러운 행적을 펼쳐 보인다면 누군가로부터 커튼콜을 받을 수 있지 않을는지.

  뭐 얘기를 빙빙 돌려서 할 필요도 없다. 조금은 엉뚱하게 들릴지 모르나, '나'라는 존재도 커튼콜을 받을 수 있는가를 묻고 싶은 것이다.

  내 나이 69세. 이제 7개월 뒤면 7순이 된다. 이 적지 않은 세월의 켜를 쌓아오면서 내가 해온 일에는 과연 무엇들이 있을까. 또 해온 일에는 남을 감동시켜 커튼콜을 받을 만한 게 있는가. 하지만 아무리 까뒤집어 털어 봐도 기립박수 속에, 스포트라이트를 받으며 다시 무대에 올라 내 자신을 보여줄 것은 없어 보인다. 크게 돈을 번 것도 아니고, 휘두를 만한 권력을 쥐어본 것도 아니며, 만인이 우러러 볼만한 명예를 얻은 것도 아니니 대체 무엇이 있어 남으로부터 커튼콜을 받으랴. 생각자면 변변찮고 딱하게 삶을 살아온 것만 같다. 게다가 살아갈 날은 살아온 날보다 턱없이 짧으니 내일을 기약하기도 어렵게 돼 먹지 않았는가. 상황 자체가….

그러나 낙심하지는 않겠다. 더욱 절망하거나 포기하지는 않을 것이다. '인생은 70부터'라는 말을 곧이곧대로 믿어서만은 아니다. 내가 올라와 뛰고 있는 무대가 이렇게 넓은데, 어느 한 구석 내 재주 내 기량을 펼 곳이 없겠느냐는 믿음이 들어서이다. 그래, 해 보는 거다. 해 볼 이유를 나는 다음의 두 가지에서 찾는다.

첫째, 보랏빛 꿈을 이룩하는데 나이가 무슨 상관이냐는 점이다.

2007년 러시아 태생으로 미국의 경제학자인 레오니트 후르비치는 나이 90세에 노벨 경제학상을 받았다. 같은 해 영국의 소설가인 도리스 레싱은 87세에 노벨 문학상을 수상해 세상 사람들을 놀라게 했다.

2009년 영국의 한 노인은 98번째 생일을 앞두고 상공 3km에서 스카이다이빙에 성공해 화제를 모았었다.

올 2월에는 99세의 한 이발사가 뉴욕타임스(NYT)에 소개되기도 했다. 그를 찾아간 기자에게 "은퇴는 생각해 본 적이 없다"고 말하더란다.

위에서 든 몇 사람의 예가 특별한 것이라 해도, 내 경우 앞으로 20년은 더 살지 않겠나. 하면, '관중들'로부터 기립박수를 받을 기회도 분명 있을 것이다. 어쩌면 늦게 터진 박수가 더 의미 있게 들릴 수 있잖은가. 대수롭지 않은 일로 아무에게나 찔끔 박수를 받기보다는, 가치 있는 일로 많은 사람으로부터 큰 박수를 받는 것이 더 뜻이 있을 것은 당연하다.

둘째, 무지개 꿈을 이루기 위한 내 집념에 기대를 걸어서이다.

'한 가지 일에 매달려 정신을 쏟는 것이 집념'이다. 세상에 집념처럼 무서운 것이 어디 있겠는가. 집념을 품은 사람은 쓰러지지 않는다. 아니, 쓰러질 틈이 없다. 성공을 위해 끝없이 훈련하는 등 모든 노력을 다 하기 때문이다.

스페인 태생으로 20세기 최고의 첼리스트였던 파블로 카잘스에 관한 얘기는 이미 다른 글에서도 썼지만, 너무 감동적이어서 다시 인용한다. 카잘스는 언젠가 한 기자로부터 질문을 받는다. "선생님은 세계 최고의 첼리스트이신데 아직도 매일 5시간씩 연습을 하신다고 들었습니다. 특별한 이유가 있으신가요?" 그의 대답은 간명하다. "그야, 연습한 만큼 내 기량이 늘어나기 때문이죠." 그때 카잘스의 나이는 95세였다. 그런 카잘스를 닮았으면 한다.

무엇보다 나는 좋은 에세이를 쓰고 싶다. 얼마 전엔 에세이 118편을 정리해서 ≪저녁놀 푸른 꿈≫과 ≪석모도 가는 길≫이라는 제목의 책 두 권을 출간했다. 빈약한 글재주 탓인가. 내 책은 두어 군데 신문에 몇 줄 소개됐을 뿐, 베스트셀러에 올라 몇 만, 몇 십만 부가 팔렸다는 등의 얘기는 아직 듣지 못했다.

그래도 나는 계속해서 '꿈'과 '희망'이 얼마나 소중한 존재인가를, 집념과 용기가 왜 필요한 가를, 인생에 있어 가장 고귀한 가치가 무엇이어야 하는지를 독자와 함께 얘기 나눌 것이다. 물론 내가 쓴 에세이를 통해서다.

　이러한 마음가짐, 그러한 노력이 게으르지 않는다면, 언젠가 박수소리도 들리지 않겠는가. 또 그 박수가 점점 커져 우레로 바뀔 때, 그게 바로 커튼콜이 아니고 무엇이겠나. 늦게 터질 박수, 그리고 커튼콜. 이를 어찌 헛된 꿈이라고만 단정하랴?

2010년 5월

'With Glowing Hearts'

-2010 밴쿠버 겨울올림픽-

얼음기둥에서 타오르던 성화는 꺼졌다.

2010년 캐나다 밴쿠버에서 열린 겨울올림픽이 끝난 것이다. 지난 2월 13일부터 17일 동안 베풀어진 '눈과 얼음의 축제'에서 한국은 5개 종목에 46명의 선수가 참여하여 금 6, 은 6, 동메달 2개를 따냈다. 개최국인 캐나다, 그리고 독일, 미국, 노르웨이에 이어 당당히 5위를 차지한 것이다. 1948년 스위스의 생모리스에서 열렸던 겨울올림픽에 첫 참가한 이래 이토록 좋은 성적을 낸 적은 없었다. 특히 한국은 피겨, 스피드, 쇼트트랙 등 빙상 3종목에서 챔피언을 배출하여 이 분야의 최강자로 부상하게 된 것이다.

이번 대회의 슬로건은 'With Glowing Hearts'. 대회가 열리는 동안 우리는 정말 '뜨거운 가슴으로' 선수들을 응원했다. 어디 응원뿐이랴. 선전(善戰) 끝에 메달을 땄을 때는 손바닥에 불이 나도록 박수치며 열광했다.

모태범과 이상화가 빙속 최단거리인 500m에서 동반 우승을 차지했을 때 우리는 얼마나 행복했었나. 스피드스케이팅 남자 5000m에서 이승훈이 동양인 최초로 은메달을 따냈을 때, 그리고 그가 다시 '빙상의 마라톤'이라는 1만m에서 올림픽신기록으로 우승했을 때 한국인 모두는 흥분을 감추지 못하고 감격했다. 쇼트트랙 남자 1500m에서 깜짝 우승으로 한국 선수단에 첫 금메달을 안긴 뒤 1000m결선에서 올림픽 신기록으로 금메달을 목에 건 이정수는 또 우리를 얼마나 감동으로 몰아넣었나.

어디 그뿐이랴. '피겨 여왕' 김연아가 쇼트프로그램에 이어 프리스케이팅에서도 228.56이라는 세계 신기록으로 우승했을 때는 온 국민이 그녀를 따라 웃고 울지 않았던가. 그날은 온 나라가 들썩할 정도였다. 무엇보다 경쟁자인 일본의 아사다 마오가 있기에 혹 실수나 할까봐 가슴을 졸여야 했다. 하지만 기우였다. 김연아는 한 점 흐트러짐 없이 '완벽'하게 4분 9초 동안의 경기를 마친 것이다. 오죽하면 미국의 올림픽 주관방송사인 NBC의 해설 담당은 "여왕 만세(Long Live the Queen)!"라며 최고의 경의를 표했을까. AP 통신, 밴쿠버 선, 신화통신 등 주요 외신들도 '피겨 역사상 가장 위대한 연기로 남을 것'이라든가 '살아 숨 쉬는 예술품' 또는 '불가사의한 점수'라는 표현으로 김연아를 칭송했다. 일본의 아사히신문이 그녀를 가리켜 '범접할 수 없는 프리마돈나'라 표현한 것은 자국 선수인 아사다 마오를 염두에 둔 당연한 평가였다고 본다.

경쟁자들을 물리치며 올림픽에서 1등의 자리를 차지한다는 것은 얼마나 힘들고 어려운가. 이번 밴쿠버 동계올림픽만 해도 그렇다. 우승은 그만두고라도 금, 은, 동 아무 빛깔과 상관없이 메달을 차지할 수 있는 사람은 고작 86명에 불과했다. 그들의 메달에 뜨거운 박수를 보내고 감동하는 이유이다.

그런데, 시상식에서 태극기를 올리지 못했어도, 은이든 동이든 아무 메달을 따지 못했어도, 우리의 가슴을 뭉클하게 만든 경기, 그리고 그 경기에 참가한 선수들이 있었다. 봅슬레이가 그것이다. 우리 귀에는 퍽 어설프지만, 비탈진 얼음 코스에서 브레이크와 핸들이 장착된 강철썰매를 타고 활주하는 경기이다. 2인승과 4인승의 두 종류가 있다.

혼자만의 경기가 아니고 1분 내에 끝나는 속도경기여서 무엇보다 팀워크가 필요하다. 승패를 결정하는 방법도 색다르다. 2인승의 경우 2회, 4인승이면 4회를 달려 소요되는 시간을 합산해서 가장 빠른 팀을 가려낸다.

세계 랭킹 36위로 이번 올림픽에 처음 출전한 한국의 4인승 봅슬레이는 결선까지 진출하여 19위에 올라서는 기염을 토했다. 기적 같은 성적을 이뤄낸 것이다. 한국보다 60년 이상의 역사를 가진 일본은 21위였다. 그 일본을 누르고 당당히 아시아 정상에 올랐으니 어찌 자랑스럽지 않은가.

한국의 봅슬레이 역사는 10년에 불과하다. 팀도 오직 1개. 대학과 실업팀을 합쳐 30개가 넘는 일본과는 비교도 안 된다. 한국에는 경기장도 없다. 대표선발전도 일본에서 치러야 하는 입장이다.

선수층이나 두터워야 할 텐데 그 정반대이다. 그러니 밴쿠버 올림픽에 출전한 선수들도 각양각색일 수밖에 없었다. 드라이버 김광배는 대학시절 알파인 선수로 활약하다가 루지와 스켈리턴으로 바꿨고, 이번 겨울올림픽에서는 봅슬레이 선수로 출전한 경우였다. 브레이크맨 김동현은 팀 중의 막내로 경력은 1년에 불과한 신출내기. 푸셔인 김정수와 이진희는 나이 지긋한 역도와 창던지기 선수 출신이었던 것이다. 그래도 그들은 서로를 신뢰했다. 불굴의 용기를 갖자고 서로를 격려했다. 그리고 그들은 마침내 해낸 것이다.

봅슬레이 경기를 보면 옛날이 생각난다. 1988년 캐나다 캘거리에서 제15회 겨울올림픽이 열렸을 때이다. 당시 나는 그해 서울에서 개최되는 여름올림픽의 준비를 위해 KBS가 구성한 '캘거리 동계올림픽 현장 답사단'의 일원으로 2월 현지를 방문했다. 6개 종목 46개 경기 가운데 가장 화제에 오른 것이 자메이카의 봅슬레이 경기였다. 왜 그랬을까?

작열하는 태양으로 알려진 자메이카는 1년 내내 눈(雪)을 눈곱만치도 볼 수 없는 나라이다. 잘 알려진 것은 카리브 해의 휴양지뿐…. 그런데 얼음썰매 봅슬레이라니? 모두들 불가능하다고 생각했다. 그리고 나무랐다. 허망한 꿈과 환상을 버리라고.

그러나 4명의 젊은이만큼은 달랐다. 조소와 비난 속에서도 그들은 맹렬히 연습했다. 이글거리는 태양 밑에서. 또는 질퍽한 진흙 속에서.

드디어 결전의 날. 출발선을 벗어난 자메이카의 봅슬레이는 18번을 달고 쏜살같이 내달리기 시작한다. 현장의 관객들도, 고국의 팬들도 모두 열광하며 박수를 치며 환호한다. 워낙 빨리 달려 메달도 기대할 수 있을 정도였다. 그런데 이게 무슨 조화인가? 드라이버의 조종미숙으로 봅슬레이는 얼음벽에 부딪쳐 부서지고 만 것이다. 결승선을 얼마 앞두고 일어난 괴변이었다. 어쩔 수 없이 선수들은 썰매를 놔두고 걸어서 퇴장해야 했다.

그들은 그 후에도 의지를 굽히지 않고 끝없이 도전했지만 뜻대로 좋은 성적을 거두지는 못했다. 그러나 12년 후 2000년 모나코 몬테카를로에서 열린 봅슬레이 챔피언십 경기에서 당당히 금메달의 쾌거를 이룬 것이다.

캐나다 캘거리에서 자메이카 선수들이 활약했던 봅슬레이 경기는 1993년 "Cool Running(쿨러닝)"이라는 영화로 제작되어 대박을 터뜨렸다.

한국의 봅슬레이도 마찬가지이다. 선수들의 노력과 열정이 불꽃 튀는 한, 우리는 기대해도 좋을 것이다. 다음의 소치 올림픽에서는 반드시 금메달을 목에 걸 것이라는 점을.

2010년 3월

진짜 사나이

3월 30일 오후 2시 35분. 그는 다시 잠수복을 서둘러 챙겨 입었다. 오늘이 벌써 나흘째인가. 몸이 예전 같지 않다고 생각되면서 순간 피곤을 느꼈다. 그러나 이 막중한 임무를 포기하기엔 사랑하는 동료와 후배들의 얼굴이 너무 선명하게 머리에 떠올랐다. 그들은 이 차가운 물속에서 얼마나 애타게 나를 기다릴 것인가.

"어서 구해야 돼. 시간이 없어."

서둘러 그는 "풍덩!" 바다에 뛰어들었다. 갖춘 장비라고는 산소통 하나뿐이었다.

바다 속은 매우 차가웠다. 고작 3도나 될까. 몸이 얼어붙는 느낌이었다. 마침 사리 때라 물살의 속도도 여간 빠르지 않았다. 5노트는 훨씬 넘는가 싶었다. 제대로 몸을 가누기 어려울 정도였다. 시계(視界)도 엉망이었다. 밤중 같이 어두웠다. 1m 앞도 분간하기 어려웠다. 작업하기가 쉽지 않을 것 같았다. 하지만 그는 스스로에게 채근했다.

"시간이 얼마 없어, 한 사람이라도 더 빨리 구조해야 돼." 라고.

지난 26일 오후 9시 22분, 서해 백령도 부근에서 경비 중이던 해군 2함대 사령부 소속 초계함 '천안함'이 두 동강나는 사상 초유의 사태가 발생하자 구조 활동에 뛰어들었던 UDT(해군특수전여단 수중파괴대) 요원 한주호 준위의 얘기이다.

그가 오늘 할 일은 침몰한 함수(艦首) 부근의 출입구를 찾아 밧줄을 연결하는 것이었다. 이 작업의 성공 여부는 실종된 46명의 구조에 결정적인 영향을 끼치므로 한 준위는 더욱 신경을 곤두 세웠다. 그러나 작업조건이 이렇게 열악해서야…. 절로 탄식이 나왔다. 그때였다. 갑자기 한 준위는 호흡곤란을 느꼈다. "내가 왜 이러지? 이래선 안 되는데…" 온 몸의 맥이 풀린다고 느끼면서 결국 의식을 잃고 말았다.

즉시 미 해군 구조함으로 이송되어 심폐소생술을 받았다. 그러나 한 준위는 끝내 숨지고 말았다. 정말 어이가 없었다. 53살 노병(老兵)으로 앞장서 구조 활동에 나선 보람도 없이…. 아들 같은 실종자들을 시급히 구조해야 한다는 간절한 바람도 간데없이….

이 글을 쓰는 순간 TV는 오늘 한주호 준위의 입관식이 국군수도병원에서 치러졌음을 전하고 있다. 자료화면을 보니 흰색 보에 싸인 관 위에 대형 태극기가 덮여 있다. 검은 상복의 유족들이 관 위에 모여 오열한다. 관을 손으로 쓰다듬거나 볼로 부비면서….

"아저씨에게 '언제 오느냐'고 물으니까 '가 봐야 안다'더니, 그게 마지막 말이 됐어요." 미망인은 거의 넋이 나간 모습이었다. 이 모습을 보니 절로 콧날이 시큰해진다. 특히 미망인이 몸부림치고 울며 고백하던 한 마디가 귀에 남는다.

"부끄러워 말도 못했어요. '사랑한다'는 말…. 사랑해요."

한주호 준위. 그는 누구인가.

1975년 19세의 나이로 특수전여단의 27차 해군부사관으로 입대했다. 가정형편이 어려웠으므로 돈을 받으면서 공부할 수 있는 기술하사관을 택했다. 특수전여단에서 수중파괴라는 업무를 줄곧 맡아온 한 준위는 이 분야의 베테랑이었다. 2009년 3월에는 소말리아 해역의 선박보호를 위해 파병된 청해부대 1진에 자청해서 참여했다. 이때 그의 나이 52세. 최고령이었다.

그럼에도 그는 해적들이 공격할 때마다 선두에서 작전을 수행했다. 같은 해 8월 바하마 국적 상선에 해적들이 습격해왔을 때는 직접 해적선에 올라 이들을 제압할 만큼 기개를 떨치기도 했다. 이래서 붙여진 별명이 '젊은 오빠'였다. 훈련을 통해 체력을 철저히 관리한 까닭에 20대의 팔팔한 장병들과의 팔씨름에서도 뒤지지 않았다.

한 준위는 이번 '천안호'가 침몰할 때도 사건 다음날인 27일에 자원하여 현장으로 달려갔다. "이제 그만 쉬라"고 동료들은 말렸으나 그는 듣지 않았다. 최전방인 육군 1사단에서 중위로 근무하는 아들 한상기도 "소말리아에 다녀오신 지도 얼마 되지 않았으니, 천안함 작업은 그만 두시라"고 거듭 만류했다고 한다. 그러나 아무도 그의 고집을 꺾지 못했다.

"한 명이라도 더 구조해야지. 군인이라면 해야 할 일이야."

그는 29일 함수가 침몰한 위치를 표시하기 위해 부이를 설치할 때도 "직접 들어가겠다"며 지원했고, 이튿날엔 함수 부분 함장실에 밧줄을 연결하는 작업에 참여한 것이다. '하루 잠수하면 이틀을 쉰다'는 것이 안전규정이지만, 한 준위는 규정에 따를 겨를이 없었다. "동료가 나를 기다리는데, 이 차디찬 바다 저 밑바닥에서 죽어 가는데, 한가롭게 무슨 휴식이냐"고 생각했다. 위험을 무릅쓰고 매일 연달아 바다에 뛰어들었던 이유이다.

부인 김말순씨가 비보를 접한 것은 경남 진해시의 자택에서였다.

"어제 두 번 전화를 했는데, '배에 들어왔다. 바쁘니 내일 전화하겠다'고 서둘러 전화를 끊더니…." 하면서 울음을 터뜨렸다. '부대 일이라면 몸을 아끼지 않던 분'이라는 게 남편 한 준위에 대한 그녀의 기억이었다.

아버지와 함께 군인의 길을 가고 있는 아들 한상기 중위도 뜻밖의 소식에 망연자실했다.

"이번 천안함 작업 중에도 매일 아버지와 통화했어요. 조류가 너무 센데다 물속에선 앞이 잘 보이지 않는다고 답답해하셨죠. 그러면서도 '경험 많은 내가 해야 되지 않겠느냐. 어떻게든 해봐야지'라고 말씀하셨어요."

주변의 동료와 후배들은 그를 'UDT의 살아있는 전설로 불렀다'며 침통해 했다.

그의 사망 소식에 충격을 받기는 군(軍)도 매한가지였다. 한 준위와 같이 근무했던 동료들은 입을 모아 "솔선수범을 몸으로 실천했던 진정한 UDT 용사였다. 그는 우리 모두의 전설이자 영웅"이라고 칭송하며 애석해 했다.

천안함의 실종자 가족들도 "정말 미안하다. 구조과정에서 이런 일이 일어나는 것을 바란 건 아니었다."면서 참담해 했다.

일반시민은 물론 인터넷상에서도 추모의 물결이 이어지고 있다. '당신이 참 군인입니다' 라고 한 준위를 기리면서, 해군의 UDT와 SSU(해난구조대) 요원들의 목숨 건 구조 활동에 대해 감사와 격려를 아끼지 않고 있는 것이다. 영결식을 이틀 앞두고 있는 현재, 군은 물론 정계를 비롯한 각계 3천여 명의 조문객이 빈소를 찾아 고인의 넋을 위로한 것으로 알려지고 있다.

한 준위.

군인으로서, UDT 대원으로서, 그가 지닌 이력은 뛰어나다. 특공대 팀장, 교육대 주임반장, 특임대대지원 반장을 거쳐 지난 18년간 UDT 교관으로 근무했다. 해군 특수전 고급과정과

미 해병대 특수전 교육과정도 수료한 베테랑 중의 베테랑이다. 국무총리 표창, 국방부장관 표창, 합참의장 표창 등의 수상경력은 그가 얼마나 군무에 충실했는지를 짐작케 한다. 참, 이번에는 그의 노고를 기려 충무 무공훈장도 받을 것이란다.

그러나 군인 한 준위의 참 모습은 조직에서의 직분이나 수상 경력이 아닌 다른 어느 것에 있지 않을까 여겨진다. 조국과 해군을 위해서는 어떠한 위험도 마다않는 희생정신, 궂은 일에 앞장서는 솔선수범의 자세. '호랑이 교관'이라는 별명을 가졌으면서도 후배사랑이 끔찍했던 것 등 이런 것들이 바로 한 준위의 참모습이 아닐까 싶다. 우리가 그의 죽음을 안타깝게 여기는 까닭도 그런데 있을 것이다.

이제 내일 모레, 5일장이 끝나면 그는 대전 국립현충원에 안장될 것이다. 그리고 봄은 옛 그대로 개나리 진달래를 피워 내리라.

올 9월이면 UDT 대원으로서의 짐 훌훌 벗고 제대 후의 새 삶을 즐겼을 한 준위. 그를 이트록 빨리 보냈다는 죄책감이 문득 가슴을 무겁게 한다. 군가 '진짜 사나이'의 한 대목이 떠오른다. "사나이로 태어나서 할 일도 많다만, 너와 나의 나라 지키는 영광에 살았다."

한주호 준위, 그는 '진짜 사나이'였다.

2010년 4월

긍정적 사고, 그리고 기적

촉망 받는 체조선수가 있었습니다. 그는 훈련 도중 마룻바닥에 '쿵!'하고 얼굴을 처박아 사지가 마비되는 중상을 입었죠. 그 후 그는 늘 휠체어에 몸을 의지해야 했습니다. 그런 그가 세계적 명문인 미국 존스홉킨스대학 재활의학과의 전문의사가 되었지요. '슈퍼맨'이라는 별명을 갖고 있는 이승복 박사(44)가 그 사람입니다.

세 살 무렵 '신생아 황달에 의한 뇌성마비'라는 진단을 받은 어린이가 있었습니다. 커서도 제대로 걸을 수 없었고, 말 한 마디를 입 밖으로 내뱉기도 힘들었지요. 두 아이의 엄마가 된 지금까지 언어장애와 지체장애로 가늠키 어려운 고통을 받고 있습니다. 그런 그녀가 미국에서 박사학위를 받고 지금은 조지 메이슨 대학의 연구교수로 재직 중입니다. 정유선 박사

(38)가 그 사람입니다.

그들이 이룩해 낸 인간승리는 그동안 신문, 방송, 잡지 등 많은 매체를 통해 알려져 왔습니다. 그런데 그들이 각종 매체에서 밝힌 내용 가운데 공통적 표현이 하나 있었습니다. 바로 '긍정적 사고를 가지라'는 것입니다. 단 한 차례 이 표현을 쓴 것이 아닙니다. 인터뷰 때마다 그들은 아주 여러 차례 '긍정적 사고'를 강조했습니다. 아무리 어려운 불운과 맞닥뜨려도 긍정적인 마인드를 가지면 기적을 만들어낼 수 있다는 것입니다.

먼저 이승복 박사의 얘기를 들어볼까요?

그는 여덟 살 때인 1973년 부모를 따라 미국으로 이민을 갔습니다. 하루는 친구들과 함께 집 근처의 YMCA로 농구경기를 하러 갔다가 또래 아이들이 체조하는 모습을 보게 됩니다. 날렵한 솜씨로 몸을 솟구쳐 올렸다가 내리는 동작이 아주 신기하게 느껴졌죠. 그날 저녁 TV를 켰을 때였습니다. 루마니아의 요정 코마네치가 빼어난 기량으로 체조사상 처음 10점 만점을 따낸 경기를 본 것입니다. 그것이 소년의 꿈을 결정짓는 계기가 되었지요. 초등학교 3학년, 그 때부터 체조는 그에게 인생의 전부가 된 것입니다.

1979년 뉴욕에서 열린 체조경기를 통해 마루운동 부문의 챔피언에 오른 그는 미 국가대표 상비군을 육성하는 펜실베이니아 주 앨런타운 체조훈련소에 들어가 체계적인 훈련을 받습니다. 각고의 훈련으로 얻은 성과는 뚜렷했지요. 1982년 전미대회에서 마루 1등, 도마 1등, 종합 순위 3등을 기록한 것입니다. 그러나 꿈은 때로 불운을 동반하는 것일까요? 의외의 사고가 그를 덮쳐버린 것입니다.

1983년 7월 5일이었습니다. YMCA체육관에서 마루 공중돌기 연습을 하다가 턱을 마루에 부딪치는 사고를 당한 것입니다. 상태는 매우 심각했습니다. 사지가 마비됨으로써 평생 휠체어를 타야 하는 장애자가 되고 말았으니까요. 그는 말합니다. "모든 걸 잃었다고 생각했습니다. 특히 올림픽의 꿈을 이룰 수 없겠다는 생각으로 좌절했습니다." 라고.

새로운 꿈이 생긴 건 재활훈련을 받으면서였습니다. 그 꿈은 다름 아니라 "환자의 마음을 이해하고 어루만질 의사가 되겠다"는 것이었습니다.

결국 그는 남보다 2~3배나 더 노력한 결과 뉴욕대학과 컬럼비아대학을 거쳐 다트머스대 의과대학원을 수석으로 졸업할 수 있었습니다. 하버드 의대 인턴과정을 마칠 때는 '올해의 인턴'으로 선정되는 영예도 누렸지요. 이 박사는 2005년부터 존스홉킨스대 병원에서 근무하고 있습니다. 자서전 ≪기적은 당신 안에 있습니다≫에서 이승복 박사는 이렇게 역설합니다.

> 명심하세요. 한계는 자신이 만드는 거예요. 수많은 한계에 부닥치지만 좌절이 곧 절망이 아닙니다. 긍정적인 마음을 갖는다면 기회의 창이 열립니다.

고명딸로 태어난 정유선 박사는 두 살이 지나도 걸음마를 떼지 못했습니다. 물론 말도 제대로 못했지요. 다른 아이들에 비해 조금 늦는가보다고 생각했던 부모들은 "신생아 황달로 뇌성마비에 걸렸다"는 의사의 진단결과에 혼절하듯 놀랍니다. "이렇게 예쁘고 귀여운 내 딸이 뇌성마비라니!"

'울릉도 트위스트'라는 곡으로 널리 알려진 '이시스터즈'의 멤버였던 어머니 김희선 씨는 노래고 뭐고 다 집어치웠습니다. 그리고 오직 딸 뒷바라지에만 매달렸지요.

유선이는 어려서부터 고집이 깊았습니다. 초등학교 입학식에서 자기소개를 할 때였습니다. 넘어질듯 휘청거리면서도 혼자 교단에 나간 것은 물론이고, 아이들이 놀리건 말건 실룩거리는 입으로 끝까지 자신을 소개하는 것이었습니다. 운동회 때도 마찬가지였지요. "너는 안 뛰어도 괜찮다"는 선생님의 배려에도 굳이 결승선 까지 달리는 것이었습니다. 그녀의 어머니는 말합니다."그런 딸을 보면서 두 번 울었어요. 장한 마음에 울고, 안쓰러운 마음에 또 울고…."

유선이는 공부도 열심히 했습니다. 그러나 대학입시에서 떨어지는 아픔을 맛봐야 했지요. 결국 부모의 권에 따라 미국 유학을 결심합니다. 낯선 외국생활. 그것은 그녀에게 지옥과도 같았습니다. 아무리 노력해도 영어는 입 밖으로 나와 주지 않았습니다. 모든 걸 포기하고 한국으로 돌아갈까도 생각했지요. 하지만 "반드시 해내고야 말겠다"는 신념과 오기로 버텨나갔습니다. 뼈를 깎는 노력으로 조지 메이슨 대학과 코넬

대학에서 컴퓨터공학을 전공했지요. 유학생활 중 한 남자를 만나 결혼도 했습니다.

엄마가 되고서는 보조공학으로 전공을 바꿔 박사학위를 받았습니다. 뇌성마비장애를 가진 한국여성으로서는 최초의 해외박사가 된 것입니다. 2004년에는 조지 메이슨 교육대학원 교수들이 뽑은 '올해의 교육학 박사'로 선정되기도 했습니다. 또 2006년 독일에서 열린 국제 의사소통 보조기기 학회에서는 에세이 상을 받았지요. 그녀는 현재 미국 조지 메이슨 대학 교육대학원 특수교육과 연구교수로 재직 중입니다.

그의 수기 ≪기적은 기적처럼 오지 않는다≫에는 이런 말이 실려 있군요.

> 세상에 불가능은 없다. "넌 할 수 없다. 그건 네게 불가능한 일이다"라고 세뇌시키는 세상의 편견을 향해 멋지게 한 방 날려보자. 편견이란 깨지라고 존재하는 것이 아닌가!

전신이 마비되어 휠체어를 타고 다니는 이승복 박사나, 뇌성마비로 언어표현이 힘들고 보행이 어려운 정유선 박사. 이들은 모두 긍정적인 사고로 육체적 정신적 고통을 극복하여 뜻한 바를 이룩한 인간 승리자들입니다. 긍정적 사고란 무엇이겠습니까? 어떤 사실이나 생각에 대하여 옳다고 인정하는 마음의 자세와 행동이 아니겠습니까? 그들은 모두 건강인과 다른 육체적 결함이 있음을 인정했습니다. 그러나 결코 실망하거나 좌절하지 않았습니다. 그리고 해결책이 있다는 것을 믿었고, 피나는 노력을 쏟아 부어 오늘의 결실을 맺었습니다.

물론 긍정적인 사고를 가졌다 해서 장애인 모두가 박사가 되며, 의사나 교수가 되는 것은 아닐 것입니다. 하지만 "나는 위대한 잠재력을 지니고 있다"라는 자기 긍정은 분명 다른 결과를 가져오리라 믿어집니다.

문득 다음의 말이 생각나는군요. 세 번만 거푸 읽어보세요. 자신도 모르게 불끈 힘이 솟아날 겁니다.

"신(神)은 실패자는 써도 포기한 자는 버린다."

2009년 11월

그의 저녁놀은 장엄했네

-법정(法頂) 스님의 다비식-

3월 13일, 전남 순천의 송광사.

'뎅그렁!' 범종이 울렸다. 이른 봄 미풍을 타고 종소리는 사찰 밖으로 퍼져나갔다. 홍포에 싸인 한 스님의 법구(法柩)가 학인(學人)스님들에 들려지더니 잠시 대웅전 앞에 머문다. 그리고 대자 대비한 부처님께 3배의 예를 올린다.

같은 시각. 송광사로부터 700m 떨어진 조계산 가파른 언덕에는 스님들이 땅을 고르며 참나무통을 쌓고 있다. 디비장(茶毘葬)을 마련하기 위해서다.

영정을 앞세우고 이제 법구는 움직이기 시작한다. 다비장을 받기 위해.

상여는 보이지 않고, 만장도 너풀대지 않는다. 오직 보이는 것은 주변의 수목들과 1만 5천여 명의 불자나 스님들뿐이다. 추모객들 속에선 염불소리가 끊이지 않는다. "나무아미타불, 나무아미타불"…. 흐느껴 우는 이도 적지 않다. 비탈길을 오르며 운구하는 10명 스님들의 깎은 머리가 섧도록 맑고 깨끗하다. 엊그제 11일, 폐암 투병 끝에 입적한 법정(法頂) 스님의 다비(茶毘) 얘기이다.

다비식은 오전 11시. 11일 입적하여 서울 성북구 길상사에서 하룻밤을 지낸 스님의 법구는 이튿날 낮 스님의 출가 본찰인 이곳 송광사로 향했다. 그리고 13일인 오늘 다비식을 갖게 된 것이다.

스님의 법구가 참나무 단 위에 올려진다. 그 위로 몇 겹 참나무가 더 쌓인다. 극락왕생을 기원하며 몇 분 스님과 추모객이 엎드려 절한다. 의식은 그게 전부였다. 간결하고 단출했다. 두드리는 목탁 소리도, 한 줄의 독경도 들리지 않은 채….

이제는 거화(炬火) 순서. 9명의 스님들이 거화봉에 석유를 적신다. 구령이 떨어졌다.

"거화!"

이 말이 떨어지자 거화스님들이 화답한다.

"스님 불 들어갑니다!"

이윽고 화구에 불이 지펴진다. 연기와 함께 맹렬한 불길이 치솟는다. 오전 11시 41분이었다. 불은 갈수록 뜨겁게 타오른다.

분명 저 불길은 관(棺)도 없이 이곳 참나무 위에 놓인 스님의 법구를 재로 만들 것이다. 이 시대의 구도자이자 위대한 스승이었던 법정. 그는 정말 이렇게 가고 마는 것인가. 세수(世壽) 78세에 법랍(法臘) 58세. 그는 줄곧 '무소유'를 외쳐 왔다. 그의 가르침이 이 땅에 고루 퍼지기도 전 그는 왜 서둘러 떠나가야 하는 걸까.

"관과 수의를 마련치 말 것이며, 이웃에 방해되지 않고 편리한 곳에서 지체 없이 다비해라. 사리를 찾으려 하지 말고 탑도 세우지 말라"고 상좌들에게 당부했다는 그였다. 평소에도 "번거롭고 부질없으니 일체의 '검은 의식'을 갖지 말라"했으므로 다비식이 매우 간소하게 치러진 것은 이해된다. 그러나 그의 영혼이 아직 이 땅 어느 구석에 떠돌고 있다면 묻고 싶다. 그가 외치고 주장한 무소유의 진리는 제대로 뿌리가 내려졌는지? 만약 아니라면, 그는 어인 일로 표표히 사바세계를 떠나야 했는가를.

내가 처음 법정을 만난 것은 1976년에 발행된 그의 문고판 저서인 ≪무소유≫를 통해서였다. 141쪽이어서 단숨에 나는 그 책을 읽었다. '무소유'는 그 책에 실린 35편의 에세이 가운데 하나였다. 짧은 내용이었지만 울림이 컸던 작품으로 기억된다. 평론가 김병익(金炳翼)은 그 책에서 저자를 이렇게 평가하고 있다.

> 불승(佛僧)으로서 수필문학을 하는 사람은 그가 유일한 존재이다. 승려임을 의식하면서도 법정은 불교 언어를 거의 쓰

지 않는다. 그에게서 탁월한 것은 사건과 사물의 대상을 반대편에서 재점검하는 아이디어 정신이다. 심산유곡의 불심, 고색창연한 불교신앙을 오늘의 이 현실, 끊임없이 사랑과 증오의 사상으로 갈등을 일으키는 이 세계로 끌어내오는 것이 법정의 에세이 정신이다.

내가 법정의 글에 심취한 것은 무엇보다 글이 맑고 깨끗했던 때문이 아닌가 싶다. 그리고 무언지 알 수 없는 여운이 가슴에 남았다. 그런 이유로 그의 책을 즐겨 탐독했던 것 같다.

이후 나는 법정의 글에 매료되어 그가 펴낸 책이라면 내용과는 상관없이 덮어놓고 사들였다. ≪달과 침묵≫, ≪산방 한담≫, ≪텅 빈 충만≫, ≪버리고 떠나기≫, ≪물소리 바람소리≫, ≪새들이 떠나간 자리는 적막하다≫ 등의 수상집은 물론이려니와 ≪한 사람은 모두를 모두는 한 사람을≫, ≪일기 일회≫ 등의 법문집, 그리고 ≪숫타니파타≫와 같은 역서가 그들이다.

내가 쓴 수필집 ≪저녁놀 푸른 꿈≫과 ≪석모도 가는 길≫에는 법정의 글이 여럿 인용되어 있는데, 이는 그의 이슬과 같이 깨끗하고 영롱한 말씀을 곁붙임으로서 자신의 무력한 글 솜씨를 조금이라도 덮어보려는 속내 때문이었던 것 같다.

내가 본 법정의 글은 몇 가지 점에서 특징을 지니고 있는 것 같다.

첫째, 형식적으로는 아주 쉽게 글을 쓴다는 점이다. 문장에

꾸밈이 없고, 물 흐르듯 자연스럽다.

둘째, 소재가 다양하다. 강원도 오대산에서 17~8년간 수도에 매진한 스님이라 금방 쓸거리가 바닥날 법 한데, 스님은 마르지 않는 샘에서 물을 퍼 올리듯 계속 화제를 끌어낸다.

셋째, 내용적으로는 무엇이 반듯한 삶인지를 가르치고 있다는 점이다. 스님의 가르침은 부드럽고 온화하지만, 거역할 수 없는 힘을 지니고 있는 게 특징이다. 그의 인생관이나 세계관을 아주 쉽고 뚜렷하게 드러냄으로써 청빈하고 가치 있는 삶이 무엇인가를 독자 스스로가 느끼고 깨우치게 한다. 이런 것들이 법정의 글을 가까이 하게 된 이유이다.

"삶의 비참함은, 죽는다는 사실보다도 살아 있는 동안 우리 내부에서 무언가 죽어간다는 사실에 있다"고 그는 설파한다. 일테면 꽃이나 달을 보고도 가슴이 설레지 않는 감성, 저녁노을 앞에서도 지나온 삶을 반추하지 못하는 무감각, 텔레비전 앞에서 허물어져 가는 덤덤한 일상 등은 곧 죽음에 가까이 다가서는 것과 같다는 얘기이다.

그의 대표 저서인 ≪무소유≫에는 이런 얘기가 실려 있다.

법정은 어떤 스님으로부터 난초 두 분을 선물 받고 열심히 키운다. 관계 서적을 구해 읽는가 하면, 해외에 가는 친지들에게 부탁하여 귀한 비료도 구입한다. 여름철이면 그늘을 찾아 자리를 옮겨 주고, 겨울에는 실내 온도를 높여주는 등 정성을 다한다. 이렇듯 애지중지 가꾼 보람으로 난초는 봄마다 은은한 향기와 함께 연두색 꽃을 피워, 보는 이를 즐겁게 한다.

여름 장마가 갠 어느 날. 외출 중에 문득 뜰에 내놓은 난초 생각이 든 그는 허둥지둥 집으로 돌아온다. 뜨거운 햇볕에 늘어져 있을 난초 잎이 눈에 아른거렸기 때문이다. 샘물을 길어다 축여 주어 겨우 살려냈지만, 이때 온몸과 마음속으로 절절히 느낀다. '집착(執着)이 괴로움'이라는 것을.

며칠 후, 그는 다른 친구에게 난분을 안겨준다. 그리고 날듯 홀가분한 해방감을 맛본다. 난을 통해 무소유(無所有)의 의미를 터득한 것이다.

법정은 말한다.

"무엇인가를 갖는다는 것은 다른 한편 무엇인가에 얽매인다는 것"이라고. 때문에 아무 것도 갖지 않을 때 비로소 온 세상을 갖게 된다는 것이 무소유의 역리(逆理)라고 그는 역설한다. "버리고 비우는 일은 결코 소극적인 삶이 아니라 지혜로운 삶의 모습이다. 비본질적인 삶의 부스러기들을 털고 버림으로써 본질적인 삶을 이뤄야 한다."고 강조하는 것이다.

'소리 없는 소리'라는 에세이에서 그는 이렇게 반문하고 있다.

"귀 기울여 듣는다는 것은 침묵(沈默)을 익힌다는 말이기도 하다. 침묵은 더 말할 필요도 없이 자기 내면의 바다. 말은, 진실한 말은 내면의 바다에서 자란다. 자기 언어를 갖지 못하고 남의 말만을 열심히 흉내 내는 오늘의 우리는 무엇인가." 라고.

사람이 올바른 가치를 추구하며 사는 방법에 대해 스님은 이렇게 말한다.

"사람다운 사람이 되려면 보다 높은 가치를 찾아 삶의 의미를 순간순간 다지고 드러내야 한다."고 전제하면서 사람답게 살려면 순간마다 새롭게 태어나야 한다고 주장한다. 이런 탄생의 과정이 멎을 때 잿빛 늙음과 질병 그리고 죽음을 맞게 된다는 것이다.

녹슨 문명의 덫에 걸리듯 무의미한 일상에서 벗어나기 위해서는 "까맣게 잊어버린 자연의 품에 안겨 보라"고 법정은 권한다. 그리하여 바람소리에 귀 기울이며, 꽃향기를 맡고, 흘러가는 구름에 눈을 맞추어 보라는 것이다. 이렇게 하는 동안 시들었던 인간의 뜰이 조금씩 소생되고 일찍이 느끼지 못한 잔잔한 평화와 창조적인 의욕이 꿈틀거리게 될 것이란다. 법정의 얘기를 다시 한 번 들어보자.

하루해가 자기의 할 일을 다 하고 넘어가듯이 우리도 언젠가는 이 지상에서 사라질 것이다. 맑게 갠 날만이 아름다운 노을을 남기듯이 우리가 자기의 몫을 다했을 때 그 자취는 선하고 곱게 비칠 것이다.

남은 날이라도 내 자신답게 살면서, 저녁놀을 장엄하게 물들이고 싶다던 법정 스님. 그의 저녁놀은 너무 아름다워 입적한 이후에도 계속 찬연히 빛난다. ≪무소유≫를 비롯한 그의

저서 대부분이 단 이틀 만에 모두 품절사태를 빚었다는 사실
만 보더라도 스님의 우뚝한 존재를 가늠할 수 있을 것 같다.
　이 어지러운 세상, 청빈과 수행으로 어리석은 중생을 꾸짖
어 준 법정 스님. 이제 그 자비의 나무락을 뉘에게서 들을 수
있는지.

2010년 3월

시들기를 거부하는 코스모스
-'만능 예능인' 김상희(金相姬)-

한 예능인이 대중과 호흡하며 자기를 계발시키는 폭과 깊이를 어느 정도 가늠할 수 있을까. 대중이란 문화적으로 저속하고 성향 또한 충동적이어서 변덕이 죽 끓듯 하다는 것이 일반적 평가이다. 이 난감한 상대와 싸워 이기기란 좀처럼 쉽지 않으리라 본다. 게다가 예능인 자체도 만년 청춘은 아니잖은가. 그 또한 어쩔 수 없이 세월의 더께가 묻고 늙어 간다. 그런데도 우리는 간혹 예외를 찾는다.

바로 대중가요 가수 김상희에 관한 얘기이다.

김상희. 개인적으로 나는 그녀를 알만큼은 안다. 우선 1961년 고려대학교에 같이 입학하여 법대에서 법학을 전공했다. 그리고 졸업한 해도 똑 같이 1965년이었다. 학교에서 부른 이름은 김상희가 아닌 최순강(崔純江). 그 후 내가 KBS 국제방송국에 재직하고 있을 때 그녀는 해외교포를 대상으로 한 프로그램을 진행했었다. 그뿐이 아니다. 얼마 전 대학 동기 10여 명을 구성원으로 '쌍금회(双金會)'라는 친목 모임을 결성했을 때도 둘은 같은 멤버였다. 굴론, 상대를 잘 안다는 것은 특정인을 조명하거나 평가할 경우, 장단점이 동시에 따른다는 사실을 모르지 않는다. 그러나 적어도 허무맹랑한 오류는 저지르지 않을 것이다. 상대방을 엔간히는 알 것이므로….

최순강. 아니, 김상희. 그녀는 1943년생으로 올해 나이 68세이다. 고래희(古來稀)라는 70의 나이를 코앞에 두고 있다. 그럼에도 그녀는 나이를 거꾸로 먹어가듯 늙기를 거부한다. 더불어 그녀의 행동반경은 갈수록 넓어지고 있다. '만능 예능인'으로 불리는 이유이다. 지금까지 그녀가 남긴 족적을 몇 가지로 나누어 살펴본다.

첫째, 대중가수로서의 김상희이다.

대학교 1학년인 1961년. KBS가 전속가수를 모집한다는 광고를 보고 그녀는 '취미 삼아' 응모하여 합격의 영예를 안는다. 수백 명의 준 프로급 가수들을 물리치고…. 단순한 취미가 불변의 직업으로 바뀌게 된 예라고나 할까. 이후 그녀는 손석우 씨로부터 '삼오야 밝은 달'이라는 곡을 받아 본격적인 가수로 데뷔한다. 그러나 60년대 초만 해도 양가집 규수가 가수가 된다는 것은 지탄의 대상이었다. 더구나 명문 대학에서 법학을 공부하는 입장에서이랴. 해서 그녀는 어쩔 수 없이 학교와 집에도 알리지 못한 채 '얼굴 없는 가수'로 활동했다. 그녀가 김상희라는 예명을 쓰기 시작한 것은 1964년 경으로 '처음 데이트'라는 곡이 제법 인기를 얻고 있을 즈음이었다.

본격적으로 가수 활동을 시작한 것은 1965년에 대학을 졸업하고 나서. '경상도 청년', '대머리 총각', '뜨거워서 싫어요' 등의 빠르고 경쾌한 음색의 노래들이 모두 이 무렵에 나왔다.

특히 '대머리 총각'은 1967년에 선보인 '코스모스 피어 있는 길'과 더불어 크게 인기를 끌었다. 서울 토박이인 그녀가 울산 명예시민이 된 것은 '경상도 청년'과 '울산 큰 애기'를 국민가요로 만든데 따른 당연한 보상이었을 것으로 여겨진다. 지금도 울산에는 그녀의 노래비가 세워져 있다. '울산 큰 애기'라는 노랫말과 함께.

졸업 후 공개적인 가수활동이 잦아지면서 그녀는 '학사가수 1호'라는 별칭을 수식(首飾) 같이 달고 다닌다. '가수는 딴따라'라는 일반의 의식을 바꿔 버린 것이다.

1968년에 결혼한 김상희는 템포가 느릿하면서도 분위기가 깔린 무드 곡으로 변신한다. 1969년의 '빨간 선인장'이나 1971년의 '빗속의 연가' 그리고 같은 해의 '참사랑' 등이 그것이다. 이 무렵 그녀는 노래에 대해 자신을 가졌던 성싶다. 그도 그럴 것이 1968년에는 '가수 납세 1위'라는 명예를 얻음과 함께 탄탄한 인기 가도를 달렸으니까.

음악적인 변신을 꿈꾸던 김상희는 1969년 트로트풍이 아닌 사이키델릭 사운드에 당찬 도전장을 내민다. 이 분야를 선점

해 인기를 누리던 가수는 '님아'와 '커피 한 잔'을 불러 인기를 얻고 있던 펄 시스터즈였다. 그러나 김상희가 나타나면서 상황은 달라진다. '신중현 사이키델릭 리사이틀'에서 그녀는 '차분하고 지성이 넘치는 노래 스타일' 대신, 열정적이고 에로틱한 제스처로 '어떻게 해' 등의 레퍼토리를 불러 청중을 뜨겁게 달군 것이다. 누가 그녀를 그렇게 만들었나. 화려한 무대가? 현란한 사이키 조명이? 아니면 열광하는 관객이? 아니다. 그녀를 변신시킨 것은 그녀 자신이었다. 특정 장르에만 뭉그적대지 않으려는 그녀의 진취적인 자세가 그렇게 만든 것이다.

노래에 대한 열정과 그에 따른 변신은 그녀를 방송이 아닌 또 다른 무대에 서게 했다. 코파카바나 클럽이나 조선호텔 나이트클럽이 그것이다. 여기서도 그녀는 젊은 남성층으로부터 폭발적인 인기를 얻는데 성공한다. 당시의 쇼 무대는 TV 못지않은 비중과 영향력을 지녔었다.

허나 인간사란 흔히 길흉(吉凶)이 함께 오는 법. 김상희의 노래 '어떻게 해'는 홀연 '방송금지'라는 최악의 상황을 맞는다. 노래 가사 중 "앉아서 해! 누워서 해!"라는 부분이 성행위를 묘사한다하여 '창법저속'으로 방송을 금지당한 것이다. 방송금지곡은 이에 그치지 않았다. '단벌신사'는 북한이 남한사회를 비방할 때 사용한다 하여, '키다리 미스터 김'은 어떤 석연찮은 이유로 한 때 같은 조치를 받기도 했다.

다시 웨스턴 컨트리풍으로 복귀한 그녀는 몇 차례의 리사

이틀과 더불어 미국, 일본, 홍콩 등에서 해외공연을 갖는 등
부지런한 음악활동을 벌여 나갔다.

어느 가요 칼럼니스트는 말한다. "80년대에는 트로트와 디
스코, 93년엔 발라드, 98년엔 재즈가수로 변신을 계속해온 그
녀는 장르에 따라 음악을 즐겼던 진정한 음악탐험가" 라고.

TV드라마의 주제가이기도 했던 '빨간 선인장', '잊지 못할
연인', '팔베개', '어쩌나' 등, 그녀의 노래는 맑은 샘물이 흐르
듯 청정하고 신선하다. 그리고 마음을 편하게 해 준다. 특히
내가 좋아하는 '코스모스 피어있는 길'은 코스모스와 같이 아
름다우면서도 감정 절제가 잘 돼 있는 수작(秀作)이 아닌가
한다. 많은 히트곡으로 그녀가 1973년 제1회 대한민국 방송가
요 대상 여자가수부문에서 수상한 것은 당연한 귀결이었다.

우리나라에서 처음 '샘표간장' CM송을 불렀던 김상희, 40
년이라는 세월이 흘렀음에도 같은 CM송을 리바이벌해 부른
가수는 그녀 말고 또 있을는지.

둘째, 전문 MC로서의 김상희이다.

MC로서 그녀의 경력은 쟁쟁하다. 방송국에서 프로그램을
진행하기 훨씬 이전, 그녀는 60년대 초에 서울 퇴계로에 있는
오리엔탈 호텔 2층의 '엘 파소'에서 MC를 맡았었다. 이 음악
살롱에서 닦고 익힌 솜씨는 그대로 방송국 마이크에 전달되
어, 능력 있는 DJ, 품격 높은 사회자로 이름을 날리게 된다.
어찌 보면 그녀는 가수 못지않게 프로그램 사회자로서의 생
활을 꽤 즐겼다는 생각이다.

그녀는 KBS의 라디오와 텔레비전을 비롯해서 옛 TBC TV 에서 백화 쇼를 담당했고, 국군방송, 교통방송 등에서도 '아름다운 저녁입니다'를 진행한 바 있다. 그녀의 방송은 은방울이 구르듯 미성은 아니지만, 진지하고 차분하여 듣는 이의 귀를 편하게 해 주었다.

셋째, 사회봉사자로서의 김상희이다.

그녀는 1982년에 결성된 사단법인 '연예인 한마음회'를 거의 30년간 이끌어 왔다. 그것도 회장의 중책을 맡으면서. 이 모임은 가수, 희극인, 국악인 등 60여 명의 중견 연예인으로 구성되어 있는 사회봉사단체이다. '한마음회'는 군부대, 교도소, 소년원, 양로원, 복지회관 등을 방문해 노고를 위로하거나 삶에 대한 의욕과 희망을 노래로 북돋아 주고 있다. 수재민이나 불우한 환경에 놓인 노인들도 한마음회가 베푸는 봉사활동의 주요 대상이다. 몸이 열 개라도 부족하리만큼 바쁜 그녀가 아닌가. 묵묵히 국토방위에 전념하고 있는 군인이나 외롭고 딱한 처지에 있는 사람들을 방문해 위로한다는 것이 쉽지 않을 텐데, 가수 김상희는 이 일을 자진하여 앞장서 해온 것이다. 2004년 그녀가 정부로부터 문화훈장을 받은 것은, 노래도 노래지만 그늘진 사회에 대한 그녀의 애정을 예사롭게 보지 않은 까닭이라고 여겨진다.

넷째, 후학을 지도하고 있는 교육자로서의 김상희이다.

2009년 9월. 그녀는 한국방송예술진흥원의 학장으로 취임했다. 1992년에 설립된 이 교육기관은 현장경험과 전문성을 두루 갖춘 강사진이 최신장비를 이용한 실기 교육으로 방송 인재를 지도 육성한다. 방송제작, 연출, 영상디자인, 광고·시나리오의 창작, 방송음향, 실용음악, 방송연예예술, 실용무용, 보도진행, 성우, 방송 분장예술, 이벤트 공연예술, 무대 디자인 등 방송예술 전반에 걸친 종합교육을 실시하고 있다. 일테면 방송예술 사관학교라 부를 만하다. 나는 그녀가 학장으로서의 소임도 잘 해 나가리라 확신한다. 풍문여고 재학 중에도 반장, 학생회장을 했던 그녀가 아닌가. 가수로, MC로 풍부한 경력을 쌓았기에, 또 열정과 의욕이 넘친 그녀기에, 후학 지도는 안심해도 좋을 것이다.

김상희, 아니 최순강. 이 글을 마치기 전 그녀에게 한 마디는 꼭 일러주고 싶다. 능자다로(能者多勞)라 하여 능력이 있는 사람은 바쁘게 마련임을 모르지 않는다. 그러나 엊그제 함께 대학을 다니던 우리도 이미 70을 헤아리고 있잖은가. 각별히 건강에 유념해 주기를 신신 당부한다.

평상시 그녀는 나를 '유성이 형'이라 불러 왔다. '형'은 '오라비'의 애교스런 별칭일 테지만, 이런 호칭에 거짓이 없다면 김상희는 분명 오라비의 충고에도 진지하게 귀를 기울여야 마땅할 것이다. 동기 교우임을 떠나서….

시들기를 거부하는 코스모스 여인, 김상희. 오늘은 전축에 그녀의 히트송 '코스모스 피어 있는 길'이나 걸어볼까?

2010년 5월

어느 미담(美談)

　전북 김제시에 사는 양치곤 씨(70)는 얼마 전 전주예수병원을 방문했다. 병원장을 만나기 위해서였다. 그리고는 아버지의 빚이라면서 불쑥 100만원을 내밀었다. 그에게 무슨 사연이 있었을까?

　양 씨의 아버지 양대식 씨는 1940년 탄광에서 돌이 담긴 질통을 메고 사다리를 오르고 있었다. 한 순간 삐끗하는가 싶더니 사다리에서 떨어지며 얼굴이 찢어지는 중상을 입었다. 서둘러 예수병원에서 봉합수술을 받았다. 치료가 끝났으니 퇴원하는 게 마땅할 텐데 그는 그럴 수가 없었다. 돈이 없었기 때문이다. 할 수 없이 몰래 도망을 쳐 나왔다. "돈을 낼 형편이 못되니 용서해 달라"는 편지 한 통을 병원 침대 위에 남기고….

양씨의 아버지는 죽음을 앞두고서야 이런 사실을 아들에게 털어놨다. 그리고 꼭 갚아달라고 당부했다. 아들은 아버지의 말씀을 지키겠노라고 약속했다. 아버지가 작고한 해는 1969년. 그 후 41년의 세월이 흐른 것이다. 양씨가 병원을 찾은 것은 아버지가 남긴 유언과, 아버지에게 말씀 드린 약속을 지키기 위해서였다.

아직도 잔설이 남아 있고 영하의 날씨가 계속되는 이 겨울, 양치곤 씨의 미담은 우리들 가슴에 훈훈한 바람을 일게 한다. 갑자기 잿빛 하늘이 걷히고 비취색 푸른 하늘을 보는 기분이다. "지금도 내 형편이 넉넉한 게 아니지만 아버지가 남긴 말씀을 한 시도 잊을 수가 없었다"는 말은 감동 이상의 경건함까지 느끼게 한다. 병원장에게는 "독촉 받는 빚이 아니라는 핑계로 늦어서 미안하다"는 사과의 말도 했다. 어려운 살림살이를 꾸려온 그였다. 아버지의 옛날 빚을 갚지 않는다고 뉘 나무랄 사람이 있겠는가. 그럼에도 굳이 이런 선행을 보인 것은, 사람의 양심이 어떠해야 하는지를 일러주는 아포리즘이 아닌지? 진심으로 옷깃이 여며진다.

시끄럽고 복잡한 일상을 보내는 가운데 들은 이 미담은 얼핏 ≪한비자(韓非子)≫라는 책의 한 대목을 떠올리게 한다. '외저설좌상편(外儲說左上編)'에 이런 얘기가 실려 있다.

증자(曾子)의 아내가 혼자 시장에 가는데 그 아들이 따라가면서 운다. 아이 엄마가 말한다. "어서 집으로 돌아가거라. 엄마가 갔다 오면 돼지를 잡아주마."

　　시장에서 돌아오니 증자가 돼지를 잡아 죽이려 한다. 놀란 증자의 아내가 이를 말리며 말한다. "애가 보채니까 달래려고 한 것 아니오?" 증자가 이 말을 받아, "애들에게 거짓을 말해선 안 되오. 지금 자식을 속이면 이는 속임수를 가르치는 게 아니고 뭐겠소?"

　　마침내 장자는 돼지를 잡아 삶았다.

　　위의 얘기는 두 말할 것 없이 '小信成則大信(소신성즉대신)', 곧 '작은 믿음이 큰 신뢰를 이룬다.'는 한 예증에 다름 아니다.

　　70년 전에 진 아버지의 빚을 뒤늦게 갚으려는 것도 신의(信義)를 실천하겠다는 마음가짐에서 비롯됐을 것이라 생각된다. 신의란 무엇인가. 믿음과 의리이다. 그럼 믿음은 무엇인가. 그렇게 여겨 의심하지 않음이다. 그런 믿음성의 정도를 우리는 신용이라 부른다. 의리란 무엇일까. 사람으로서 마땅히 지켜야할 도리를 말한다. 따라서 신의란 사람으로서 마땅히 지켜야 할 도리와 그 도리를 지켜나가리라는 믿음이라고 풀이할 수 있겠다.

　　아리스토텔레스의 말을 빌릴 필요도 없이 '인간은 사회적 동물'이다. 우리는 사회라는 조직 속에 많은 사람들과 어울려 살아간다. 이러한 공동체 속에 필요한 것이 법과 질서이다. 사람이 서로를 싫어하거나 미워하지 않고, 좋아하고 도우며 사는 선(善)의 질서를 유지하려면 사회적 윤리와 규범이 따라야 될 것이다. 사회적 윤리가 양심이라면, 규범은 사회적 약속이다. 그러므로 약속은 반드시 지켜져야 한다.

인간의 사회생활은 유형무형의 크고 작은 약속들로 묶여져 있다. 이 약속이 깨지고 허물어질 때 우리 사회가 맞을 결과는 뻔하다. 무질서의 혼돈 속에 마침내는 붕괴와 파멸에 이를 것이다.

오늘 신문을 보니 벌써 제주에서는 매화가 꽃망울을 터뜨려 봄 향기를 물씬 뿜어냈다고 한다. 예년 같으면 벌써 피었을 텐데 오히려 늦었다는 것이다. 하기야 이번 겨울이 좀 추웠나. 그래도 1주일 후면 입춘(立春)을 맞는다. 제주에 도착한 봄은 서서히 바다를 건너 뭍으로 올라올 것이다. 그리고 온 천지에 새싹을 틔우고 진달래 개나리를 꽃피울 것이다. 벌써 마음이 희망과 충만함으로 부풀어 오른다.

포근함과 생기가 넘치는 이 봄, 70년 전 아버지의 빚을 갚은 양치곤 옹은 더욱 새삼스런 봄을 맞을 것 같다. 뜻밖의 치료비를 받은 병원은 감동한 나머지 양 씨 부부를 위해 무료 종합건강검진권 두 장을 선물했다고 한다. 사람 사는 세상이 이렇게만 돌아간다면 그 얼마나 좋을까.

그들의 양심과 선행을 들을 수 있기에 우리들은 행복했다. 그리고 희망을 버리지 않는다. 아버지가 빚진 치료비와 약속을 지켜야겠다는 두 개의 짐을 짊어지고 그는 얼마나 무거워 했을까. 그러나 아들 양 씨는 이제 모든 짐을 홀가분하게 다 벗어 버렸다. 돈 빚도, 책임의 부채까지도…. 아직 때 이른 초

봄이지만 아주 따뜻하게 느껴지는 이유이다.

모쪼록 양치곤 씨의 가정에 만복이 넘치기를 기원한다.

2010년 1월

제4부

빛깔 막걸리

루저(loser) & 위너(winner)

중학교 1학년 때 나는 반(班)에서 6번이었다.

1950년대 중·고등학교의 한 반 구성인원은 보통 60명. 번호는 대개 키가 작은 순서부터 매겨지게 마련이었다. 그러므로 6번이라면 반에서 6번째로 키가 작다는 뜻일 터이다.

사람의 키란 유전적 요인이나 영양 또는 건강에 따라 달라지게 마련이어서 한창 자랄 나이에는 키순서가 바뀌기도 한다. 그러나 내 경우에는 중학 3년을 거쳐 고등학교를 졸업할 때까지 예약이라도 해놓은 양 줄곧 5, 6, 7번을 맴돌 뿐이었다. 내 키가 자랄 때 다른 친구들도 가만히만 있지 않았을 테니 번호도 그게 그 타령이었던 모양이다. 그러기에 운동장에서 조회를 가질 때에는 선생님 눈에 잘 띄는 첫 줄에서 부동자세를 취해야 했고, 교실에선 분필가루가 날리고 선생님의 침방울이 떨어지는 맨 앞줄이 내 자리일 밖에 없었다.

솔직히 말해 어떤 때는 속이 상했다. 그리고 키 큰 친구가 부럽기도 했다. 특히 체육시간에 키 크고 덩치 큰 친구들이 철봉이나 수평봉에서 갖가지 묘기를 뽐낼 때나, 점심시간 또는 방과 후에 친구들이 링을 향해 점프 슛을 날리는 농구경기를 볼 때는 그 느낌이 더 했다.

신언서판(身言書判)이란 말이 있다. 중국의 당(唐·618~907년)나라가 관리를 등용하면서 삼았던 인물 평가의 기준을 가리킨다. '신'이란 외모. '언'과 '서'는 말씨와 글씨를 말하며, '판'은 판단력을 의미한다. 천 년이 훨씬 지난 이웃나라의 사회제도나 가치관을 오늘에 비교하거나 적용시키는 것은 난센스일지 모르겠다. 허나 곰곰 되새겨 보면 전혀 틀린 얘기도 아니라는 생각이 든다.

나는 중·고등학교 재학 시에 이 말을 자주 들었다. 그때마다 나는 '신'이, 그것도 첫머리에 존재한다는 사실을 늘 꺼림칙하게 여겼던 것 같다. 물론 "키가 작다고 무슨 문제가 있겠나? 오히려 '작은 고추가 맵다'는 속담도 있지 않으냐?" 라며 스스로를 위로하지 않은 것은 아니다. 그러기에 "키 크고 싱겁지 않은 사람 없다"라든가 "키 큰 암소 똥 누듯 한다"는 속담이 있다는 사실에 얼마나 위안을 받았는지 모른다. 아니, 흐뭇하고 감사했다. 키가 작으면서도 사상 유례가 드문 전과(戰果)로 나라를 구한 강감찬 장군이나, "내 사전에 실패란 없다"며 바람같이 전장을 누빈 나폴레옹을 사나이의 표상으로 흠모하기 시작한 것도 그 무렵이었을 것이다. 진위(眞僞)는 확인할 바 없으나 나폴레옹은 이런 말을 남겼다고 한다.

<blockquote>내 키를 땅에서부터 재면 누구보다 짧을지 모른다. 하지만
내 키를 하늘에서부터 잰다면 그 누구보다 클 것이다.</blockquote>

지난 11월에는 공영방송 KBS의 한 프로그램에 출연한 대학생이 '키 작은 남자는 루저(loser·패배자)'라는 발언을 했다 해서 사회에 큰 파문을 일으켰다. KBS 2TV가 제작 송출한 '미녀들의 수다'는 외국인의 시각에서 바라본 한국인의 특성이나 생활상을 소개하는 프로그램. 16명의 각국 미녀들이 출연하여 한국에서 겪은 경험담을 솔직하게 들려주고 있다. 프로그램의 구성이 흥미롭고 내용이 신선한데다, 때로는 우리 문화의 잘못된 부분을 성찰케 함으로써 많은 시청자들의 호응을 받아낸 것으로 알려지고 있다. 그런데 최근 이 프로그램이 선정성으로 바뀌어가고 있다는 등 비판의 소리가 들리더니 마침내 일을 내고 만 것이다.

"키 작은 남자와 사귈 수 있느냐?"는 사회자의 질문에 그날의 특별 손님으로 출연한 한국의 여대생은 이런 대답을 해버렸다. "외모가 중요해진 오늘날에 키는 경쟁력이다. 남자 키가 1m 80cm에 미치지 못하면 루저(loser·패배자)라고 생각한다!"

쓰나미가 별개이고 폭탄이 따로 있으랴? 당돌한 이 학생의 말 한 마디는 엄청난 파장을 일으키며 삽시간에 이 사회를 뒤흔든 것이다. 네티즌들은 해당 여학생을 비난하는 것에 그치지 않고 졸업사진 등 개인정보를 샅샅이 들춰내며 '마녀사냥'을 했고, 관련 방송국은 공정성과 공익성을 지켜내지 못한 데 따른 비난과 질타를 감수해야 했다. 어디 그뿐인가. 언론중재위원회에 손해배상청구를 하는 사람들도 줄을 이었다. 방송에서의 한 마디 말실수가 어떤 반향을 일으켰는지를 짐작케 한다. 그에 따른 후폭풍도 있었다. 방송통신위원회가 조치한 '시청자에 대한 사과'와 제작진 교체가 그것이다.

이러한 일련의 사태를 보면서 정말 걱정되고 염려스러운 점이 한 둘이 아니다. 우선, '경쟁력'에 대한 오해가 그것이다. 국어사전에 따르면 '경쟁할 만한 힘이나 능력'이 바로 경쟁력이다. 그렇다면 남과 겨루어 이기려면 무엇보다 '키'가 커야 되는 것일까. 키가 곧 힘이요, 능력일까. 그렇지는 않을 것이다. 참신한 아이디어, 합리적인 사고력, 이지적인 판단력, 남과 어우르는 친화력, 참고 기다리는 인내력, 머뭇대지 않는 진취력, 서로 돕는 협동력 등 겉으로 드러나는 체모풍위(體貌豊偉)보다 눈에 잡히지 않는 정신적 자세야 말로 반드시 갖춰야 할 경쟁력이 아닐는지. 유치원의 코흘리개도 아니고 곧 사회에 진출할 사람이 경쟁력을 들먹이면서 '키 작은 사람은 루저'라고 말했다니 딱하고 한심스럽다. 출연자 자신은 대본에 적힌 대로 읽었을 뿐이라지만, 누가 "그렇게 읽어야 한다"고 칼이라도 들이대며 협박이라도 했단 말인가? 생방송도 아닌

녹음이었으므로 대본 내용이 '아니다' 싶으면 거절하는 것이 마땅하지 않겠는가. 그럴 용기도 없다면, 출연자체를 거부하든가….

그런 대학생이 나오기까지 우리 사회가 저지른 죄과도 많다. 내면의 본질보다 외면의 허울만을 더 중요시 해왔던 것이 사실이기 때문이다.

그러나 이번 '루저 발언'의 물의는 아무래도 공익을 추구하는 방송사에게 가장 무거운 책임을 물어야할 것 같다.

방송법 제5조 1항은 "방송은 인간의 존엄과 가치 및 민주적 기본질서를 존중하여야 한다"고 공적책임을 규정하고 있다. 또 제6조 5항은 "방송은 상대적으로 소수이거나 이익추구의 실현에 불리한 집단이나 계층의 이익을 충실하게 반영하도록 노력하여야 한다"고 공익의 필요성을 강조하고 있다. 이러한 법 내용에서 본다면 '미녀들…'의 '루저 발언'은 기준을 아예 무시했다고 판단된다. 생방송이 아니면서도 방송내용을 걸러내지 못한 점이나, 출연자에게 써 주었다는 대본 내용을 보면 과연 '한국의 대표방송'이라고 자칭하는 게 맞기나 한 것인지 의문이다.

방송은, 특히 공영방송은 진실성, 정확성, 공익성, 중립성과 함께 품위를 유지해야 할 사명이 있다. 이러한 사명 위에서 사회적 가치가 무언가를 고민하고 이끌어 나갈 필요가 있지 않겠는가. 키가 작으면 루저라고? 그럼 키가 전봇대 같으면 위너(winner·성공인)인가? 아니다. 그렇지 않다. 키와 상관

없이 위너는 성취목표를 높게 세우고 끝없이 노력함으로써
뜻을 이루는 사람을 말한다. 그는 실의에 겁내지 않고 절망에
당당히 맞선다. 그리고 신념에 살며 땀의 진실을 믿는 사람이
다. 루저는 당연히 그 반대쪽에 있는 사람들이 아니겠나? 키
와는 무관하게.

2009년 12월

빛깔 막걸리

막걸리가 요즘 애주가들 사이에서 크게 인기를 끌고 있다. 국세청이 지난 5월에 발표한 '2008년 주류출하량'에 따르면 막걸리는 2004년 16만 1천㎘에서 2006년 17만㎘, 2008년에는 17만 6천㎘로 출하량이 꾸준하게 증가하고 있다. 물론 이 수치는 168만 ㎘의 출하량을 보였던 1974년에 비해서는 고작 10분의 1에 불과한 수준이기는 하다. 그러나 소주와 맥주, 그리고 위스키의 위세에 눌려 그동안 천덕꾸러기로 지내왔던 입장에서 보면 엄청난 신장세로 평가할 만하다.

막걸리는 한국을 대표하는 서민의 술로 70~80년대에는 전체 술 소비량의 70%를 차지할 정도로 위세가 당당했다. 그러나 1965년 '양곡관리법'이 시행되면서 막걸리는 점차 우리 곁에서 사라지기 시작한다. 막걸리의 주원료가 쌀이나 보리, 밀

등 곡물이었으므로 시급한 식량사정을 해결해야 할 정부로서는 당연한 조치였을 것이다.

막걸리가 다시 빛을 보기 시작한 것은 1990년대. 쌀이 남아도는데다 건강을 생각하는 사람들이 늘면서 웰빙 술로 각광을 받기 시작한 것이다. 그러니 막걸리의 위상도 자연 높아질 밖에. 동네 가게에서나 구경할 수 있던 존재가 슈퍼마켓은 물론이고 내로라 하는 백화점에서도 그 모습을 드러내고 있다. 어디 그뿐인가. 우리의 민속주 막걸리는 이명박 대통령과 하토야마 일본 총리와의 정상회담은 물론, 두 나라 정상 내외분의 오찬 식탁에도 건배용으로 등장하여 품격을 자랑했다. 특히 하토야마 총리 내외는 오찬 중간에 막걸리 대신 와인이 나오자 "막걸리로 계속하겠다"고 해서 화제가 된 바 있다.

그 후 한 주일이 지났던가. 주한 외국대사와 국제기구 대표들을 청와대로 초청하여 한식을 대접했을 때도 막걸리는 그림자 같이 따라다녔다. 이런 현상은 앞으로도 우리나라에서 국제회의가 열릴 적마다 흔히 있을 것이다.

전통 술인 막걸리는 해외에서도 인기를 높여가고 있다. 작년도의 막걸리 수출량은 5천 457㎘로 2004년보다 143%나 증가했다. 현재 우리나라는 13개국에 막걸리를 수출하고 있는데, 전체 수출량의 90%가 일본이다. 나머지 10%는 미국, 중국, 호주, 베트남, 홍콩, 태국, 싱가포르가 차지하고 있다.

일본에서는 20~30대의 젊은 여성들을 중심으로 '주정도가 낮은 건강 술'이라는 입소문이 퍼지면서 선호도가 높아지고 있다. 또한 2002년도의 한일월드컵과 영화 '겨울연가'를 통한 한류열풍도 크게 한 몫을 하지 않았는가 싶다. 금년 3월 일본에서 열린 '2009 도쿄음식박람회'에는 '이동막걸리'와 '서울장수막걸리' 등 한국의 10여개 막걸리업체가 참여했다.

이렇게 막걸리가 화려하게 부활한 까닭은 무엇일까.

첫째는 제품의 다양화와 고급화에서 찾을 수 있다. 과거의 막걸리들은 숙성을 빠르게 하느라 화학물질인 카바이드 등을 섞어, 마시고 나면 숙취와 트림이 생기는 등 뒤끝이 좋지 않았다. 그러나 요즘은 제대로 숙성시켜 그런 부작용이 없을 뿐더러, 인삼이나 잣, 대추 등 첨가물을 사용할 수 있도록 함으로써 맛이 좋아졌다는 점이다. 포장도 마찬가지이다. 페트병에 담아 싸구려 술로 보였던 것을 고급 유리병에 담으면서 막걸리에 대한 이미지를 바꾸게 했다.

둘째는 주류산업에 대한 규제완화를 들 수 있다. 정부는 1998년 막걸리 유통의 활성화를 위해 시설과 자본금 규모를 완화하고, 2000년부터는 공급 구역에 대한 제한을 없앰으로써 전국적인 유통이 가능하도록 한 것이다. 또 막걸리의 다양성과 품질의 고급화를 위해 원료사용과 제조방법에 대한 규제도 대폭 완화했다. 막걸리 제조 시 20% 이하의 과일 원액을 사용할 수 있도록 허용한 점이라든가, 알코올 성분을 6도로만 획일적으로 지정한 것을 3도 이상으로 조정한 것도 고급 막걸리 생산을 가능케 한 조치로 판단된다.

셋째는 사업체의 연구개발과 홍보·판촉 등 마케팅 전략의 활성화이다. 막걸리가 건강에 좋다는 인식이 확산되고, 캔이나 팩에 담은 살균 막걸리가 출시되면서 보관과 유통기간도 길어졌다. 캔 막걸리는 휴대가 간편하고 상온에서 1년 동안 보존할 수 있는 것이다.

지금 막걸리는 허름한 선술집이나 농촌에서만 마신다는 이미지를 완전히 벗고 와인 같은 고급주로 태어나고 있다. 젊은이들이 붐비는 대학로나 고급 음식점에도, 골프장이나 국제선 항공기 안에서도, 막걸리는 인기를 누리고 있는 것이다.

막걸리는 쌀로 만든다는 일반의 인식도 깨어진지 오래다. 생막걸리를 비롯해서 포도, 배, 키위, 복숭아, 매실, 딸기, 구기자 등 과실을 사용한 것이 있는가 하면, 인삼, 잣, 마늘, 곤드레 등 지역 특산물을 활용한 막걸리 등 그 수를 헤아릴 수 없을 정도다. 2008년도에만 17개 브랜드의 막걸리가 특허를 출원했다. 20여 년간 많은 사람들로부터 철저히 외면을 당했던 막걸리가 마치 분풀이라도 하듯 돌풍을 일으키고 있는 것이다.

그러나 다른 것은 다 몰라도 빨강 파랑 노랑 보라 등 컬러풀한 막걸리는 어떻게 봐야 할지 모르겠다. 예컨대 고추장이 고추빛깔이 아니고 노랗다든가, 된장이 발효된 콩 빛깔이 아니고 하얄 경우, 밥상머리에 앉은 우리 기분이 어떨까. 레드 와인이 홀연 진노랑으로 바뀌거나 화이트 와인이 검정색으로 변할 경우에도 우리가 느끼는 감정은 엇비슷하리라 생각된다.

막걸리라고 해서 다르겠는가? 곡물의 종류와 빚어내는 솜씨에 따라 다소의 차이는 있겠지만 전통적으로 막걸리가 지닌 빛깔은 난백(卵白), 유백(乳白), 황백(黃白)이거나 회백(灰白)이다. 말하자면 모두 흰 것을 바탕색으로 하고 있는 것이다. 그러니 무지개의 어느 빛깔로 바꿀 것인가를 고민하기보다는, 정말로 한국의 고유 전통에 어울리고 한국인의 품격에 어울릴 막걸리에 관심을 써 주는 게 바람직하고, 그게 순서일 것 같다. 더불어, 이규태(李圭泰)가 지적했듯 오덕(五德)을 갖춘 막걸리라면 더 이상 바랄 게 뭐 있겠나?

- 허기를 면해주는 것이 1덕이요
- 취기가 심하지 않는 것이 2덕이고
- 추위를 덜어주는 것이 3덕이며
- 일하기 좋게 기운을 돋아주는 것이 4덕이고
- 평소에 못하던 말을 하게 하여 의사를 소통시키는 것이 5덕이다.

노란 빛깔의 막걸리? 빨간 색의 탁주? 그건 이미 막걸리가 아닌 다른 무엇일 수밖에 없을 것이다.

2009년 5월

태극전사여, 애국가를 불러라

밴쿠버 겨울올림픽이 중반에 들어설 때였다. 월스트리트저널(WSJ)은 아주 이색적인 기사를 실어 독자의 흥미를 자아냈다. 올림픽시상대에 오른 금메달리스트들이 자국의 애국가를 따라 불렀는지 또는 멍멍히 그냥 있었는지에 관해 통계를 낸 것이다.

먼저 결과부터 알아보자. 2월 20일 현재 금메달을 딴 33명의 선수 중 국가(國歌)를 따라 부른 선수는 21.2%, 한두 소절이나마 불렀던 선수는 18.2%였단다. 그러니까 전혀 국가를 부르지 않은 선수가 60.6%로, 따라 부른 선수에 비해 훨씬 많았다는 얘기이다.

캐나다 밴쿠버 겨울올림픽은 3월 1일에 폐막됐고 전체 금메달 수는 86개. 때문에 이번 대회에서 각 종목 각 경기의 우승자들이 제 나라 애국가를 얼마나 따라 불렀는지는 정확히 모른다. 또 그럴 필요도 없었을 것이다. 그러나 소속된 국가와 민족으로부터 전폭적인 성원과 기대를 받고 올림픽에 출전한 선수가 우승 후에는 그 국기와 국가에 어떤 자세와 표정을 지었는지를 알아보기에는 넉넉히 참고가 된 것 같다.

한국의 경우, 금메달을 목에 건 3명의 선수 가운데 모태범 선수만이 애국가를 몇 소절 따라 부른 것으로 되어 있다. 만약 이 조사가 한 주일만 늦춰졌더라면 당연히 김연아도 포함시켰으리라. 피겨 왕 김연아는 26일 밴쿠버 퍼시픽콜리시엄 시상대 위에서 태극기를 보며 나직이 애국가를 따라 불렀으니까. 감격에 북받쳐 솟아오른 눈물을 손으로 훔치면서….

국기와 국가는 왜 존재하는가. 두 가지 이유가 있어서이다. 첫째는 내가 태어난 나라를 상징하기 위함이요, 둘째는 그 나라를 구성하는 국민들을 결속시키는 구심체가 되기 위해서이다. 일제의 탄압에 항거하여 1919년 3월 1일 만세운동을 벌였을 때, 2002년 한·일 월드컵이 공동 개최되었을 때, 태극기는 얼마나 가슴 벅차게 우리를 한 마음으로 묶었던가.

무엇이든 가까이 있을 때는 그 존재를 까맣게 잊게 마련이다. 나라 밖 여행길에서 우연히 마주치는 태극기와 애국가는 가슴 가득한 감동을 불러일으킨다. 그리고 조국의 소중함과 내 겨레에 대한 애틋함을 느끼게 한다. 나라 사랑이 별 것인가. 그런 마음, 그런 자세가 곧 애국일 터이다.

국기와 국가에 대한 경건함과 뭉클한 감정은 희생정신과

불굴의 용기로 이어지게 마련이다. 그러므로 적을 물리쳐야 하는 전쟁터나, 상대국 선수를 제압해야 하는 국가 간 경기에서 이들 국기와 국가가 지니는 의미는 대단하다. 열세를 우세로, 패배를 승리로 이끌게 하는 심리적 변화를 갖게 하기 때문이다.

나는 축구경기 관람을 좋아한다. 특히 한국이 다른 나라와 겨루는 경기는 빠뜨리지 않고 보는 입장이다. 그러나 유감스러운 사실이 하나 있다. 경기 시작하기 전에는 양국의 국가를 부르게 마련인데, 우리 한국선수들은 따라 부르는 사람이 거의 없다는 점이다. 흔히 볼 수 있는 게 오른 손을 왼쪽 가슴에 얹는 모습 정도이다. 그리고 명상을 하듯 눈을 지그시 감는다. 아니다. 다른 것이 있기는 하다. 어떤 선수는 입 속으로 무언가를 중얼거린다. 골을 많이 터뜨려 달라고, 아니면 한 골도 먹지 않게 해달라고 기원하는 것일까.

지난 1월, 남아공의 요하네스버그에서 잠비아와 평가전을 가질 때였다. 한국을 대표한 선수들은 애국가가 울려 퍼질 때 예의 버릇 그대로였다. 마치나 조선왕릉 봉분을 지키는 문석인이나 무석인을 보는 느낌이었다. 웃지도 울지도 않는 무덤덤한 얼굴, 얼굴들 뿐…. 잠시 뒤에는 피 터질 만큼 격렬한 경기가 벌어질 텐데도 그들은 천연덕스러웠다.

그날 잠비아 선수들은 어땠을까? 꿀 먹은 벙어리 같고 무덤덤한 우리 선수들과는 판연히 달랐다. 신바람이라도 난 듯 우렁차게 국가를 부르는 것이었다. 차망가, 칼라바, 카통가, 무손다 누구를 가리킬 것도 없었다. 그날 평가전에서 한국은

4 대 1로 대패했다.

나는 지금 우리 선수들이 애국가를 목 높여 부르지 않았다 해서 경기에 패했다는 얘기를 하려는 것은 아니다. 다만, 나라를 상징하는 애국가를, 그것도 이역만리에서 힘차게 불렀다면 경기에 더 큰 활력을 불어넣지 않았을까 여겨지는 것이다. 어쨌든 경기에 지고나면 여러 가지 뒷얘기가 따르게 마련이다. 요하네스버그의 평가전이라고 다를 게 없었다. 1750m의 고지대였고, 경기 전날 내린 비로 잔디가 미끄러웠으며, 월드컵 공인구인 자블라니에 익숙하지 못했다는 등이 그것이다. 맞는 말일지 모른다. 그러나 싸워 이기겠다는 의지가 약했다는 것이 패배의 주된 원인은 아니었을까. 또 애국가를 열심히 불러 결연한 의지를 보이지 못한 것도 분명 그 안에 포함됐으리라 본다.

터무니없는 헛소리를 하고 있다고 생각하는 사람도 있을 것이다. 백보를 양보해서 아니라고 치자. 그래도 힘차게 애국가를 부른 뒤 경기장에 들어갔다면 결과가 많이 달라졌으리라는 것이 내 믿음이다. 생각해 보자. 애국가를 부르지 않은 선수라면, 경기 전에 스크럼을 짜고 굳이 "화이팅!"을 외칠 필요도 없지 않겠는가. 2006년 6월 한 컬럼니스트가 쓴 글을 아래에 소개한다.

지난 10일 새벽, 월드컵 개막경기인 독일-코스타리카전이
열리기 직전 양국의 국가가 차례로 울려 퍼졌다. 두 나라 선

수들은 자국의 국가가 연주되자 두 눈을 국기로 향한 채 결의
에 찬 표정으로 따라 불렀다. 경기에 출전한 선수들만이 아니
라 벤치에 있는 감독과 코치, 후보 선수들도 마찬가지였다. 관
중석에 있는 사람들도 국가를 합창했다.

　그로부터 사흘 뒤에 벌어진 한국-토고 전에서는 어땠을까.
먼저 한국의 애국가가 울렸으나 우리나라 대표선수들의 입은
꾹 다문 채였다. 대부분 오른 손을 가슴에 얹고 있거나 기도
를 하는 듯 눈을 감고 있는 모습들이었다. 관중석을 붉게 물
들이고 있는 '붉은 악마'들만이 애국가를 힘차게 부르고 있었
다.

　특정한 집단사회를 나타내는 노래, 예를 들어 교가 사가 군
가란 무엇인가. 너와 내가 달라서 부르는 노래가 아니라, 너
와 내가 같아지기 위해 부르는 노래이다. 선수들이 경기에 앞
서 애국가를 부르는 것도 조국의 명예를 생각하며 필승의 의
지를 다지기 위해서일 것이다. 그런데 우리 선수들은 왜 꿀
먹은 벙어리가 되어야 하는가. 이틀 뒤 호주-일본전이 열렸
을 때 '기미가요'를 부르는 일본선수들의 표정은 경건함을 지
나쳐 마치 카미카제(神風) 특공대를 연상할 정도로 비장했다
는 후문이다.

　옛날 박정희 대통령은 국내의 공식석상에서 애국가 봉창이
너무 작게 들리자 "다시 부르라!"고 호령했다 한다. 그때는
그럴만한 이유가 있었다. 당시의 우리는 너무 못 살고 가난했
으니까. 자신 없어 주눅 들려 있었으니까…. 하지만 지금 우

리는 다르다. 세계 10대 경제 대국을 넘볼 정도로 국력이 신장되지 않았는가. 월드컵 4강의 스포츠 강국이 무엇 때문에 경기장에서 애국가를 부르지 않는가? 왜 스스로를 벙어리로 만들려 하는가?

경기에서 이기고 싶다면, 그리하여 고국의 팬들로부터 박수갈채를 받고 싶다면 불러라, 애국가를! 목청을 돋우어 천지가 들썩대도록!

2010년 3월

※ 6월 16일 새벽 3시 30분. 남아공 요하네스버그 엘리스파크에서는 2010 남아공 월드컵 G조 예선 북한과 브라질과의 경기를 앞두고 두 나라 국가가 연주되고 있었다. 그라운드에 일렬로 늘어선 선수들은 열심히 제 나라 국가를 따라 불렀다. 두 셋 선수들을 제외하고는…. 입만 달싹거리고 부르는 게 아니라, 힘주어 목청껏 부르는 것이었다. 특히 북한의 국가가 연주될 때 '인민 루니'라는 별명을 가진 공격수 정대세(26세)는 갑자기 눈물을 펑펑 쏟아냈다. 감정에 북받친 듯 그의 울음은 연주가 끝날 때까지 그치지 않았다.

그의 눈물은 북한이 44년 만에 월드컵 본선무대에 올랐다는 감격에서 비롯된 것일 테지만, FIFA 랭킹 1위 '브라질도 문제없다'던 그의 호언이 결코 허풍만은 아니라는 '결의의 표현'은 아니었을까?

북한은 이날 경기에서 1:2로 패하기는 했지만, 정대세의 눈부신 활약은 세계를 깜짝 놀라게 했다.

그린 코리아
―남은 음식 제로 운동―

우리나라 음식하면 뭐니 뭐니 해도 전라도가 아닐까 싶다. 혀끝에 감도는 맛이 그러하고 차려놓은 음식의 다양함도 또한 그러하다. 물론 음식에는 각 고장마다 특유한 종류가 있게 마련이다. 또 그 유별난 음식이 가질 수 있는 맛이 따로 있는 것도 사실이다. 그러나 어떤 것을 잣대로 치든지 간에 전라도 음식이 으뜸이라는 데에 토를 달 사람은 별로 없을 듯하다. 예컨대 '호남식당'이나 '전라도 음식'이라고 당당히 간판을 건 식당은 흔해도, '경상도식당' '영남음식'이라든가 '경기도식당' '기호음식'이라는 간판을 보기란 여간해서 쉽지 않다는 사실이 이를 증명한다.

꽤 오래 전, 1977년에 제58회 전국체육대회가 열렸을 때의 일이다. 당시 나는 광주에서 열리는 체전 개막식의 중계방송 아나운서로 선발되어 현지에 파견된 일이 있었다. 점심때가 되어 광주 시내의 한 음식점에서 중계 팀과 식사를 할 때였다. 별다른 특식을 주문하지 않았는데도 나온 음식이 너무도 어마어마해서 깜짝 놀랐다. 듣도 보도 못한 음식의 내용물도 그러하려니와, 무엇보다 상다리가 휘어져 내릴 것 같은 가짓수에 질려버리고 만 것이다. 전라도 음식이 풍성하단 말은 들었지만 이렇게 많을 줄이야! 해서 한 번 세어보고 싶었다. 그러나 몇 번을 헤아려 봐도 마흔 번이 넘으면 헷갈리고 잊는 것이었다. 결국엔 세기를 포기하고 말았다. 어쨌든 밥상 위에 올려진 반찬의 가짓수가 마흔 가지가 넘었던 것은 확실하다.

1979년 5월이던가? 서울에서는 모든 한정식에 10% 이상의 혼식과 반찬 다섯까지 만을 제공하도록 소위 '표준식단제'를 실시한 적이 있었다. 이런 걸 브면 그 무렵에는 전국적으로 무슨 경쟁이라도 하듯 음식점에서 내놓는 반찬의 수가 많았다는 것을 짐작할 수 있다. 오죽하면 "서울 시민이 하루에 먹고 버리는 음식물의 양이 서울시의 10분의 1에 해당하는 중소도시민들이 소비하는 음식물의 양과 같다"는 기사가 신문에 실렸을까.

정부가 주도하고 있는 '저탄소 녹색성장'운동에 발맞추어 '음식쓰레기를 완전히 없애자'는 운동이 일고 있다. 지난10월에는 한국음식업중앙회가 환경부, 보건복지가족부와 공동으로 음식쓰레기 제로화를 위한 발대식도 가졌다.

　5년 내에 모든 회원업소가 동참해서 쓰레기 배출량을 50% 이상 줄이겠다는 것이 발대식을 갖게 된 취지이다.

　실상 음식물을 버려 입는 피해는 상상을 초월한다. 무엇보다 주체할 수 없는 쓰레기의 양이다. 2007년 전 국민이 쓰레기로 버린 음식물은 자그마치 527만 4980톤이나 된다는 것이 환경부와 국립환경과학원의 통계이다. 8톤 트럭으로 65만 9373대 분이다. 그럼 이를 처리하는 비용은 얼마나 될까. 6330억 원이나 된다. 그뿐이 아니다. 음식물의 재료비와 인건비까지 계산하면 14조 5000억 원의 경제적 가치를 잃어버리는 셈이 된다.

　음식쓰레기를 버리는 것은 단지 경제적인 손실에 그치지 않는다. 음식물 1톤을 처리하려면 이산화탄소(CO_2) 338kg이 발생한다. 이산화탄소는 지구를 온난화시키는 주범이다. 한 번 대기 중에 머물면 100년 동안 없어지지 않는다고 한다. 이런 이산화탄소가 발생하면 지구에 온실효과가 발생하고 지구 온난화를 초래하고 마는 것이다. 한국음식중앙협회가 '남은 음식 제로 운동'을 펼치겠다는 것도 궁극적으로는 '그린 코리아'를 만들겠다는 목적에서 비롯된 것에 다름 아니다.

　한국음식중앙회는 2013년까지 전국의 58만 5000개의 업소가 모두 이 운동에 동참할 경우 음식쓰레기 배출량이 50% 가량 감축되어 한 해 8조원에 이르는 경제효과가 발생할 것으로 보고 있다. 아울러 음식쓰레기 처리에 따른 이산화탄소의 배출량도 100만 톤으로 줄어들 것이라고 전망한다. 이는 승용차 35만 대가 1년간 뿜어대는 배기 가스와 맞먹는 양이니 그대로 실현된다면 그 효과는 대단하리라 본다.

사실 정부는 그동안 음식쓰레기를 없애기 위해 다각적인 노력을 기울여온 게 사실이다. 1982년에는 '주문 식단제'를 실시했다. 고추장, 된장, 간장 이외의 반찬에 대해서는 주문에 따라 가격을 덧 붙였는데, 그 취지는 좋았으나 소비자들의 이해 부족으로 실효를 거두지 못했다.

1988년에는 '낭비 없는 식단, 위생적인 음식, 친절한 음식점'을 구호로 전국의 한식점에서 '위생 식단제'가 출범했다. 앞접시에 국을 따로 떠 주는 등 위생적인 식단을 확산시킨다는 것이 목적이었다. 그러나 이 제도 또한 강제성이 없는 권장사항이어서 흐지부지 자취를 감추고 말았다.

1992년에는 '좋은 식단제'가 등장했다. 작은 찬기(饌器)를 이용해 먹을 만큼의 음식을 덜어 먹도록 하고, 반찬 가짓수를 줄이며, 남은 음식을 싸주는 등 위생적이고 알뜰하며 균형 잡힌 식단을 마련한다는 것이었다. 하지만 이 제도도 위반업소에 대한 제재규정이 없고 일반인들의 호응도가 낮아 별다른 효과를 거두지 못했다. 따라서 이번 한국중앙음식회가 주관하고 환경부와 보건복지가족부가 후원하는 '남은 음식 제로 운동'도 얼마나 실효를 거둘지는 단언하기 어렵다.

우리 한국 사람은 우선 푸짐한 것을 원하고, 주어진 것을 게걸스럽게 먹는 식습관 때문에 위생이나 음식의 낭비는 뒷전으로 생각하기 십상이기 때문이다. 따라서 아무리 훌륭한

제도라 해도 국민의 의식이 변하지 않고서는 성공을 기대하기는 어려울 성 싶다.

한 연구보고서에 따르면 미국은 음식쓰레기가 생활쓰레기의 8.9%, 일본은 10%인데 반해 한국은 29.4%라고 한다. 미국이나 일본에 비해 더욱 절약해야 될 나라가 오히려 반대 현상을 보이고 있는 꼴이다. 중국만 해도 최근에는 음식문화가 바뀌어 남은 음식을 싸 달라고 '다바오(打包·싸 주세요)'를 요구한다지 않는가.

우리가 보릿고개를 넘은지는 고작 30~40년에 불과하다. '남은 음식 제로'를 달성하기 위해서는 한 번쯤 멀지도 않은 우리의 과거를 되돌아볼 필요가 있겠다. 이와 함께 건강과 위생, 자연과 환경, 그리고 경제적 효용 등에 관해 소비자는 물론 관련 업자와 정부가 미래지향적인 안목을 갖지 않는다면, 과거 실패했던 운동의 전철을 거듭 밟는 꼴이 될지 모른다.

그린 코리아! 먼저, 남은 음식이 없도록 하자. 깨끗이 비운 밥사발, 국 대접 그리고 반찬그릇들. 그건 우선 설거지하기에도 좋지 않더냐?

2009년 11월

"나 홀로 즐겨요"

    며칠 전의 일입니다. 어느 공중파 TV의 종합뉴스를 시청하다가 재미있는 아이템이 눈에 띄었습니다. "나 홀로 즐겨요"가 그것이었죠. 내용은 대략 이렇습니다.

    요즘 20대들은 혼자 영화를 보고 혼자 밥을 먹는 등 기성세대들로서는 선뜻 이해하기기 어려운 행동을 하는 사람들이 많다는 겁니다. 그러면서 몇 가지 자료화면을 보여줍니다. 그 가운데 남녀 대학생의 얘기가 아직도 기억에 생생하군요.

    혼자서 영화관을 찾은 그 남학생이 말합니다.

    "영화관이 왜 꼭 둘이서만 가야 하는 장소인가요? 혼자서도 갈 수 있는 장소 아닌가요?"

    그는 볼멘소리로 반문하듯 달하는 것이었습니다.

    이번엔 홀로 카페를 찾아 공부하고 있는 여대생이 화면에 잡히더니 이렇게 말합니다.

"친구들하고 막 몰려다니는 게 재미있고 편했는데, 이제는 그렇게 시간 맞추기도 쉽지 않고 저 혼자만의 시간을 활용하는 것이 좋아서…"

그러기에 보다시피 외톨로 생활을 하고 있다는 얘기였습니다.

대학교 주변에는 이렇게 '나 홀로 생활'을 즐기는 20대들을 위해 아예 1인용 식탁을 갖춘 식당까지 등장했다고 기자는 덧붙여 설명합니다. 나 홀로 성향이 강한 이런 20대를 전문가들은 '독방 세대'라고 부른다나요? 무슨 세대 무슨 세대이니 해서 그걸 구분해 내려면 골치가 아플 지경인데, 또 이번에는 생뚱스런 이름의 세대가 새롭게 등장한 모양입니다.

세대(世代)란 생물학적 의미로 볼 때, 한 생물이 태어나서 생명을 마칠 때까지의 기간을 뜻하지 않습니까? 그러나 여기서 말하는 세대는 의미가 조금 다른 것 같군요. 같은 시대에 태어나 공통된 사고방식으로 동일한 문화를 경험하는 사람들을 말하니까요. 말을 바꾸면, 일정한 범위의 연령층이 공통의 체험을 바탕으로 의식이나 풍속을 펴나가는 모습이라 하겠습니다.

어쨌든 나 홀로 세대란 '혼자'이기를 원하고 선택하는 세대일 것입니다. 그들은 자신 만의 공간과 자유로운 생활을 희망합니다. 물론 다른 세대의 남녀들이라고 혼자만의 장소에서 자유로운 생활을 전혀 배척한다는 뜻은 아닙니다. 다만 나 홀로 세대는 그 정도가 너무 지나쳐서 확연히 구분된다는 점입니다.

전통적인 대가족 제도가 핵가족 형태로 바뀐 것은 1970년대 중반이었습니다. 그런데 1980년 이후 우리는 경제적으로 크게 발전함으로써 살림살이가 넉넉해졌지요. 이러한 풍요는 20~30대의 가치체계를 크게 흔들어 버린 것입니다. 다른 무엇보다도 가족과 가정이란 존재에 대해 적잖은 젊은이들이 그 중요성을 그다지 절절하게 인식하고 있지 않습니다.

과거의 가족은 대가족이나 확대 대가족의 형태를 이루는 것이 보통이었죠. 그래서 가부장적이며 권위주의적이었습니다. 할아버지가 빈 담뱃대로 재떨이만 '땅! 땅!' 두드려도, 혹은 아버지가 마른기침소리만 해도 온 식구들은 마냥 긴장했었죠. 무슨 날벼락이 떨어질까 하고 말입니다. 가족 구성원 모두는 어른과 남자를 우선시했고, 웃어른의 지배와 아랫사람의 복종을 당연하게 여겼지요. 그래도 가족들이 함께 어울려 살다보니 서로 간의 관계는 밀접했던 것 같습니다.

그러나 오늘날 서구화된 핵가족 제도는 어떻습니까? 그것대로 많은 문제점을 안고 있지 않습니까? 가족 성원의 독립적인 의견이 존중되는 것은 바람직하나, 이게 지나쳐서 개인주의와 이기주의가 점점 드세지는 상황입니다. 어디 그뿐입니까. 경제력을 잃은 노부모들의 질병 문제도 심각하고, 자유주의 교육을 실시하는데 따른 청소년의 비행도 큰 문제점으로 떠오르고 있습니다. 당연히 아이들은 절제력이 없어지고 이기적이면서 독립적으로 변하기 일쑤이죠.

생활양식이 바뀜에 따라 가족형태도 무척 다양해졌습니다. 들도 보도 못한 이름이 많아 일일이 열거하기 어려울 정도이죠. 빈곤가족, 실직자가족, 맞벌이가족, 장애인가족, 무자녀가족, 한 부모가족, 조부모가족, 독신가족, 동거가족 등이 그 예라 할 것입니다.

그런데, 특수한 생활방식으로 자신들만의 삶을 추구하는 사람들이 있어 새로운 용어를 만들고 있습니다. 예를 들어 볼까요? 60년대를 풍미한 히피족을 포함해서, 고등교육을 받고 도시 전문직에 근무하면서 높은 급료를 받는 여피(yuppie)족, 맞벌이 부부로 자녀를 두지 않는 딩크(dink)족, 아이를 가져도 잘 살 수 있다는 자신감에서 생겨난 듀크(dewk)족, 품위 있는 패션을 추구한다는 보보스(bobos)족, 출세 지향적이면서 전문 지식인을 뜻하는 염피(yumpie)족이 있는가 하면, 건강한 심신을 유지하면서 행복을 추구하는 웰빙(well-being)족이 있고, 주체성 없이 로봇처럼 행동하는 사람을 가리키는 좀비(zombie)족도 있습니다.

이 밖에도 캥거루족, 미시족, 폭주족 등 신세대 젊은이를 빗대서 붙여놓은 이름은 널려 있고, 앞으로도 신조어는 계속 꼬리를 이을 것입니다. 그런데 앞에서 말씀드린 '나홀로족'은 일부의 다른 족(族)과 마찬가지로 당분간, 아니 앞으로도 계속 사회적 문제를 일으킬 것 같아 걱정이 됩니다. 그들의 연령층이 20대라고는 하나, 앞으로는 10대에서 40대까지 늘어

날 확률이 높기 때문이죠. 그럴 경우 사회 병리 현상은 더욱
두드러질 것이 분명합니다.

전문가들은 사회생활을 거부한 채 자신을 폐쇄적으로 생활
하는 요즘의 젊은이들을 '은둔 형 외톨이'로 규정하고 있지
요. 일본에서는 이들을 '죽치고 집안에서만 지내는 사람'이라
하여 하키코모리(はきこもり)라 부릅니다. 서양에서는 뭐라
부르느냐고요? 누에고치 모양 외부와는 단절된 공간에서 지
낸다는 뜻으로 코쿤(cocoon)이란 명칭을 붙인듯합니다.

어쨌거나 전문가들은 경고하지요. 사회에 참여하기를 거부
하고 폐쇄적인 생활만 고집하는 '은둔 형 외톨이'들은 자살이
라는 극단적 현상도 일으킬 수 있으며, '묻지 마식의 범죄'도
저지를 수 있다고 말입니다. 염려스럽고 두려운 일이 아닐 수
없습니다.

엊그제 신문에서는 18년 동안 밀림에서 짐승처럼 살다가
사람에게 붙잡혔던 캄보디아의 '정글 여인(29세)'이 집에서
도망쳐 다시 정글로 사라졌다는 외신을 전했습니다. 2007년
그녀가 처음 모습을 드러내자 언론에서는 '늑대소녀의 귀환'
이라며 법석을 떨었지요. 하지만 그녀는 언제나 불안해하는
등 전혀 사회에 적응하지 못했다고 합니다. 그녀를 또 붙잡아
집에 돌려보냈다는 뉴스를 접하지 못했으니, 어디서 무얼 하
고 있을지가 궁금하군요.

건전한 사회, 바람직한 사회를 위해 우리도 다시 한 번 주

변 상황에 좀 더 깊은 관심을 보여야 되지 않겠습니까? '나
홀로'라니, 그대 홀로 무얼 하겠다는 것인지요? 길거리에 떨
어진 휴지라도 주우면 좋으련만….

2010년 5월

명화(名畵)란…

    암스테르담에 있는 고흐(Vincent Van Gogh)미술관을 방문한 것은 1981년 3월 초였다. 당시 나는 네덜란드 정부가 초청한 연수생으로 RNTC(Radio Netherlands Training Center)에서 방송제작에 관한 공부를 하고 있었다. 네덜란드는 렘브란트, 몬드리안, 베르베르 등 세계적으로 유명한 화가를 많이 배출한 나라이다. 해서, 이곳에 있는 동안 언젠가는 그들의 작품을 살펴보리라는 생각을 늘 마음속에 지니고 있었다. 어디에서 누구의 작품부터 관람할까를 궁리하다가 첫 번째로 고른 것이 바로 고흐미술관이었다.

    머물고 있던 힐버숨에서 암스테르담 까지는 기차로 30분이 걸린다. 미술관까지 가려면 기차를 다시 버스로 바꿔 타야 하지만, 운치가 있을 듯싶어 전차를 택했다.

1973년에 개관했다는 이 4층짜리 미술관은 입구의 가로 직선과 건물의 원형 벽, 또는 직사각형의 유리창 등으로 한껏 조형미를 갖추고 있었다. 200점 가량의 유화, 500점에 이르는 데생, 700통에 걸친 편지들이 전시돼 있다고 안내인이 귀띔한다.

고흐하면 먼저 불안정한 성격에 비극적인 삶을 살았던 화가를 떠올리게 된다. 여러 차례 사랑에 실패하고 가난에 시달리며 신경증과 간질병을 앓았던 그였다. 면도칼로 자신의 귓불을 잘라내고 서른일곱 한창 나이에 권총 자살로 생을 마감했던 점만 봐도 그가 얼마나 굴곡진 인생을 살아왔는지를 짐작케 한다. 그러나 괴팍스러운 성격을 지녔음에도 고흐는 누구 못지않게 자연을 사랑했고, 가난한 사람들에게 깊은 관심을 보인 화가였다. 짧았던 삶을 살면서 그는 10년 동안에 900여점의 그림을 그려내고 1100점에 이르는 습작을 남겨 놓았다. 다만 살아생전엔 제대로 평가를 받지 못해 오직 한 점의 그림만이 팔렸을 뿐이었다. 서양미술사상 가장 위대한 화가의 하나로 평가받는 지금에 비교하면 너무도 아이러닉하지 않은가. 그런 탓으로도 그의 비운과 요절이 너무나도 아쉽고 안타깝게 느껴진다.

그러나 이날 찾아간 미술관은 고흐에 대한 내 기대를 흡족히 채워주지는 못했다. 그가 남기고 간 많은 명작들을 볼 수 없었기 때문이다. 일테면 '삼나무가 있는 밀밭'이나 '삼나무와 별이 있는 길', '코르일의 초가집', 또는 '생트마리의 어선' 등 그림책을 통해 익히 알고 있던 그의 작품들은 런던 국립미술관이나 뉴욕의 메트로폴리탄 미술관, 아니면 유럽 다른 나라의 미술관 등이 소장하고 있어서이다.

고흐의 그림에는 선회하는 별과 태양, 살아 숨 쉬듯 꿈틀거리는 삼나무, 그리고 열기로 이지러진 샛노란 밀밭이 자주 등장한다. 화폭에 넘쳐나는 노란색과 빨강색의 강렬함, 기이한 아라베스크(arabesque)의 무늬 등은 묘한 생동감과 열정을 불러일으킨다. 한 마디로 자신만의 독특한 화풍을 자유자재로 구사하고 있다는 느낌이다.

이날 내가 본 그림은 '자화상'을 비롯해서 '감자먹는 사람들', 그리고 '까마귀 나는 밀밭' 등이었다. 각 나라 각 지역에 흩어져 있는 명작을 일시에 감상하지 못한 아쉬움은 있었지만, 화가로서 고흐가 지닌 솜씨를 가늠해보기에는 충분했다.

누추한 오두막집에서 허름한 옷차림의 농부 다섯 식구가 감자를 먹는 모습은 분명 목가적인 느낌과는 거리가 있었다. 꾀죄죄한 얼굴과 웃음기 없는 표정들이어서 더욱 그랬는지 모른다. 그러나 근면하고 소박하며 거짓 없는 소시민의 삶을 화폭 전체에 잘 표현한 명작으로 보였다. 거친 손과 그 손이 거두어들인 감자, 그리고 투박한 모습의 농부들. 어두운 불빛 아래 감자를 먹는 사람들은 비록 피로해 보이기는 했지만 강인한 생명력을 느끼게 했다. 고흐가 그리고자 했던 것도 이런 게 아니었는지.

'까마귀 나는 밀밭'은 고흐가 자살하기 몇 주 전에 그린 작품으로 알려져 있다. 노랗게 익은 밀밭 위를 까마귀 떼가 무리지어 날고 있다. 나는 방향이 저 쪽인지 이 쪽인지는 불확실하다. 그러나 중요한 것은 평화롭게 보이는 이 밀밭 위로 죽음을 상징하는 까마귀가 수십 마리나 날고 있다는 점이다. 당시 고흐는 죽기를 각오하거나, 적어도 죽음을 예감한 것은 아니었을까.

관람을 마치고 밖으로 나오니 아직도 해는 중천에 떠 있었다. 그리고 그날따라 날씨는 쾌청해 보였다. 이역만리에서 온 나그네의 언짢은 기분이야 내가 알 바 없다는 듯이….

고흐미술관을 방문한 그 다음 주에는 네덜란드 국립미술관을 찾아 갔다. 암스테르담에 있는 국립미술관에는 15세기부터 19세기까지 네덜란드 화가들의 작품이 소장되어 있는데, 그 가운데서도 렘브란트의 '야경(夜警)'은 특히 유명하다.

실제로 본 야경은 가로 3미터 63센티, 세로 4미터 37센티라는 초대형 크기였다. 우선 큼지막한 화폭이 보는 이를 압도했다. 전시실에는 야경 이외에 다른 그림은 없었다. 전면에 굵은 금줄을 쳐놓은 것은 관람객으로부터 그림을 보호하기 위해서였을 것이다.

이 그림은 스페인으로부터 독립한 네덜란드 시민들이 땅과 재산을 지키기 위해 자경단(自警團)을 조직해 활동하는 모습을 묘사한 것이라 한다. 다른 방은 관람객이 별로 없는데도 이 특별 전시실에는 사람들로 꽉 차 있었다.

렘브란트는 '빛의 화가'로 널리 알려져 있다. 야경도 마찬가지였다. 명암의 적절한 대비가 절묘했다. 화면에는 20명에 가까운 인물이 그려져 있었다. 그러나 자세히 살펴보니 이들의 시선은 모두 제각각이다. 하기야 도둑을 지키는 사람들의 눈길이 같아서야 되겠는가. 주제를 살리기 위해 작가가 얼마나 고심했는지를 알만했다.

한 시간 남짓 국립미술관 관람을 마치고 밖으로 나오려는데 유명 화가들의 작품을 복사하여 파는 곳이 눈에 띄었다. 많은 사람들 속에 뒤섞여 나도 렘브란트의 야경을 한 장 샀다. 가로, 세로가 각각 65, 55cm의 축소판이었다. 그 해 6월 귀국한 나는 이것을 서울 인사동의 서양화 전문점에 표구를 부탁했다. 지금 우리 집 대청 왼 쪽에 걸려있는 것이 바로 그것이다.

물론 복사한 그림이어서 실물과는 전혀 다르다. 진짜와 가짜의 가치로만 따진다면, 어린 아이가 제멋대로 그린 그림이 위대한 화가의 사진 복사물보다 오히려 나을 수도 있을 것이다.

그런데 나는 왜 복사된 렘브란트의 야경을 표구해서 마루에 걸었을까. 우선은 사진일망정 그의 뛰어난 작품의 분위기를 가까이에서 느낄 수 있겠기 때문이다. 또 그 사진에는 네덜란드에서 방송유학생활을 하던 때의 갖가지 추억이 덩달아 배어 있음이다. 내가 좋아한 작품, 내 추억이 담겨진 사진인데 그것이 실물이 아니라 해서 무슨 상관이란 말인가.

반대로, 제 아무리 훌륭한 작가가 그린 진품이라도 내 마음에 내키지 않는다면 나는 당연히 벽에 걸기를 거부할 것이다. 어디 나쁜 만이겠는가. 싫어하는 그림을 벽에다 붙여 놓을 바보는 이 세상에 없을 것이다.

이 달 중순에는 전·현직 국세청장 간에 서양화 한 점의 로비의혹을 놓고 말들이 많았다. 전 국세청장 부인은 현 국세청장 부부가 인사 청탁하며 준 것을 받았다는데, 뇌물수수 혐의로 구속 중인 남편(전 국세청장)과 현 국세청장은 받거나 준 일이 없다는 엇갈린 주장이었다. 진위야 어찌 됐든 국세를 책임지고 있는 사람들이 이런 불미한 얘기의 대상으로 떠올랐다는 게 불쾌하고 한심스럽게 느껴진다.

신문에 소개된 문제의 그림을 보니 최 모라는 화백이 그린 '학동마을'이었다. 아크릴물감으로 그린 이 추상화는 미술시장에서 거래될 경우 2000만~3000만원에 이를 것이란다.

솔직히 말해 나는 '그림'에 문외한이다. 특히 추상화에는 더욱 먹통이다. 내가 본 '학동마을'도 그랬다. 아무런 즐거움이나 감동을 받지 못했다. 이 그림이 저 유명한 피카소에 의해 그려졌다고 해도 비슷한 느낌이었을 것이다. 이런 그림을 선물로 받았다 해도 나는 벽에 걸기는커녕 서둘러 되돌려 주었을 것 같다. 명화의 가치를 모르는 업숭이인 탓이겠지만, 누가 뭐래도 그림이란 제 마음에 맞는 것이 좋은 그림이라는 생각이 들어서이다.

전·현직 국세청장들이 모두 서양화에 탁월한 안목을 지닌 마니아도 아닐 텐데, 그림 한 점을 두고 뇌물이니 선물이니

하며 세상을 떠들썩하게 만드는 현실이 마냥 언짢고 떨떠름하다.

　나 또한 괜한 얘기를 꺼낸 듯싶어 후회된다. 마루에 나가 '도둑놈들 지키는' 렘브란트의 '야경(夜警)'이나 봐야 겠다.

2009년 1월

손님을 끌려면

　길거리를 걷다 보면 자주 광고전단지를 받게 된다. 지하철 출입구나 버스 정거장 또는 백화점 앞이라든가 시장 언저리 같이 사람들의 내왕이 빈번한 곳이면 으레 몇 가지 전단지를 접하게 되는 것이다. 내용도 여러 가지여서 상품선전은 물론이려니와 음식점이나 여행지 안내, 또는 새로 개업한 가게나 금전 대출 등을 소개하는 등 다종다양하다. 이런 전단지를 받아든 사람들이 내용을 꼼꼼히 살펴본다면 오죽 좋으랴만, 대개는 한 줄도 읽지 않은 채 쓰레기통부터 찾는다. 그리고는 구겨서, 아니면 있는 그대로 던져버린다. 아예 전단지 자체를 받지 않으려고 몸을 피하는 경우도 많다. 애써 전단지를 만들어 배포하는 사람의 입장에서는 광고효과도 없을 뿐만 아니라, 들어간 비용도 적지 않아 울화가 치밀 것이다.

이런 현상을 보고 누군가 이런 얘기를 했던 게 기억난다. "전단지 배포에 문제가 있다. 깨끗이 인쇄된 것을 그대로 주면 안 된다. 보이지 않게 접어주거나 살짝 구겨 주거라. 그러면 받아든 사람은 내용이 궁금해서라도 펴볼 게 아니겠나?"

너무 터무니없는 아이디어여서 듣고 있던 사람들은 웃어버리고 말았다. 허나 웃어버릴 일 만은 아닌 것 같다. 일반적으로 마케팅이란 기업이 제품, 가격, 촉진, 유통을 통해 고객과 관계를 맺는 방식을 말한다. 마케팅에 성공하려면 세밀한 전술을 필요로 한다. 이 가운데서도 상품을 광고하고 홍보하는 일은 마케팅 성공 여부에 대단히 큰 몫을 차지한다. 전단지 배포 방식의 문제점을 제기한 사람은 바로 이 점을 지적해서 말한 듯하다. 말하자면 고객들의 호기심과 관심을 끌 수 있도록 차별화를 시도하라는 충고이다.

어제였다. 나는 몇 권의 책을 사느라 지하철 6호선 '동묘(東墓) 앞'을 다녀왔다. 이곳 언저리에는 매일 벼룩시장이 서고 있는데 헌 책방도 서너 군데 문을 연다. 청계 6가의 고서점들보다는 규모가 못하지만 지하철에서 가깝고, 때로 쓸모 있는 책도 구할 수 있는데다 가격이 비교적 저렴해서 가끔 찾는 편이다. 그 중 한 곳은 가게도 없이 노천에서 책을 판다. 그나마 매일 파는 것도 아니고 토요일과 일요일, 그리고 공휴일에만 장을 벌인다.

가게가 없으므로 책꽂이가 있을 리 없다. 쌓인 책을 트럭 짐칸에 쏟아 붓고 어수선하게 장사한다. 워낙 이 지역은 넓지 않은 공간에 다닥다닥 작은 가게들이 밀집해 있는 곳이어서, 주인은 트럭이 서 있는 앞쪽 공간도 내버려 두지 않고 최대한 활용한다. 일테면 책이 넓거나 두꺼운 것들, 미술도감이라든가 시리즈 전집류들, 희귀본들은 여기에다 따로 전시하고 있는 것이다.

오전 10시 경 트럭 짐칸의 휘장이 벗겨지면 10여 명 고객들이 우루루 달려든다. 그리고 트럭 좌우와 뒤쪽에서 책들을 헤집는다. 무질서하게 책을 고르면서 이쪽저쪽으로 던지다보니 가끔은 상대방 콧잔등을 때리기도 한다. 또 먼저 잡은 것이 임자인지라 혹 가다가는 책 한 권을 두고 가벼운 시비가 일기도 하는 것이다. 이런 현상은 한두 주일도 아니고 매번 계속된다.

그러니 책의 상태도 금방 엉망으로 변해 갈밖에…. 하기야 원래부터 고물상에서 마구잡이로 수집해 놓은 책들이니 좋을 리는 없다. 오래 묵어서 종이가 누렇게 뜬 것, 겉장이나 속 알맹이가 떨어져 나간 것, 물인지 오줌인지 얼룩이 진 것 등 엉망인 것들도 뒤섞여 있다. 특히 상, 중, 하라든가 1, 2, 3 등 시리즈로 된 것들은 군데군데 책의 순번이 빠지기도 해서 골라 맞추기가 여간 어려운 게 아니다. 이렇게 어렵사리 고른 책값은 보통 1000원. 10권을 고르면 주인이 서비스로 1권을 더 고르게 한다. 가격은 헐하지만, 책을 고르느라 수고하고 낭비한 시간은 책값의 열 배도 넘는다는 생각이다.

해서, 주인에게 "책을 좀 정리해주면 좋겠다"는 제의를 두어 번 했었다. "종류별로가 아니라도 괜찮다. 제목을 알 수 있도록 가지런하게만 추려주면 사는 사람에게 도움이 되지 않겠느냐? 게다가 책도 많이 팔릴 테고…." 그러나 청맹관이도 아니련만 주인은 일언반구 대꾸도 하지 않는 것이었다. 공연한 시비를 자초할 필요가 뭐 있겠느냐는 생각에 나도 그 뒤로는 더 이상 말하지 않았다.

그런데 오늘 60대 초반의 어떤 고객이 같은 내용의 얘기를 주인에게 한 것이다. 책을 고르면서 꽤 고생깨나 했는지, 그의 말에는 약간의 노기까지 서려 있었다.

한참 듣고 있던 주인이 마지못해 대답한다.

"어르신 말씀대로도 해 봤죠. 그런데 주욱 둘러보고는 그냥 가더라고요. 근데 이렇게 멋대로 쌓아두면 좀 다르냐고요? 다르죠. 대체 뭐가 있는지 궁금해서 계속 뒤져보는 거예요. 그러다가 웬만한 게 눈에 띄면 사가는 것 같더라고요."

주인의 말을 듣고 보니 조금 이해가 되었다. 아니, 많이 이해할 수 있었다. 전단지를 있는 그대로 주지 말고 접어주라는 얘기와 아이디어가 같지 않은가? 평범한 것에 변화를 줌으로써 구매자의 호기심을 자극하고 이를 판매에 연결시킨다는 것이 결국 광고의 목적이라면, 트럭에 아무렇게나 책을 부려놓고 파는 주인의 말은 더 타당성을 갖는다.

잭 트라우트와 스티브 리브킨의 공저인 ≪튀지 말고 차별화하라·원제: Differntiate or Die≫에는 이런 말이 있다.

여러 개 중에서 하나를 선택하는 것은 직접적으로나 상징적으로 차별성에 근거를 두고 일어난다. 다른 것들과 뚜렷한 차이를 보이는 물건일수록 고객의 기억 속에는 오래 남게 마련이다. 그 차별화가 동시에 재미도 줄 수 있다면 더 좋을 것이다.

다른 경쟁자와 전혀 다른 방법을 쓰고 있다는 점에서, 트럭 주인의 책 판매방식은 위의 인용문이 추구하는 내용과 일치한다. 위 책의 저자는 '재미'를 강조하고 있는데, 트럭 짐칸에 마구잡이로 흐트러뜨린 책을 고르는 것도 재미라면 재미일 수도 있다.

'돈 버는 차별화'. 과연 뭐가 다른지를 살펴봄도 괜찮지 않을는지?

2010년 1월

가짜 구레나룻 수염

　　성인 남자의 수염은 크게 나누어 3가지가 있다. 코밑에 나는 코밑수염(moustache), 턱밑에 나는 턱수염(beard) 그리고 뺨에서부터 턱까지 무성하게 난 털, 구레나룻(whiskers)이 그것이다.

　　수염을 비롯해서 우리 몸에 난 털을 모발이라 부른다. 모발은 생김에 따라 곧은 머리, 물결머리, 곱슬머리가 있고, 빛깔로는 검정, 갈색, 금색, 흰색 등 다양하다. 모발의 숫자는 대략 500만 본으로 하루에 0.2~0.5mm씩 자란다. 물론 나이, 성별, 또는 밤과 낮에 따른 차이는 있다. 예컨대 수염은 낮에 60%, 밤에 40%의 비율로 자라고, 아침 8시부터 10시 사이에 가장 빨리 자라는 것으로 알려져 있다. 굵기는 0.12~0.50mm. 이 역시 나이에 따라 제각각 다르다.

　　모발은 하루 평균 50~100개가 빠져나지만 얼마 지나면 새

털이 돋아나기도 한다. 수염은 우리 몸의 여러 모발 중 잘 빠지지 않는 것이 특징이다. 또 머리카락 다음으로 길게 자라나서 그 길이가 30~50cm에 이르기도 한다. 수염은 성인 남성의 2차적 성징(性徵)이다. 특수한 예를 제외하고 여성에게 수염이 나는 경우는 없기 때문이다.

왜 갑자기 털과 수염타령인가. 이유가 있다.

두어 달 전의 일로 기억된다. 한 달에 한 번 꼴로 만나던 친구가 아주 특이한 용모로 대학 동기모임에 나타난 것이다. 전에 없이 구레나룻을 기른 모습이었다. 양쪽 뺨은 말할 것 없이 코밑과 턱에 이르기까지 그의 얼굴은 온통 털투성이었다. 중소기업을 손수 운영하고 있는 그 친구는 대인 관계가 비교적 활발했고, 옷매무새와 용모도 늘 단정했었다. 그런데 구레나룻이라니? 파격치고는 좀 지나치다는 느낌이었다. 그런 느낌은 단지 나만이 아니었던가 보다.

"아니, 이 사람, 스타일을 바꿨네?"

"몰라 볼 뻔 했네. 딴 사람으로 변했구먼."

"멋있는데. 아주 훌륭해."

"영락없이 헤밍웨이를 닮았군. 아니, 007의 숀 코네리야."

이렇듯 호기심을 갖고 부럽다는 듯 얘기하는 친구들이 있는가 하면 "원숭이가 보면 사촌 형님이라 하겠어."라며 짓궂은 말로 좌중을 웃긴 친구도 있었다. 어쨌든 그날 모였던 사람들은 갑자기 변한 친구 모습에 모두 뜨거운 관심을 보인 건 사실이었다.

그런 일이 있고 얼마 뒤였다. 이번엔 다른 모임에서 구레나 룻 모습의 다른 대학 친구를 만나게 된 것이다. 센 머리칼이 별로 없는 그의 구레나룻은 검정 빛깔이었다. 구소련의 반체 제 작가 솔제니친의 수염을 연상케 하는 구레나룻이었다. 친 구는 얼마 전 목 디스크수술을 받은 적이 있었다. 불편한 몸 으로 제 때 면도하지 못해 수염이 얼굴에 가득했는데, 이참에 아예 수염을 기르기로 마음을 먹었다는 것이다. 학교를 졸업 한 뒤 줄곧 공직자로 근무했던 사람이라, 옛날같이 현직에 있 었다면 구레나룻은 언감생심 생각이나 했겠나. 그랬을 그 친 구가 모임에, 그것도 부부참석 모임에 나타난 것이다.

예로부터 왕과 귀족들은 대개 수염을 길렀다. 물론 일반 백 성이라고 수염을 못 기른 것은 아니지만, 사회적 신분이 높은 사람들에게 있어 수염이란 품위와 권력의 상징이었다. 하지 만 1920년대 이후 서양문물이 들어오고 대중매체가 활성화되 면서 수염은 '깔끔하지 못하다'거나, '게으른 자의 표상'같은 것으로 인식이 바뀌었다. 미(美)에 대한 관점과 기준이 달라 진 것이다.

요즘 TV를 보면 내로라하는 연예인들이 구레나룻을 기른 채 각종 프로그램에 등장하고 있음을 본다. 연예인만이 아니 다. 멀쩡한 회사원까지도 수염을 기르고 있는 사람이 적지 않 다. 그러고 보면 지금 수염은 유행의 물결을 탔다고 봐야 할 는지. 하기야 1991년부터 해를 걸러 실시하는 세계수염선발 대회도 회를 거듭할수록 인기가 높아지고 있다니, 유행을 탔다 해도 이상할 건 없겠다.

이 글을 쓰면서 나는 문득 손으로 내 얼굴을 만져 봤다. 그러나 손끝에는 무성한 구레나룻 대신 코밑과 턱밑의 드문드문한 터럭만 감촉된다. 그러니 내 경우에는 애써 수염을 길러 봤자 남성다운 매력은 고사하고, 그 볼썽사나운 모습이 옛날 북방의 오랑캐 같이 보일 게 틀림없을 것 같다. 뭐, 그렇다고 실망은 하지 않는다. 유행을 만들고 그 유행을 따라가는 사람들에 의해 세상은 굴러갈지 모르지만, 우리가 살아가는 인생은 유행이 아닐 것이므로. 또 구레나룻의 멋스러움은 없다 해도 본질을 중요하게 여기는 것이 바른 삶의 진정한 자세가 될 터이므로….

듣건대, 어떤 젊은이는 가짜 구레나룻을 만들어 얼굴에 붙이고 다니기도 한다고 한다. 참으로 딱한 일이다. 이런 이들에게는 박원자의 시 '별이 된 얼굴' 한 대목을 들려주고 싶어진다.

지금은 이별할 시간 가슴에 그림 한 장 그린다
지금은 이별할 시간 가슴에 그림 한 장 그린다
보고플 때마다 보고플 때마다
커다란 붓 하나 들어 그리움 그리움 덧칠하고
하늘 향해 하늘 향해 별이 된 얼굴 그리리라
별이 된 얼굴 그리리라

가짜 구레나룻이나 달고 다닌다면 훗날 어느 누가 그대의

모습을 알아볼 것이며, 하늘 향해 그리운 그대 얼굴 그리고
싶어도 어찌 화폭에 옮길 수 있겠는가? 가짜 구레나룻을 달
고 있으니….

2010년 5월

제5부

첫 방송 터

다시 찾은 용문사는 어수선하더라

이상기온 탓인지, 이번 봄은 아주 변덕이 죽 끓듯 했지요. 기온도 낮았고 비도 많이 내렸습니다. 100년 만의 처음이라 하던가요? 꽃철에 난데없는 눈까지 내려 날씨가 칠락팔락을 거듭했습니다. 그런데 그날만은 참 날씨가 좋았습니다. 햇볕은 따뜻했고 바람도 잔잔했습니다. 날을 잘 잡았다는 생각이었지요. 경기도 양평의 용문사를 찾아간 날 말입니다.

먼발치에서 바라본 용문산은 처음 방문했던 20년 전의 옛 모습 그대로여서 산세는 여전히 수려했습니다. 용문사 앞의 키 큰 목련나무도 순백의 청초한 꽃을 함초롬히 달고 있었지요. 군데군데 피어 있는 빨강 보라 흰색의 철쭉은 제 철을 만나 여간 아름답지 않더군요. 화사한 꽃들을 보니 덩달아 마음도 밝아지는 것이었습니다. 무엇보다도 그 옛날 즐비하게 늘어서 있던 뱀탕집들이 자취를 감추어 너무 좋았습니다. 어쨌든 다시 찾은 경기도 가평의 용문사는 여러 가지로 마음을 편안하게 해 주었지요. 적어도 첫눈에는 말입니다.

그런데 행복했던 마음이 실망으로 바뀌는 데는 오랜 시간이 걸리지 않았습니다. 아니, '실망' 정도가 아니었습니다. 울화가 치밀고 불쾌하기 까지 했습니다. 왜 그랬느냐고요? 주차장을 널찍하게 만든 것 까지는 좋았습니다. 유서 깊고 이름난 사찰을 방문하는 사람들을 위한 배려일 테니까요. 하지만, 난데없는 어린이 공원은 무엇이고, 여남은 군데 놓인 시비(詩碑)는 어쩐 일이며, 덩치 큰 농업박물관은 왜, 누구를 위해, 여기에 세워져 있는지 당혹스럽기만 했습니다. 물론 각각의 시설들은 저마다 뜻이 있고 필요해서 세워졌을 줄 압니다. 문제는 각 시설들과 용문사와의 조화가 아닌가 싶습니다.

특히 심신을 정화하고 부처님의 말씀에 귀 기울여야 할 도량 바로 턱밑에 속세에서나 볼 수 있는 것들이 뒤죽박죽으로 세워져 있다니 딱하기만 했습니다. 다른 건 몰라도 용두산을 기린 시비는 괜찮지 않느냐고 말씀하고 싶으신 겁니까? 한두 개라면 모르겠습니다. 주체 못할 정도의 육중한 비석을 갈고 다듬어, 그것도 까만 오석(烏石)만으로 10여 군데 세워 둔 시비는 감동보다는 번거롭고 군더더기 같다는 인상입니다.

'국민관광단지'라면 그 정도의 다양성과 변화는 있어야 되겠다고요? 아닙니다. 이곳은 절입니다. 말이나 소음보다는 침묵과 정숙을 더 필요로 하는 장소입니다. 다양성을 중요시해서 바로 옆에 모텔 하나까지 허가해 주신 것은 아니겠지요? 처음 나는 그 모텔 간판을 보고 기절할 뻔 했습니다. 천년 고찰 면전에 모텔이 있다니, 수령 1000년이 넘은 동양 최대의 거목 은행나무를 보유하고 있는 용문사 앞에 모텔이라니, 내 눈을 의심하지 않을 수 없었습니다.

나는 용문산이 1971년 국민관광지로 지정됐다는 점, 1983년부터 공사가 시작되고 관리돼어 오늘에 이른 점을 조금은 알고 있습니다. 그러나 관광지가 용문사 일주문 앞에 이루어지고, 놀이시설이 들어서며 모텔까지 생긴 줄은 꿈에도 몰랐지요. 용문산을 대표하는 것은 분명 용문사일 겁니다. 용문사에 이웃하여 국민관광단지를 조성한다면 시너지효과도 얻을 수도 있을 테지요. 그러나 최소한의 에티켓이나 격(格)은 갖춰야 하지 않겠습니까.

이 외진 구석에 바이킹 배가 떠돌고 패밀리코스타가 달려야 하는지, 내용도 알기 어려운 시비가 유령인양 서 있어야 하는지, 용두산 자락을 덮어 누를 듯 위풍당당한 농업박물관이 '친환경'이란 이름으로 버티고 있어야 하는 것인지 궁금합니다.

게다가 모텔이라뇨? 내가 느끼는 부끄러움이 이렇게 클진대 도(道) 닦기에 정진하는 스님들이야 오죽하겠습니까. 아니, 그보다는 용문사를 세운 것으로 알려진 신라의 대경대사나 경순왕은 스스로 천년 고찰을 부숴버리고 싶은 심정일 겁니다.

  ‘용문산 용문사(龍門山 龍門寺)’ 일주문을 지나 등산로로 접어들었습니다. ‘이상한 관광단지’를 본 끝이라 기분은 무거웠지만, 그 유명한 은행나무를 안 보고 갈 수는 없겠기 때문입니다. 20년 전에도 그랬던가는 기억나지 않습니다. 등산로는 아스팔트길이더군요. 흙길이었다면 더 좋았을 텐데…. 오른쪽 물길을 따라 졸졸졸 흐르는 물줄기가 시원하게 느껴졌습니다. 길 좌우에는 이리저리 기우뚱한 자세로 아름드리나무가 숲을 이루고 있었습니다. 소나무가 제일 많았지만, 줄참나무, 물푸레나무, 까치박달, 당단풍, 쪽동백나무, 물개암나무도 눈에 띄어 나무들의 품평회장 같았습니다. 앞으로 날씨가 더워지고 녹음이 드리워지면 이 길이 더욱 시원해질 테지요.

  등산로를 오르면서 한 가지 이상한 게 느껴졌습니다. 가도 가도 은행나무가 나타나지 않는 겁니다. 용문사 방문이 3번째이지만, 전에는 일주문에서 그리 멀지 않은 곳에 있었다고 기억되는데 말입니다. 일주문이나 은행나무의 위치는 옛날이나 똑같을 텐데 웬 일일까요? 잠시 뒤에야 그 까닭을 알게 되었습니다. 첫 번이나 두 번째 방문할 때는 나이가 고작 30대나 40대 후반이었지만, 지금은 70 고령이 되었기 때문입니다. 고령이니 걷는데 힘이 부칠 테고, 힘이 부치니 같은 거리라도 멀리 느껴질 것은 당연하지 않겠습니까. 그리고 이런 생각이 드는 것이었습니다. “내 평생에 용문사를 몇 번이나 다시 찾을 수 있을까?” 새삼스레 이 산행길이 중요하고 의미 있게 여겨졌던 겁니다. 무슨 깨달음이라도 터득한 양.

도착하려면 아직 멀지 싶었는데 은행나무는 벌써 이만큼에서 씩씩한 윗가지의 모습을 삐죽 드러내 보이는 것이었습니다. 가까이 다가설수록 천연기념물 제30호인 은행나무의 웅장한 자태는 표현키 어려운 위엄으로 사위(四圍)를 압도했습니다. 과연 천왕목(天王木), 영목(靈木), 신목(神木)이라는 별명을 들을 만 하다고 느꼈습니다. 수령이 1,100여 년인 이 은행나무는 높이 60m에 가슴둘레가 12m로 동양 최대입니다.

가을철에는 10~15가마의 은행을 수확한답니다. 신라의 고승 의상대사(義湘大師)가 짚고 다니던 지팡이를 꽂아 놓은 것이 뿌리를 내려 이처럼 거목이 됐다는 얘기라든가, 신라 경순왕의 세자인 마의태자(麻衣太子)가 망국의 서러움을 안고 금강산으로 가던 중 심었다는 고사는 여러분도 잘 아시리라 생각됩니다. 옛날 어떤 사람이 이 은행나무를 자르려다가 톱 자리에서 피가 났다는 얘기도 있는가 하면, 8·15해방과 6·25전란 때는 이상한 소리를 냈다는 전설이 있기도 하지요. 그럼 용문사 앞에 모텔이 들어설 때는 무슨 소리를 냈었느냐고 묻고 싶습니다.

긴긴 추위를 견뎌낸 천연기념물 제30호는 바야흐로 연두색 새 싹을 돋아내는 중이었습니다. 한 여름에는 녹음이 대단하겠지요. 주렁주렁 은행 열매를 달고 있을 단풍철에는 그 아름다움이 더할 것입니다.

용문사 경내는 의외로 조용했습니다. 많은 사람들이 뒤쪽의 싸리재, 도일봉이나 마당바위, 장군봉 등으로 흩어져 나간 탓이겠지요.

용문사는 913년(신라 신덕왕 2년)에 창건되었다는 설과, 신라 경순왕 때 세웠다는 설이 있습니다. 1907년 일본군에 의해 불 타 없어진 것을 1909년부터 중건과 중수를 거듭해 오늘에 이르고 있습니다. 대웅전과 삼성각, 지장전, 관음전 그리고 보물 제531호인 정지국사(正智國師) 부도(浮屠)를 둘러봤습니다. 아기자기한 사찰 건물들은 특히 아름다운 단청이 매력적이었습니다.

다시 일주문을 나서 한 음식점에서 해물파전을 안주로 막걸리 한 잔을 기울였습니다. '관광단지' 내의 떠들썩하거나 어수선한 분위기 또는 모텔 같은 시설물을 보면서 느낀 어이없음이 탁주 한두 잔으로 가셔지지는 않겠지요. 문득 법정(法頂) 스님의 말씀이 생각났습니다.

"절이란 안으로 수행하고 밖으로 교화하는 청정한 도량이다. 진정한 수행과 교화는 호사스러움과 흥청거림에서는 결코 이루어질 수 없다."

20여 년 만에 다시 찾은 용문사. 여전히 맑고 향기로운 도량일줄 알았는데…. 조금은, 아니 많이 아쉬웠습니다.

2010년 4월

첫 방송 터

잘못이었다.

방송을 한 평생의 일감으로 여겨왔고, 오래 전에 현직을 떠난 지금까지도 스스로를 '방송인'으로 자처하던 나였다. 그런데 이제야 이곳을 찾았다는 것은 아무래도 그릇된 일로 여겨졌다. 특히, 나는 이 땅에서 처음 발사한 방송전파와 그 방송국을 내용으로 학위논문까지 쓴 입장이지 않은가. 뒤늦은 방문을 더욱 부끄럽게 느껴야 한다고 생각했다.

1927년 2월 16일. 한국에서 처음 방송을 실시했던 'JODK, 경성방송국', 지금은 흔적조차 찾을 스 없는 그 방송국의 유허비(遺墟碑)에 관한 얘기이다.

'첫 방송 터' 유허비를 찾는 것은 그리 어렵지 않았다. 덕수궁의 대한문 옆길을 따라 올라가다 보면 왼쪽에 서울미술관이 자리 잡고 있다. 그 언저리 갈림길에서 계속 돌담길을 따라 간다. 야트막한 언덕을 넘으면 구세군 본영이 나타나고 그 옆이 덕수초등학교. '첫 방송 터'는 운동장을 가로 질러 동쪽 돌계단 위에 있었다. 계단의 수는 열댓 개쯤 될까. 맨 꼭대기 위에 기단을 만들고 네모진 화강암을 사다리꼴로 쌓아 4~5m 크기의 비(碑)를 만들었다. 정상에는 동서남북 사면팔방을 상징하듯 십자형 금속물체가 평행으로 떠 있었다. 십자의 접점을 중심으로 동그라미를 세 번 둘러친 것은 아마도 전파를 형상화하기 위해서였으리라.

비의 앞면에는 '첫 방송 터'와 전파를 쏘아 올린 날짜인 '1927. 2. 16'이란 글자가, 뒷면에는 방우회(放友會)의 이름으로 비를 세우게 된 내력 그리고 '마음을 모은 분'이라면서 119명의 개인 이름과 2개 기관명이 소개된 동판이 붙어 있었다. 비의 뒷면은 어린아이가 지나다니기에도 어려울 만큼 담장에 바짝 붙어 있는데다, 긁힌 자국이 많아 돋보기를 쓰고서도 판독하기가 쉽지 않았다.

얼핏 보아서는 너무 단출해서 초라하게 느껴지는 유허비였다. 아무리 둘러봐도 방송국의 흔적은 찾아볼 수 없었다. 사진으로 봤던 날렵한 모습의 경성방송국 2층 건물도, 그 건물 좌우에 우뚝 서 있던 안테나도 종적 없이 사라지고 없었다. 도대체 이 유허비의 위치가 경성방송국의 어디쯤에 해당되는지도 가늠하기 어려웠다.

구석진 자리에 쓸쓸히 서 있으므로 대부분의 사람들은 그 존재를 더욱 알 수 없으리라는 생각이 들었다. 또 안다 한들 이 유허비에 얽힌 뒷얘기를 알 사람은 흔치 않을 듯싶었다. 어쨌든 일제는 이 자리에 경성방송국을 설립하여 '근세 과학의 일대 경이'로 평가된 방송전파를 날렸다. 그리고 그 전파는 우리 문화와 국민에게 많은 영향을 끼쳤고, 그 영향은 아직도 오늘을 사는 우리에게 소리 없이 이어지고 있는 것이다.

경성방송국이 세워진 당시의 지번은 '경성부 정동 1번지의 10'. 경복궁을 중심으로 한 한성부의 서부 언덕진 지역이었다. 누군가는 말한다. 일제가 정동(貞洞)에 방송국을 세운 것은 전파가 잘 퍼져나가도록 하기 위함이라고…. 틀린 말은 아닐지 모른다. 그러나 언덕 빼기라는 것이 서울 정동 한 곳에서만 있겠는가.

일제는 1926년 11월 30일 "반도 민중의 문화를 개발하고 복리를 증진시킨다."는 이름으로 사단법인 경성방송국에 방송 무선전화 시설에 관한 허가를 내준다. 마치나 한국인들의 무지를 깨우치고 문화를 계발하기 위한 것처럼 내세웠으나, 실제로는 식민통치를 수월하게 하며 대륙에 진출하기 위한 발판을 굳게 다지기 위한 목적에서였다.

안타까운 사실이 하나 있다. 일제가 그들의 자본으로 세워 그들의 목적에 맞도록 그들이 은영한 방송을 '한국방송의 뿌리'로 보는 그릇된 견해가 바로 그것이다. 그들은 "만일 경성방송이 우리 한국의 방송이 아니라면, 일제가 통치한 36년도 한국의 역사에서 제외시켜야 하지 않느냐"고 반문한다. 이렇게 터무니없는 오해와 억지가 어디 있는가. 1927년 2월 16일 경성방송국이 우리말로 이 땅에서 첫 방송을 했던 사실을 부정하겠다는 게 아니다. 물리적이며 기술적인 사실은 분명히 인정한다. 그러나 그것은 어디까지나 일본의 방송일 뿐, 한국의 방송은 아니라는 점이다. 아직도 고개를 갸우뚱하는 사람이 있을 것 같아 '왜 그런지'에 관한 몇 가지 설명을 덧붙인다.

첫째, 경성방송국의 기구와 조직에 대한 문제점이다. 초기 방송국의 운영을 담당한 이사는 전원이 일본이었고, 이사장은 총독부 체신국장의 승인을 받아야 했다. 50여 명의 실무직원 중에 한국인이라고는 기술직과 한국어 아나운서를 포함해 5명뿐이었다. 조직의 체계로 볼 때 직원 모두는 총독부의 지휘 감독과 통제를 받을 수밖에 없었고, 한국인을 위해 방송한다는 것은 애당초 불가능한 일이었다.

둘째, 경성방송국의 자본금 문제이다. 설립 당시의 자본금 75%는 일본방송협회로부터 빌린 돈으로 충당되었다. 한국인을 위해 한국인이 경영하는 방송이었다면 융자금은 한 푼도 기대할 수 없었을 것이다.

셋째, 호출부호에 관한 문제점이다. 경성방송국이 사용한 호출부호는 JODK였다. 전치부호(前置符號) 'JO'는 ITU(국제통신연맹)가 일본에게만 할당한 고유부호로, 일본이나 일본의 식민지 이외에서는 사용할 수 없었다. 또한 첨부부호(添附符號)인 'DK'를 통해서도 경성방송국이 한국이 아닌 일본의 방송임을 알 수 있다. DK는 도쿄방송국의 AK, 오사카방송국의 BK, 나고야방송국의 CK에 이어 일본이 4번째로 식민지 조선의 한성에서 개국한 방송국임을 뜻한다.

넷째, 방송편성과 방송 통제정책의 문제점이다. 개국 초 일본어와 한국어로 혼합 방송하던 경성방송국은 총독부의 강력한 방송통제로 방송편성의 방향을 일제 식민정책의 홍보와 선전에 두어야 했다. 다만, 연예 오락부문에서 국악, 민요, 창가 등이 편성된 것은 일제가 한국의 문화적 자주성을 인정하거나 보급하기 위해서가 아니라, 라디오 수신 등록에 대한 관심을 부추기고 한국인들의 저항이나 반발을 무마하기 위해서였다.

1937년 일본의 도발로 중일전쟁이 일어나면서 편성은 급격한 변화를 보이기 시작한다. 뉴스와 해설을 통해 전쟁의 당위성과 시국 인식에 대한 홍보 선전활동을 강화한 것이다. 총독부의 '창씨개명'과 '일본어사용 강요정책'에 따라 1938년 4월부터는 '일본어강좌'를 신설했는가 하면 '총후미담' 등 전시 관련 프로그램을 크게 강화했다.

특히 일제는 한국인의 문화를 계발한다는 명목으로 총독부가 주관하는 '심전개발(心田開發)', '농촌부흥', '부녀교육' 등 사상 개혁 프로그램을 편성함으로써 '황국신민화(皇國臣民化)운동'을 적극적으로 펴나갔다. 이 운동은 일제가 소위 '문화정치' 이래 추진해 온 '동조동근(同祖同根)', '일시동인(一視同人)', '내선일체(內鮮一體)' 등의 동화정책과 맥을 같이 하는 것으로 일제가 방송국을 개국한 이라 시종여일 지켜왔던 방송의 지표이자 정책이었다.

한편, 조선총독부는 경성방송국의 방송내용에 대해 엄격한 통제를 가하여, 식민지 정책에 어긋난다 싶으면 방송 중이라도 가차 없이 중단시켜 버렸다. 이러한 방송통제는 1931년 일제가 만주사변을 일으키는 등 대륙에 대한 도발을 노골적으로 드러내면서 더욱 두드러진다. 방송심의회와 방송편성회를 구성하여 방송프로그램을 이중삼중으로 감독하고 통제한 것도 이 무렵이었다.

이러한 방송을 한국의 방송이라니, 한국 최초의 방송이라고 대접해 주다니, 정작 주인인 일본사람들은 우리 한국인을 어떻게 생각하고 있을지가 궁금하다. 그들은 분명 경성방송국을 만주, 베이징, 다롄, 펑톈, 상하이, 타이베이, 하얼빈 등 일제가 점령하여 통치하고 있는 지역 내의 '외지방송' 정도로 보고 있는 입장인데….

"우리나라의 방송은 선진국에 비교해 결코 짧은 역사가 아니다"라는 투로 말함으로써 1920년 미국에서 처음 등장한 KDKA와 간접비교하는 사람도 있다. 역사의 진실을 모르고 하는 소리이다. 오래된 것이 반드시 자랑은 아니지 않은가.

"역사를 단절시킬 수는 없다. 일제의 방송사가 부끄럽다 하여 한국 방송역사로부터 제외시켜서는 안 된다"는 얘기도 오지랖 넓은 주장이다. 경성방송국이 존재했다는 사실을 부정하자는 게 아니다. 다만, 그것은 우리의 방송이 아닌, 일제가 설립한 하나의 네트워크에 불과하다는 점을 밝히고자

함이다.

일제 강점기의 방송인 JODK, 경성방송국을 어떻게 볼 것인가에 관한 문제는 결국 한국 방송사의 첫 단추를 올바르게 채우는 작업일 뿐만 아니라, 한국방송의 정체성을 명확히 밝혀내는 일일 것이다. 아울러 그것은 한국 방송문화의 질서를 바로잡는 일이며, 그동안 논의로 그쳐왔던 한국 방송의 기점(起點) 설정문제에 해답을 주는 길도 될 것이다.

진정한 객관성과 공정성은 찾기 어려운 문제임에 틀림없다. 그렇다고 역사의 진실을 무시해서야 되겠는가.

늦봄답지 않게 쌀쌀한 날씨도 오후가 되니 훨씬 풀린 듯싶다. 운동장에서 철없이 놀고 있는 어린이들, 그들은 유허비의 내력을 알지 못하리라. 하물며 '첫 방송 터'의 비명(碑銘)에 실린 "여기서 비롯된 우리 방송전파는…"의 '우리'라는 표현이 잘못된 것을 어찌 알겠는가.

2010년 4월

미라보 다리 아래 센 강은 흐르고

미라보 다리 아래 센 강은 흐르고
우리들의 사랑도 흐르네.
나는 기억하고 있지,
괴로움이 가면 기쁨이 온다는 걸.

밤이여 오라 종이여 울려라
세월은 흐르고 나는 머무네.
(중략)

많은 사람들이 애송하고 있는 기욤 아폴리네르(Guillaume Apollinaire)의 시 '미라보 다리(Le Pont Mirabeau)'의 한 대목이다. 아폴리네르는 그가 사랑했던 여인 마리 로랑생(Marie Laurencin)과 헤어지면서 이 시를 남겼다. 무심히 흘러가는 센 강, 그 강물에 투영되는 사랑의 슬픔, 시를 읽고 나면 어쩐지 서글퍼진다. 그런데 비애(悲哀) 속에서도 한 줄기 희망 같은 것이 얼핏 보이는 것은 무엇 때문일까? 시의 모티프는 분명 실연이지만, 절망과 고통으로만 자신을 묶지 않겠다는 뉘앙스를 우리는 시의 행간에서 발견한다. 이러한 묘미가 있기에 '미라보 다리'는 많은 사람들로부터 회자되고 있는 것 같다.

이 시가 아니라도 내가 본 센 강과 디라보 다리는 아름답고 낭만적이었다. 프랑스 파리의 중심을 동서로 흐르는 센 강에는 모두 30여개의 다리가 놓여 있다. 미라보는 그 중의 하나. 파리 15번 구획과 16번 구획을 이어주는 역할을 한다.

1981년 4월 초. 내가 찾은 미라보 다리는 현대식 고층건물들과 연두색 새 잎을 틔우고 있는 마로니에를 양 옆에 낀 채 한적히 누워 있었다. 1896년에 지어진 이 다리는 길이가 173m, 너비는 20m라 했다. 아치형 철제 다리는 4군데의 둥근 받침대 위에 아름다운 조각을 장식하여 우아함과 운치를 더해 주고 있었다.

센 강 위에 걸쳐진 다리는 그 수량만큼 모양새도 여러 가지이다. 그런데 일치하는 점이 한 가지 있다. 밀떡같이 아무렇게 빚어 만든 게 아닌, 그야말로 예술품으로 아름답게 건조되었다는 점이다. 특히 '퐁네프의 여인'이라는 영화로 유명해진 퐁네프다리가 그렇고, 아르누보(Art Nouveau)양식의 가로등과 높이 20m의 네모진 돌기둥 위에 그리스 여신과 페가수스

(Pegasus)상이 서있는 알렉상드르 3세 다리가 또한 그러했다. 그중에서도 미라보 다리가 우리의 주목을 끄는 것은 바로 많은 사람들의 심금을 울린 아폴리네르의 시가 존재하는 때문일 것이다.

상황은 다르지만, 우리의 감성을 자극하고 추억을 떠올리게 하는 다리는 많다. 그 가운데 하나가 영국 런던의 워털루 브리지(Waterloo Bridge)일 것이다.

1815년 영국의 웰링턴 장군은 워털루에서 프랑스의 나폴레옹 군을 대파시킨다. 이를 기념하기 위해 1817년에 건설된 다리가 '워털루 브리지'이다. 이 다리는 1945년 스코트라는 사람에 의해 철근 시멘트 구조로 다시 지어져 오늘에 이르고 있다. 5개의 아치로 이루어진데다 마감재를 흰색 돌로 써서 튼튼하고 안정된 느낌을 주지만, 특별히 멋스럽다거나 아기자기한 맛과는 거리가 있어 보였다. 다리 위에선 런던 시가지가 훤히 내려다보인다.

그렇다면 워털루 브리지는 왜 유명한가? 조형상의 아름다움도 별로이고, 주변의 경관 역시 뛰어나지 않은데 무엇이 우리를 끌리게 하는가? 바로, '애수(哀愁·원제: 워털루 브리지)'라는 영화의 주요 무대로 활용되었기 때문이다. 이 다리, 워털루 브리지가….

제1차 대전이 한창일 무렵 명문가 출신의 현역 대위인 로이 크로닌(로버트 테일러 분)과 무용수 마이라 레스터(비비안 리 분)는 공습경보의 사이렌이 울리는 가운데 워털루 브리지에서 만난다. 첫눈에 반한 둘은 결혼하기로 약속한다. 하지만 혼례식 바로 직전 로이는 전투에 참가하라는 명령을 받고 기약 없이 헤어진다.

한편 무용수직에서 쫓겨나 어려운 삶을 이어가던 마이라는 신문을 통해 로이의 전사 소식을 접한다. 배고픔과 병고, 그리고 사랑하는 이를 잃었다는 절망감 속에 그녀는 자포자기해 버린다. 그리고 '거리의 여자'로 전락한다.

귀대하는 군인들에게 성(性)을 팔기 위해 워털루 역을 서성이던 어느 날, 마이라는 죽은 것으로만 알고 있던 로이를 만난다. 이렇게 뒤틀린 운명이 있을까. 마이라의 과거를 모르고 로이는 결혼할 것을 요구한다. 그러나 마이라는 사랑을 지키지 못한 '양심의 가책'으로 혼자 번민한다. 결혼식을 올리기로 한 그날 새벽, 마이라는 안개가 자욱이 낀 워털루 브리지를 몽유병 환자같이 걷는다. 그리고 다침내 달리는 군용차량에 뛰어들어 삶을 마감한다.

영화 '애수'는 사랑과 이별, 그리고 비극적 종말이라는 멜로드라마로서의 극적인 요소가 탄탄히 갖추어진 전쟁 멜로 영화이다. 특히 빼어난 미모와 청초한 이미지를 지닌 비비안 리와 기품 있고 중후한 모습의 로버트 테일러의 연기로 많은 관객의 심금을 울렸다.

머빈 르로이(Mervyn Leroy)가 이 영화를 감독하여 세상에 내놓은 해는 1940년. 제2차 세계대전으로 가족과 연인을 싸움터에 보냈던 관객들로서는 이 비극적인 러브 스토리가 절절히 가슴에 와 닿았을 것이다. 한국도 마찬가지. '애수'가 처음 개봉된 것은 6·25동란 중의 부산과 대구였다. 동족상잔의 비극적인 전쟁 속에 죽음과 병고를 겪어야 했던 아수라 속에 아름답고도 가슴 아픈 영화를 본 관객들의 반응이 어땠을까는 충분히 짐작하고도 남는다. 게다가 이 영화의 주제음악인 올드 랭 사인(Auld Lang Syne)은 한 때 우리나라의 애국가 멜로디로 사용된 적이 있으므로 한국의 팬들에게는 감상이 남달랐을 것이다.

아폴리네르의 시와 '애수'는 공교롭게도 다리를 주제로 하여 씌어지고 제작되었다. 그랬다. '다리'가 작품의 요체였다. 다리란 무엇일까? 우리는 흔히 다리를 '자연적 장애를 극복하여 공간적으로 이동하는 구조물'로 알고 있다. 국어사전도 '강·개천·길·골짜기 또는 바다의 좁은 목 등에, 건너다닐 수 있도록 높게 가로질러 걸쳐 놓은 시설'이라고 설명한다. 그러나 이것은 단지 다리의 기능이나 역할을 소개하는 데는 충분할지 몰라도 특정한 다리가 지닌 문화 예술적 가치는 고려하지 않은 해석이 아닌가 한다. 다리에는 기능적 측면 이외에 다리만이 가질 수 있는 독특한 부분이 있다고 여겨짐은 나만의 확대해석일까?

한국에서 가장 긴 다리인 인천대교가 지난 10월 16일에 개통되었다. 전체 길이는 21.38km. 왕복 6차선으로 전 세계 교량 가운데 7위이다. '동북아의 허브'를 지향하는 송도국제도시와 '한국의 관문' 인천공항이 있는 영종도를 연결한다. 인천대교는 교각 없이 두 개의 주 탑에서 비스듬히 드리운 케이블로 다리를 지탱하는 형태의 사장교(斜張橋). 4년 4개월 만에 완공을 이뤄냈다.

인천시는 이 다리를 오는 2014년까지 미국 샌프란시스코의 금문교(Golden Gate Bridge)나 호주 시드니 하버브리지를 능가하는 세계적 명소로 만들 계획이란다. 송도국제도시에 개펄 1만 2000㎡를 매립해 인공 섬을 만든다는 것도 그 하나이다. 여러 가지 조형물과 해안생태공원 문화공연장, 다양한 음식점 등이 이 인공 섬에 들어서면 이 지역은 새로운 국제 관광지로 다시 한 번 변모할 것이다.

인천대교. 인천공항을 통해 한국에 첫 발을 들여놓는 외국인에게 인천 앞바다를 가로지르는 이 매머드 교량은 분명 강렬한 인상을 줄 게 틀림없어 보인다. 그러기에 다리는 이쪽에서 저쪽, 또는 저쪽에서 이쪽으로의 이동을 편리하게 한다는 시설 이상으로 추억과 낭만, 그리고 우수와 환희를 담고 있는 공간인 것이다.

아름답고 멋진 다리. 그것은 그 다리가 놓여 있는 도시 뿐만 아니라 해당 국가를 대표하는 랜드 마크이다. 장점이 또 있다. 문학과 예술의 소재가 되어 세계 각국의 관광객을 불러 모으는데도 매우 중요한 역할을 톡톡히 해 낸다.

지난 12월 3일 나는 아내와 함께 인천대교를 방문했다. 어마어마한 규모는 미라보 다리나 워털루 브리지에 비교가 되지 않았다. 그럼에도 무언가 허전한 느낌이 들었던 것은 시

‘미라보 다리’와 영화 ‘애수’가 너무 강렬한 인상을 준 때문이었는지 모른다. 인천대교도 외형적인 크기만을 자랑할 것이 아니라 꿈과 낭만 그리고 추억까지도 불러일으키는 다리가 되었으면 좋겠다.

석양 속 바다 위에 길쭉이 떠있는 인천대교. 그 위를 바닷새 몇 마리가 무심히 날아간다.

2009년 12월

낙성대(落星垈)에서

1

'낙성대'라는 이름을 안 것은 실상 얼마 안 된다. 1984년 지하철 2호선이 개통되어 같은 이름의 역이 생기고부터였으니까 20여 년 쯤이 아닌가 싶다. 하기야 20여 년이 짧은 세월은 아닐 것이다. 내 나이라면 벌써 알았어야 할 텐데 이토록 뒤늦게 안 것은, 그동안 서울 지리에 데면데면했던 탓이었을 듯 싶다. 아니다. 우리나라 역사에 등한했다고 말하는 것이 솔직한 고백이 될 것이다.

어쨌거나 말로만 들어 알던 '낙성대(落星垈)'를 찾아간 때는 지난 12월 초였다. 2년가량 계속했던 정비작업이 지난달에 끝났다니 더욱 가고 싶었다. '가는 날이 장날'이라 했던가.

집을 나서려는데 부슬부슬 초겨울 비가 내린다. 문득 날짜를 잘못 잡았다는 생각이 들었지만, 그대로 결행하기로 했다. 뒷 날로 다시 미룬다면 몇 해가 또 훌쩍 지나갈지 모르겠기 때문이다. 지하철 2호선 낙성대역에서 내렸다. 강감찬(姜邯贊) 장군의 생가 터를 먼저 찾아볼 요량인데 어디가 어딘지 전혀 알 수 없었다. 이름난 유적지이니만큼 작은 팻말이라도 세워 방향을 표시해 주면 좀 좋을까. 할 수 없이 근처 복덕방을 찾았다. 복덕방 주인은 비슷한 질문을 자주 받았던 모양이다. 보던 신문에서 눈도 떼지 않은 채 대답한다,

"저 넘어 언덕길 아래요."

'저 넘어'는 복덕방 오른쪽에 있었다. 야트막한 언덕에 올라서니 40~50m 전방에 철제 울타리와 안내판이 힐끗 보인다. 가까이에서 본 생가 터는 200평쯤 될까? 입구의 안내판에는 다음과 같은 말로 유지(遺址)를 소개하고 있었다.

> 이곳은 고려시대의 명장으로 거란의 40만 대군을 무찔렀던 강감찬 장군이 태어난 곳이다. 이곳에는 '강감찬 낙성대'라고 새겨진 3층 석탑이 있었다. 이 석탑을 1974년 낙성대의 안국사(安國祀)로 옮겨 보관하고, 이곳에는 2m 높이의 낙성대유허비를 만들어 놓았다. (후략)

생가 터에는 열댓 그루의 소나무 사이에 유허비만 우뚝 서 있을 뿐 강감찬 장군을 기억해낼 유품은 어디에도 없었다. 쓸

쓸하고 허전한 느낌이 들었다. 겨울을 재촉하는 이슬비가 이 허탈감을 더욱 부추겼는지 모른다. 다만, 눈에 번쩍 뜨인 것이 있기는 했다. 바로 강감찬 장군과 함께 자랐다는 향나무가 그것이다. 흥분한 나머지 후딱 동판에 새겨진 '향나무 유래'를 읽어봤다. 그러나 아쉽게도 본래의 나무는 1987년에 고사(枯死)하여 없어지고, 대신 그 자리에 수령 150년의 '짝퉁'을 이식했다는 설명이었다.

1974년에 세워진 유허비(遺墟碑)는 노산(鷺山) 이은상(李殷相)이 글을 짓고 일중(一中) 김충현(金忠顯)이 글씨를 써서 세운 것. 아래에 일부를 소개한다.

어느 날 밤 사신이 시흥 고을을 지나다가 큰 별이 떨어지기로 찾아 갔더니 때마침 그 집 부인이 아들을 낳으므로 이상히 여겨 거두어 기른 이가 장군이요, 그날 밤 별이 떨어진 데가 이곳이라 뒷사람들이 여기를 일러 낙성대라 이름 했으며…. 뒷날 재상이 되었을 적에 송나라 사신이 와서 그를 알아보고 엎디어 큰 절을 올리며 내가 문곡성을 본지 오랬더니 그 별이 여기 있구나 하고 경탄했다고 전한다.

비문의 '문곡성(文曲星)'이란 문운(文運)을 다스리는 별을 말한다. 서울 관악구 봉천동 218번지 14호에 있는 강감찬 장군의 생가 터는 지금 서울특별시 기념물 제3호로 지정되어 있다. 3층 석탑은 1973년 제1차 낙성대 성역화 사업을 실시할 때 낙성대공원으로 이전했고, 그 자리에는 유허비가 들어서 있었다. 서울시가 장군의 본가 인근의 땅 2만 8천여㎡를 사들여 사당과 부속건물을 신축하면서 탑은 안국사(安國祀) 경내로 옮긴 것이다.

장군의 생가 터에 별이 떨어졌다니 새삼 고개를 들어 하늘을 쳐다봤다. 그러나 찌푸린 하늘에선 가을비만 내릴 뿐, 필부의 눈에는 아무 것도 감지되지 않는다. 특히 밤이 아닌 낮이라 그럴지도 모른다는 생각을 하면서 쉬엄쉬엄 낙성대공원으로 발걸음을 옮겼다.

2

관악구 봉천7동 228이 지번인 낙성대공원은 장군의 생가 터로부터 서남쪽에 자리 잡고 있다. 정비 사업을 갓 끝낸 터여서 공원은 깔끔하고 산뜻하게 손질되어 있었다. 공원입구에는 강감찬 장군의 기마동상이 서 있었다. 다듬어 깎은 자연석과 화강암 석판으로 만든 받침대 위에 갈기를 휘날리고 앞발을 들어 올린 장군의 말은 여간 사나워 보이지 않는다. 그 말 잔등 위에 우리의 강감찬 장군은 투구에 갑옷차림으로 왼손으로는 말고삐를 움켜잡고 오른손으로는 긴 칼을 비껴든 채 앞으로 내달리는 모습이었다. 당장이라도 그 입에서 "총진격하라!"는 명령이 떨어질 것 같다. 나도 모르게 더운 피가 울컥 가슴을 치받치게 한다.

이번 제2차로 낙성대공원을 정비하면서 새로 세운 홍살문을 지나면 오른쪽에 안내판이 토인다. 박정희 전 대통령의 휘호 '落星垈'(낙성대)가 각자된 자연석은 그 옆에 있다. 따로 마련된 표석에는 "고려의 명장 강감찬 장군의 나라를 위한 슬기와 용맹을 이 나라 안보의 의표로 삼고자한다"는 내용이 적혀 있다.

마침내 안국문(安國門)에 들어서니 오른쪽 중앙 끝의 '고려 강감찬장군사적비'와 바로 맞은편의 3층 석탑이 눈에 들어온다. 사적비는 거북모양의 받침대 위에 오석(烏石)을 올려놓았는데 머리 부분의 돌은 꿈틀거리는 용의 형상이었다.

서울특별시유형문화재 제4호로 지정되어 있는 3층 석탑은 '강감찬 탑' 혹은 '강감찬 낙성대 탑'으로 불리기도 한다. 탑신 앞면에 '姜邯贊 落星垈'(강감찬 낙성대)라는 명문(銘文)이 새겨져 있기 때문이다. 본래 이 탑이 있던 곳을 탑 골이라 불렀던 이유를 알만하다. 석탑이 만들어진 연대는 고려시대(13세기 경)로 추정된다. 높이는 4.48m이고 자재는 화강암이다.

이 탑은 임진왜란 때 왜군으로부터 엄청난 수난을 겪어야 했다. 석탑의 바닥 돌은 비틀어지고, 탑 안에 있던 보물은 죄다 도난을 당해버린 것이다. 또 땅의 혈맥을 끊는답시고 탑의 동쪽 구릉이 파헤쳐지는가 하면, 탑 주위의 병풍바위와 선돌바위도 파손을 당했다고 한다.

내삼문을 지나면 장군의 영정을 모신 안국사에 이른다. 이 건물은 영주 부석사의 무량수전을 본 따서 만들었으나, 아쉽게도 목재가 아닌 시멘트 기둥에 페인트칠을 한 것이었다. 새로 단장하여 깨끗한 맛은 주었으나, 춘향 대신 향단을 내세운 격이랄까?

사당 안에는 장군의 영정을 비롯해서 거란 군 퇴치에 관한 전략회의도 등 장군의 일대기를 그린 8점의 벽화가 그려져 있다. 일부러 그랬을까. 조명이라고는 전혀 없어 그림 속의 내용을 뚜렷이 보기는 어려웠다. 영정이든 벽화든….

강감찬 장군과 관련된 설화는 《세종실록》과 《동국여지승람》, 그리고 《고려사 열전》, 《용재총화》, 《해동이적》, 《기문총화》등이 전하고 있다. 그 중 몇 가지를 소개한다. 이미 앞에서 소개했듯이 그의 출생에 관한 일화는 《세종실록》, 《동국여지승람》, 《해동이적》에 실려 있다. 그러나 구전설화는 조금 다르다. 좋은 태몽을 꾼 장군의 아버지가 훌륭한 아들을 낳기 위해 노력한 끝에 여우 여인과 관계를 맺고 낳은 것이 강감찬이라는 것이다.

장군이 성장했을 때의 일화도 적지 않다. 그 중 대표적인 것이 곰보가 된 것과 귀신을 물리친 일이다. 어린 강감찬은 본래 얼굴이 잘 생겼다고 한다. 그러나 잘 생기면 커서 큰일을 할 수 없다 하여 마마귀신을 시켜 얼굴을 얽게 하고 추남이 됐다는 것이다. 어느 날 장군의 아버지가 친구 딸의 혼인식에 참석하면서 못생긴 아들 강감찬을 데려가려 하지 않자, 강감찬은 아버지 몰래 혼자 혼인식에 참석한다. 헌데, 이게 웬일인가. 신랑 행세를 하는 자가 사람으로 둔갑한 산돼지가 아닌가. 해서 강감찬은 이 짐승을 퇴치하여 비범함을 보여 줬다고 한다.

장군의 출생지인 낙성대 인근의 관악산에 얽힌 전설도 있다. 하늘에서 내려치는 벼락을 없애려고 관악산을 오르다 칡덩굴에 걸려 넘어지자 산의 칡을 뿌리째 뽑아 없앴다는, 그래서 지금도 칡이 없다는 구전이 있는가 하면, 바위를 오를 때 파인 발자국이 지금도 남아 있다는 전설도 전해진다.

장군이 소년원님으로 어느 고을에 부임할 때였다. 너무 어려서 얕보는 관속들에게 강감찬은 "뜰에 세워둔 수숫대를 소매 속에 다 집어넣어 보라"고 명한다. 몇 개 넣지도 못하고 "안 된다"고 하자, "겨우 1년 자란 수숫대도 소매에 다 집어넣지 못하면서 20년이나 자란 원님을 감히 소매 속에 집어넣으려 하느냐!"고 호통을 쳐서 관속들의 기를 꺾었다는 것이다.

장군이 한성판윤으로 부임했을 때이다. 남산(또는 삼각산)에 사는 수 백 년 된 호랑이가 중으로 변신해 길가는 사람을 수없이 해친다는 민원을 듣게 된다. 이에 장군은 편지로 호랑이를 불러와 꾸짖는다. 그리고 앞으로는 새끼도 평생에 한 번만 낳고 몇 몇 산에만 살게 했다고 한다. ≪용재총화≫, ≪신동국여지승람≫, ≪기문총화≫에 실려 있는 얘기들이다.

장군이 경주 도호사로 재임할 때였다. 연못의 개구리가 너무 시끄럽게 울자 부적을 써서 연못 안에 던졌더니 그 뒤로 개구리 울음소리가 그쳤다는 전설도 있다.

이 밖에도 모기나 개미를 퇴치시킨 얘기 등은 장군의 신적(神的) 비범성을 가늠해 주기에 족하다.

　강감찬은 948년 11월 19일 금주(衿州·오늘의 관악구 봉천동)에서 태어났다. 고려 제3대 정종 3년에 해당한다. 그의 부친 강궁진(姜弓珍)은 태조를 도와 건국에 공을 세움으로써 삼한 벽상공신이 된 사람이다. 어린 시절 강감찬은 작고 못생겼지만 재주와 용맹이 뛰어날뿐더러 학문에도 열중했다 한다. 983년(고려 성종 2년) 문과에 장원 급제하고 예부시랑에 오른다. 이후 한림학사와 이부상서 등을 지냈다.

　당시 고려의 주변 국가들은 송(宋), 거란(후에 요(遼)나라), 여진(女眞·금(金)나라), 일본 등이었다. 고려는 초기에 거란과 여진 등 만주족을 멀리하고 친송정책을 쓰고 있었다. 태조 왕건은 고구려의 옛 땅을 되찾는 것에 건국이념을 두었고, 만주족들은 살기 좋은 땅을 탐내어 남진정책을 썼기 때문에 자주 충돌을 빚을 수밖에 없었다.

　거란의 1차 침입은 993년(성종 12년)에 있었다. 이때 서희(徐熙)는 거란의 소손녕(蕭遜寧)과 외교적 담판을 벌여 적 80만을 물리치는 한편, 압록강 동쪽 280리인 강동 6주를 한 방울의 피도 흘리지 않고 되돌려 받았다.

　제2차로 침입한 때는 1010년(현종 1년)이었다. 거란의 성종이 40만 대군으로 침입하면서 고려는 개성까지 함락되는 위기를 맞는다. 조신(朝臣)들은 왕에게 항복할 것을 권유했으나 강감찬은 끝까지 싸울 것을 주장한다. 그리고는 적의 후방 보급로를 끊어 버린다. 결국 거란은 별 소득 없이 물러가야 했다. 그 뒤에도 거란은 걸핏하면 고려를 괴롭혔으나, 그때마다 고려는 거란을 격퇴하고 성을 쌓는 등 침략에 대비했다.

마침내 1018년(현종 9년) 거란의 소배압(蕭排押)이 10만 대군으로 침입해 온다. 이에 고려는 장군을 상원수(上元帥)로 봉하고 군사 20만 8000명으로 적을 막도록 했다. 장군의 나이 70세 때의 일이었다. 그럼에도 장군은 압록강 유역 홍화진(興化鎭)의 삼교천(三橋川)에서 거란군을 만나 대승을 거둔다. 쇠가죽을 새끼로 꿰어 물길을 막고 적들이 삼교천을 지날 때 한꺼번에 물을 터버리는 수공(水攻)을 편 것은 바로 이때의 일화이다.

다음해 2월 1일. 거란군은 후방에서의 보급이 끊긴데다 추위와 굶주림, 그리고 이탈자들이 속출하자 회군을 결정하기에 이른다. 강감찬은 매복시킨 군사들을 풀어 철군하는 거란군에게 상당한 피해를 입힌다. 특히 거란군이 귀주(龜州) 쪽으로 달아날 때였다. 강감찬은 일제히 추격하여 맹렬한 공격을 퍼붓는다. 마침 비바람까지 고려군에게 유리하게 불어 강감찬 장군은 이 전투에서 대승을 거둔다. 적병으로서 살아 돌아간 자는 겨우 수천에 지나지 않았다. 이것이 곧 귀주대첩이다. 장군이 군사를 거느리고 개선하자 왕이 친히 영파역(迎波驛)까지 나가 맞이하며 연회를 베풀었다고 전해진다.

강감찬은 현종 21년 문하시중에 임명된다. 덕종 원년(1032년)에 생을 마감하니 향년 84세였다.

　귀주대첩은 을지문덕의 살수대첩, 이순신의 한산도대첩과 더불어 한국 역사상 3대 대첩으로 알려져 있다. 특히 놀라운 점은 강감찬 장군의 나이 70세에 상원수가 되어 그 막중한 국토방위의 임무를 다 했다는 점이다. 노쇠한 나이에 칼 차고 말을 달렸다는 사실에 절로 경의를 표한다. 그의 우국충정, 애국애족에 비해 자신만의 영달을 꾀하는 오늘의 딱한 정치 행태는 수치스럽기보다 차라리 두렵기만 하다.

　비가 그친 낙성대는 더욱 산뜻하고 깨끗해 보인다. 하지만 내방객은 손꼽을 정도여서 쓸쓸했다. 앞으로는 많은 사람들이 이곳을 방문했으면 좋겠다는 생각이다. 그리하여 나라와 겨레의 중요성을 새삼 일깨운다면, 내 것만 아끼고 남은 아랑곳하지 않는 우리의 모난 심성도 조금은 달라지지 않을는지?

　비 그친 하늘 밑. 바람이 부는지 가랑잎 몇 개가 땅 위에서 뒤척인다.

2009년 12월

그녀의 파란만장한 삶

-영휘원과 숭인원 답사기-

　'놀다'라는 말에는 두 가지 품사(品詞)가 있다. 하나는 동사요, 다른 하나는 형용사이다. 형용사로서의 '놀다'는 '드물어서 귀하다'는 뜻이다. 우리 속담에 나와 있는 "대장간에 식칼이 논다."라든가 "산 밑 집에 방앗공이 논다."의 '논다'가 바로 이에 해당한다. 대장간이라면 풀무로 무쇠를 다루어 온갖 연장을 만드는 곳이다. 그런데 연장 가운데서도 흔하디흔한 식칼이 드물다니 어떻게 된 노릇일까? 방앗공이도 매한가지이다. 산 밑 집이라 나무 구하기가 수월할 테고 방앗공이 만들기에 어려움이 없으련만 '귀하다'고 하니 이런 패러독스가 어디 있을까?

　적절한 비유가 될지 모르겠다. 내가 오늘 영휘원(永徽園)과 숭인원(崇仁園)을 방문한 것도 그 짝일 듯싶다. 원(園)이 위치한 동대문구 청량리는 내가 살았던 신촌이나 아현동, 또는 지금 살고 있는 모래내와 꽤 떨어져 있기는 하지만 버스로 1시간이면 너끈히 닿을 수 있는 거리이다. 게다가 다니던 대학과 대학원도 그 언저리에 위치하고 있잖은가. 뜻만 있다면 아무 때고 방문이 가능했을 것이다. 그런데도 이제야 겨우 찾다니 위의 속담과 비슷한 경우가 아니고 무엇인가.

지하철 6호선을 '동묘앞역'에서 1호선으로 갈아타고 청량리에서 내린 시각은 오후 3시 경이었다. 영휘원은 그 근방에 있으므로 산보삼아 걸어가기로 했다. 얼마 전까지만 해도 이곳 홍릉 가는 길 양 옆에는 갈비집들이 줄 지어 있었다. 해서 이 길을 걸을 때면 공짜로 실컷 맡을 수 있는 것이 고기 굽는 냄새였다. 홍릉하면 절로 갈비가 연상될 정도로 홍릉은 갈비 관련 음식점이 많기로 유명했다. 그런데 그 흔하던 갈비집들이 부쩍 줄어든 것을 보면서 또 하나의 명소가 사라지고 있구나 하는 아쉬운 마음이 들었다.

영휘원은 홍릉수목원 못미처 오른쪽에 자리 잡고 있었다. 첫눈에 본 능의 모습은 아담하고 소박했다. 잔디도 잘 가꾸어져 있었다. 관람객의 모습이 뜨막한 것은 엊그제의 황사와 어제의 진눈깨비 때문이었을까. 능을 관람하는 사람은 손으로 셀 정도였다. 그나마 노인들뿐이었다. 그래서 더욱 고적(孤寂)하게 느껴졌는지 모른다. 아니다. 능을 지키듯 거무튀튀하게 서 있는 3월 중순의 주엽나무, 느릅나무, 소나무, 상수리나무, 산

사나무, 산수유 등의 을씨년스런 모습 탓인지도 모르겠다.

문득 담장 너머에서 들려오는 찻소리가 조금은 시끄럽다고 생각되었다. 무심한 차량들이야 내가 지금 범상치 않은 장소에 와 있다는 것을 모를 테지.

영휘원과 숭인원.

영휘원은 조선 제26대 고종황제의 후궁이자 영친왕(英親王)의 생모인 순헌귀비(純獻貴妃) 엄씨가 영면한 곳이며, 숭인원은 영친왕의 맏아들인 이진(李晉)의 무덤이다. 원(園)이란 원소(園所)의 줄임말로, 왕세자나 왕세자빈 또는 왕의 사친 등을 모시는 산소를 가리킨다. 원을 들어서면 바로 오른쪽에 숭인원이 있고 그 옆에 영휘원이 자리 잡고 있다. 영휘원과 숭인원은 사적 361호로 등재되어 있다. 두 원의 총 면적은 5만 5천 15㎡. 비록 규모는 작지만 대한제국의 한을 켜켜이 담고 있는 곳이어서 가슴을 저리게 한다.

순헌귀비 엄 씨는 흔히 엄 상궁 또는 엄비로 불리고 있는 여인이다. 1854년(철종 5년)에 출생하여 다섯 살 어린 나이에 애기나인(內人)으로 경복궁에 입궐한다. 이후 명성황후(민비)의 총애를 받아 시위상궁(侍衛尙宮)의 자리에 올랐다. 고종황제의 승은(承恩)을 입은 것도 그 무렵이었다. 하지만 이러한 사실은 명성황후의 격분을 사기 됐고, 결국 엄 상궁은 궐 밖으로 내쫓긴다. 그녀의 나이 32살 때였다.

1895년 8월 20일. 이날 일제는 상상할 수 없는 만행을 저지른다. 조선 침략에 가장 큰 걸림돌이라 생각했던 명성황후를 시해한 것이다. 공사를 지낸 이노우에 가오루(井上馨)와 이토 히로부미(伊藤博文)의 사주 속에 미우라(三浦梧樓) 일당이 저지른 이 잔인무도한 참변은 조선을 격동의 소용돌이로 몰아넣었다. 미우라는 고종을 협박하여 김홍집 내각을 출범시켰는가 하면, 황후를 서인(庶人)으로 폐위시키는 조서를 발표하게 했다. 민심도 극도로 악화되었다. 황후의 복위를 요청하는 상소가 끊이지 않았고, 일제에 복수하자는 의병운동이 전국에서 일어났다.

엄 상궁이 궁으로 돌아온 것은 명성황후의 시해참변 이후 닷새가 지나서였다. 민심은 점점 흉흉해지고 자칫하면 고종마저도 일본 낭인들에 의해 시해될지 모른다는 공포 분위기가 팽배할 때였던 것이다.

고종은 일본 세력으로부터 하루 빨리 벗어나야 되겠다는 생각을 굳힌다. 그것은 곧 궁에서의 탈출이었다. 그리고 탈출 계획의 중심에 엄 상궁이 있었다. 엄 상궁은 며칠 전부터 가마 두 채로 궁궐을 출입하고 있었다. 일본군의 서릿발 같은 감시를 느슨하게 만들려는 술책이었다.

마침내 1896년 2월 11일. 엄 상궁은 심야를 틈타 고종과 왕세자(순종)를 가마에 태우고 러시아 공관으로 옮기는데 성공한다. 이른바 '아관파천(俄館播遷)'이다. 아관파천은 엄 상궁이 러시아 공관과 친러파, 친미파와 은밀하게 계획하여 실행했던 대사건이었다.

러시아 공사관에서 고종의 수라를 담당하던 엄 상궁은

1897년 2월 20일고종이 환궁함에 따라 경운궁으로 돌아온다. 고종은 10월 12일 환구단에서 황제 즉위식을 거행하고 '대한제국'을 선포한다.

한편 고종의 아기를 임신한 엄 상궁은 이 해 10월 44세의 나이에 영친왕 은(垠)을 낳고 고종으로부터 선영(善英)이란 이름을 하사 받고 귀인(貴人)으로 책봉된다. 아들이 영왕(英王)으로 봉해지자 순빈(淳嬪)으로 책봉되었다가 경선(慶善)이라는 궁호를 하사 받고, 1903년 마침내 황비(皇妃)로 책봉된다.

1907년 고종은 헤이그에 밀사를 파견한 사건으로 일제에 의해 강제로 퇴위 당한다. 그 빈자리를 순종이 메운다. 자손이 없는 순종은 이복동생 영친왕을 의민(懿愍) 황태자로 봉한다. 그러나 11살의 영친왕은 황태자가 되자마자 이토 히로부미에 이끌려 일본에 볼모로 끌려간다. 비운의 시작이었다.

한일합방이 되면서 일본은 고종황제를 태왕으로, 황태자는 영친왕으로 호칭을 강등시킨다. 나라를 잃고 아들까지 볼모로 잡힌 엄비의 애통함이 오죽했을까. 방학 때마다 영친왕을 조선에 보내주겠다는 약속도 일본은 지키지 않았다. 아들을 그리워하던 엄비는 1911년 7월 20일 파란만장했던 삶을 뒤로 하고 눈을 감는다. 엄비의 나이 58세 때였다.

19세기 말의 조선사회는 제국주의 열강으로부터 끊임없이 침략을 받으면서도 서양문물을 적극 수용하려는 움직임을 보였다. 이러한 시대적 조류 속에 여성교육이 필요하다는 사

조가 자연스레 번지기 시작했다. 특히 엄비는 구한말 외국선
교사들이 1886년 이화학당을 비롯하여 정신여학교, 호수돈여
학교를 설립하는 것에 크게 자극을 받는다. 해서 1906년 4월
에는 진명(眞明)여학교를, 5월에는 숙명(淑明)여학교의 전신
인 명신(明信)여학교를 창설한데 이어 양정의숙(養正義塾)을
설립한 것이다.

 1906년 4월 24일자 ≪대한매일신보≫는 "엄 귀비가 여자
교육이 없음을 심히 우려하여 학교설립을 전담케 할 자를 지
정했다"는 기사를 싣고 있다. 구체적으로 엄비는 함평에 있는
국유지 40만평과 자신의 내탕금(內帑金)으로 사두었던 개성
의 논 33만평, 그리고 이천의 58만평, 광양에 있는 옥답 35만
평을 내놓아 재단을 구성한다. 또 진명여학교를 세울 때는 경
선궁 소속 재산인 강화의 전답 임야 110만평과 부천의 토지
77만평, 자하골의 1천평 대지와 기와집 한 채를 재단에 제공
했다. 사재까지 털어 일시에 진명 명신 양정 세 학교를 설립
했던 사실에서 우리는 엄비의 배포와 구국의 큰 뜻을 짐작한
다. 엄비의 육영사업은 재정적 지원에 그치지 않았다. 학도들
이 어떻게 수학하는지에 관심을 쏟았을 뿐 아니라 여러 가지
장학사업도 벌여 나가는 등 학교발전에 열성이었다.

 엄비는 체격이 퉁퉁한데다 얼굴도 예쁘지 않았던 것으로
알려져 있다. 그러나 고종의 총애를 받았고, 나라의 운명이
절박했던 시기에 아관파천을 주도했으며, 신교육 발전에 관
심을 쏟았던 그녀는 분명 이 땅의 위인이었다.

　　엄 귀비의 영휘원 옆에 있는 숭인원은 위에서 소개했듯이 영친왕의 맏아들 이진의 묘이다. 다시 말해 고종과 엄비의 손자이다. 이진은 1921년 8월 일본에서 태어나 아버지인 영친왕과 어머니인 이방자(李方子) 여사와 잠시 귀국했으나, 생후 9개월 만인 1922년 5월 의문의 죽음을 맞는다. 자식이 부모에 앞서 죽으면 장례를 치를 수 없는 것이 당시의 풍습이었다. 그러나 순종황제는 이진의 죽음을 애석히 여겨 성인 왕족과 동일하게 장례를 갖도록 분부하고 숭인원이라는 원호(園號)를 내렸다.

　　영휘원과 숭인원을 둘러보며 느낀 소회는 외세에 시달리며 곤혹스런 세월을 보내야 했던 약소국 조선의 무력함과 수치 그리고 분노였다. 그나마 위안이 됐던 것은 볼품없는 가문에서 태어난 나이 다섯 살의 궁녀가 내명부 최고의 지존인 황비가 되기까지의 드라마틱한 일생이 경이로웠고, 그녀의 지적인 능력이 발전적이고 창조적인 측면에 적극 활용된 점, 특히 교육에 대한 선각자적 혜안을 가늠해 볼 수 있었던 점이 아닌가 한다.

　　이곳 영휘원에는 산사나무가 있어 내방객을 반긴다. 천연기념물 506호로 지정되어 있다던가. 높이 9m, 가슴둘레 2m로 150년의 세월을 견뎌온 산사나무에는 좁쌀 크기의 새 잎이 돋아 있었다. 아기사과 모양의 빨간 열매가 달린다는 가을이 오면 다시 와 보리라. 아니, 하얀 꽃이 핀다는 늦봄에 또 한 번 들러봐야겠다. 그때쯤이면 녹음도 싱그럽겠지.

2010년 3월

그들은 왜 여기에 묻혀 있나?

1

꼭 가보고 싶은 곳이었다. 아니, 반드시 가봐야 한다고 생각했다. 그리운 가족, 사랑하는 조국을 떠나 이곳에 온 그들이 아니던가. 어떤 간절한 기대가 있었기에, 어떤 절절한 소망을 가졌기에 그들은 먼먼 극동의 나라 한국까지 왔을까. 무슨 목적, 어느 사명이 그들을 가난에 찌들고 전염병에 휘둘리며 외세에 압박 받는 한국을 찾게 했는가. 그리고는 마침내 한 줌 재가 되고 흙이 되어 이 땅에 묻혀야 만 했을까. 부귀와 공명은 커니와 핍박의 고난과 질병의 고통 속에….

2월 17일, 수요일.

서울 외국인공동묘소를 방문한 날은 무척 날씨가 차가웠

다. 영하 8도라 하던가. 두툼한 옷에 털모자 쓰고 장갑에 마스크까지 챙긴 중무장차림으로 집을 나섰다. 이런 날 느닷없이 외국인 묘역을 찾은 이유가 있었다. 어젯밤 늦도록 정진석(鄭晉錫) 교수의 저서 ≪대한매일신보와 배설≫을 읽은 때문이다. 이참에 배설(裵說)의 묘소를 참배하고 싶은 생각이 불쑥 들었던 것이다.

정 교수는 내가 대학원에 다닐 때 언론사를 지도해 주신 분으로 졸업할 무렵에는 박사학위논문심사위원회의 위원장직을 담당하셨던 은사이다. 영국 출신 언론인이었던 배설에 관해 깊이 있는 연구를 해 오신 데다, 마침 책에는 서울 양화진에 안장돼 있는 배설의 묘와 비문을 사진으로 소개한 대목이 있어 방문하고 싶은 욕구를 자극했다.

현장을 찾기는 쉬웠다. 지하철 2호선과 6호선이 교차하는 합정역 부근이었다. 7번 출구를 빠져나와 '양화진 외국인 선교사묘원'이라는 안내표지판의 화살표를 따라 300m쯤 걸으니 당산철교로 가는 안전펜스 외벽이 나타난다. 그 건너편에 '한국기독교선교 100주년 기념교회'가 있고, 외국인 선교사묘원은 그 안의 야트막한 둔덕을 중심으로 자리 잡고 있었다.

행정상의 정확한 위치는 서울시 마포구 합정동 145-8. 외국인 선교사 묘원이 왜 국가의 공공단체가 관리하는 별개의 독립된 장소가 아닌, 특정 교회 안에 자리 잡고 있다는 것이 조금은 의아하게 느껴졌다.

면적 13,224㎡(약 4천 평). 외국인선교사묘원은 저쪽 한강을 바라보면서 고즈넉하게 자리를 잡고 있었다. 바로 앞의 강변북로를 비롯해서 오른쪽의 양화대교, 왼쪽의 서강대교 위에는 많은 차량들이 제 갈 길을 가기에 바쁜 모습이었다. 앞쪽이 툭 터진 대신 좌우와 뒤쪽이 건물로 가려 있는 묘역은 공기 순환이 잘 안 된 탓인지 조금 시끄럽게 느껴졌다.

잿빛하늘 때문이었을까. 아니면, 느티나무, 백양나무 등이 벌거벗은 모습으로 서 있어서인가. 잔설이 군데군데 남아 있는 외국인선교사묘원은 왠지 쓸쓸하게 느껴졌다. 참배객도 별로 눈에 띄지 않았다. 배낭을 멘 젊은 외국인과 열심히 비문을 읽고 있는 피부색 하얀 50대부부의 모습만 보였다. 누가, 언제 갖다 놓았을까? 몇 군데 묘소 앞에는 작은 꽃다발이 놓여 있었다.

이곳 양화진(楊花鎭)은 조선 왕조 시 해상통로의 전진기지로 교통과 국방의 중심지였다. 1754년에는 한강진·노량진·동작진·송파진과 더불어 서울의 5진으로 명성을 날렸었다. 동쪽에는 누에머리를 닮은 잠두봉(蠶頭峰)이 솟아 있고, 서쪽에는 망원정(望遠亭)이 세워질 만큼 양화진은 풍광 또한 수려한 곳이기도 하다.

현재 이 묘역에는 미국, 영국, 캐나다, 러시아 등 13개국 413명의 외국인이 안장되어 있다. 이 가운데 143명이 선교사와 그 가족들이다. 장방형으로 조성된 묘역은 모두 8개 구역으로 구분돼 있다. 그러나 망자의 업적과 직분 또는 연령을 고려해서 안장했으므로 크게는 3개 지역으로 나뉜다.

묘역의 정상에서 중심부까지는 대한민국 독립 유공훈장을 받는 등 저명한 선교사들이 영면해 있다. 그 아래쪽은 선교사와 그들의 자녀 등 가족묘가 중심이고, 전체 묘역의 좌우에는 군인, 성공회 신도들, 그리고 어린이 73기가 안치돼 있지만, 이름도 남기지 못한 채 'Unmarked(확인 불능)'로 표기된 무덤도 가끔 눈에 띄었다.

묘는 봉분이 아닌 평분이고, 묘비도 제각기 다른 모습이었다. 단출하게 화강암 표석만 서워놓은 것, 십자가 모양에 문양을 새긴 것, 원통형 비석에 즈각을 곁들인 것이 있는가 하면 아치형도 보이고 갓머리로 장식한 한국형 비석도 눈에 띈다. 비석의 재질은 대개 화강암과 오석(烏石)이 주종을 이루지만 간혹 대리석을 쓴 묘소도 있었다.

이 묘역이 조성된 것은 1893년이었다. 오랜 세월 비바람에 씻긴 탓인지, 해묵은 비석은 벌써 많은 상흔을 지니고 있었다. 글자가 닳아버려 읽어내기가 어려운 것이 있는가 하면, 아예 한 귀퉁이가 떨어져 나간 비석도 많았다. 특히 6·25전란 중에 여기저기 총탄에 맞은 자국은 가슴을 아프게 했다.

배설(Ernest T. Bethel·1832~1909)의 묘는 묘역의 맨 위쪽 중앙에 있었다. 그는 1904년 3월 한국에 온 사람이다. 일본 고베(神戶)에서 무역상을 하다가 러일전쟁이 터지면서 영국 데일리 크로니클(Daily Cronicle)지의 특별통신원이 되어 내한한 것이다. 그는 1904년 7월 18일 ≪대한매일신보≫와 영문판 ≪The Korea Daily News≫를 창간하여 일제의 만행을 신랄하게 비판하고 고발했다.

1904년 일본이 한국의 황무지를 개간할 수 있는 권리를 얻어 영구적인 식민지로 만들려는 공작을 벌일 때, 배설은 1904년 7월 22일자의 ≪The korea Daily News≫를 통해 외무협판 윤치호(尹致昊)가 쓴 '황무지 음모'라는 글을 독자투고란에 게재하여 일본의 요구가 부당함을 비판했다.

1905년 을사늑약이 체결되자 ≪황성신문≫의 주필 장지연(張志淵)은 '시일야방성대곡(是日也放聲大哭)'이라는 논설을 싣는다. '오늘을 목 놓아 통곡한다'는 이 논설에 기겁한 일제는 신문을 정간시키고 장지연은 구속된다. 배설은 자신이 발행하는 두 신문에 문제의 논설을 옮겨 싣고 관련 사실을 기사화할 뿐만 아니라, 일본 헌병대가 장지연을 심문한 내용까지 상세히 보도하는 등 일제의 그릇된 행위를 규탄했다.

1908년 3월 23일, 친일 미국인 스티븐스(Durham W. Stevens)가 미국 현지에서 전명운(田明雲), 장인환(張仁煥)

두 의사(義士)의 저격을 받고 사망할 때였다. ≪대한매일신보≫는 이 사건에 대해 1면 톱으로 암살사건의 앞뒤 상황을 상세히 보도함으로써 일본을 곤혹스럽게 만들기도 했다.

대한제국은 1905년 6월부터 이듬해 3월까지 네 차례에 걸쳐 일본으로부터 국채 1천 3백만 원을 빌린다. 5년 거치 5년 상환조건이지만 이 금액은 당시의 국가예산과 맞먹을 만큼 어마어마한 것이었다. 통감부는 한일합방 이전까지 일본의 차관을 더 들여와서 1910년에는 대일차관의 총액이 4천 4백만 원을 넘어서게 되었다. 이 또한 나라의 빚으로 한국의 숨통을 끊으려는 일본의 간계였다. 국채보상운동은 이래서 일어난 것이다.

대구에서 시작된 이 운동은 전국적으로 번지면서 구국운동으로 펼쳐나갔다. 고종 황제조차 담배를 끊었다는 신문 보도가 있자, 지도급 인사들은 물론 부녀자들도 참여하여 반지와 패물 등을 내놓았다. 이 운동을 실질적으로 주도해 나간 기관이 대한매일신보사였던 것이다.

배설의 이러한 활동은 일제로부터 미움을 살 수밖에 없었다. 일제는 그를 제거하기 위해 온갖 간계를 다 쓴다. 마침내 배설은 1908년 6월 18일의 제2차 재판에서 3주간의 금고형을 선고 받고 상하이(上海)로 이송되어 복역해야 했다.

배설은 2차 재판 직전에 휴간했던 영문판 ≪The Korea Daily News≫를 1909년 1월 30일부터 속간했으나, 3개월 뒤인 5월 1일 아깝게 사망하고 만다. 그의 나이 36세 때였다. 의학적인 사망원인은 '심장확장(dilation of the hearts)'으로 알려져 있다. 마지막 숨을 거두면서도 "나는 죽더라도 ≪대한매일신보≫는 영생케 하여 한국민족을 구하라"는 당부를 했다고 한다.

배설은 그가 사랑한 한국인들의 애도를 받으며 이곳 양화진 언덕에 안장되었다. 1910년 2월 묘비를 세웠으나, 일제는 장지연이 쓴 비문을 칼과 망치로 깎아버리는 만행을 저질렀다. 1964년 한국신문편집인협회는 장지연이 쓴 원래의 비문을 다시 새겨 그 옆에 세웠다. 일제가 깎아낸 비문은 그대로 둔 채….

4

헐버트(Holmer B. Hullbert: 訖法・1863~1949)의 묘는 배설의 묘로부터 몇 발짝 아래인 왼쪽에 자리 잡고 있었다. 헐버트는 배설과 함께 한국에서 가장 격렬한 항일활동을 벌인 사람이다. '한국 사람보다 한국인을 더 사랑한 외국인'으로 평가 받고 있다. 1863년 미국 버몬트에서 목사의 아들로 태어난 헐버트는 1884년 다트마우스 대학(Dartmouth College)을 졸업했다.

그가 우리나라에 온 것은 1886년 6월로 한국정부가 설립한 육영공원(育英公園)의 교사로 초빙 받은 때문이었다. 헐버트의 나이 23세 때였다. 5년 동안 교사로 일하던 육영공원이 폐

교되자 헐버트는 1891년 미국으로 돌아갔다가 1893년 감리교 선교사로 다시 한국 땅을 밟는다. 이후 그는 배재학당 안의 삼문출판사(三文出版社)를 중심으로 문서선교에 관여하며 한국에 관한 글들을 발표했다.

헐버트는 1901년 1월부터 영문 월간지인 ≪Korea Review≫를 발행하기 시작한다. 헐버트는 창간호부터 'The History of Korea(한국의 역사)'를 연재하여 한국인과 한국의 역사, 풍습, 과학, 종교, 언어, 문학, 민속 등을 소개했다. 48페이지에 불과한 책자였지만 배포지역은 19개국에 이를 정도로 광범위했다.

1904년 러일전쟁이 일어나자 헐버트는 코리아 리뷰를 통해 일본의 대한정책을 맹렬히 비난했다. 그는 또 일본의 황무지 개간문제로 여론이 비등하자 한국의 입장을 변호하고 일본의 주장을 통렬히 반박했다.

1903년 황성기독교청년회(오늘의 YMCA)가 창립할 때에는 자문위원회 회장을 맡아 회관 건립을 위해 적극적인 모금 활동을 벌이기도 했다.

같은 해 헐버트는 영국 ≪The Times(더 타임즈)≫의 서울 통신원에 임명된다. 1905년 7월에는 ≪大韓月報(대한월보)≫라는 한글잡지를 발간하는 등 언론인으로서의 입지를 굳혀나간다. 따라서 헐버트라는 인물과 코리아 리뷰는 일제가 주목하는 대상이 되었다.

1905년 10월 헐버트는 미국으로 가서 일본의 '보호조약' 강요를 막아달라고 요청하는 고종의 친서를 미국 대통령 루즈벨트에게 전달한다. 또 1907년 5월 네덜란드 헤이그에서 열린 만국평화회의에 고종의 밀사 이준(李儁), 이상설(李相卨), 이위종(李瑋鍾) 등 3인이 참석할 때는 자신도 동행하여 이들을 돕는 등 반일과 항일운동을 펴 나갔다.

1907년 1월 순종(純宗) 황태자의 결혼을 축하하기 위해 한국에 온 다나카(田中光顯)는 1356년 경기도 풍덕군에 세워진 옥탑(玉塔)을 일본으로 탈취해 간다. 이 사건에 대해서도 헐버트는 '한국에서 일본이 자행한 약탈행위의 본보기'라며 일제를 준열히 비판하는 글을 여러 차례 투고했다.

헐버트는 언론인이면서 교육자이기도 했다. 한글을 가리켜 '세계에서 가장 훌륭한 소리글자'라고 극찬한 사람도 그였다.

1948년 대한민국 정부가 수립될 때 헐버트는 이승만 대통령의 초청을 받고 한국을 방문했다. 그의 나이 86세 때였다. 노쇠한 몸으로 장거리 여행을 한 탓일까. 여독을 이기지 못하고 쓰러져 1949년 8월 5일 세상을 뜨고 말았다.

"I would be rather be buried in Korea than in Westminster Abbey."
(나는 웨스트민스터 성당보다 한국 땅에 묻히기를 원한다.)

그가 마지막 남긴 말이다. 얼마나 가슴 뭉클한 애기인가. 얼마나 감동적인 유언인가. 특히 우리에게는.

1981년 내가 방문했던 웨스트민스터 성당은 너무 크고 아름다워 한동안 놀란 입을 다물 수 없었다. 그 훌륭한 성당 안에 유택(幽宅)을 갖췄더라면 좋았을 텐데 그는 왜 가난하고 못 사는 나라 한국에 묻히기를 자청했을까. 날씨가 더 추워지려는가. 양화진 언덕에도 매서운 바람이 분다. 이 찬 바람을 쓸쓸한 노천에서 맞기를 스스로 원했던 헐버트. 그의 숭고한 뜻이 더욱 빛나고 아름답게 느껴진다.

5

가족묘는 이곳 외국인 묘역 끝자락에 있었다. 강변북로 바로 곁이어서 차 소리도 시끄러웠고, 담장 때문에 응달이 지기도 했다. 언더우드(Horace G. Underwood: 元杜尤・1859~1916)가(家)의 묘는 이 후미진 곳 중앙에 자리 잡고 있었다.

언더우드. 그가 누구이던가.

그는 한국 선교의 개척자였다. 그는 또 학자이면서 한국어의 대가였다. 한국어문법, 영한사전, 한영사전의 편찬・간행은 물론, 성서도 번역했다. 그는 또 언론인이면서 편집인이기도 했다. 주간지인 ≪그리스도신문≫을 창간했고, 한국의 찬송가를 번역 편집하여 발간했다. 또 그는 위대한 교육자요, 청소년 지도자였다. '조선기독교대학(오늘의 연세대학교)'을 설립했고, 교회연합사업을 주도하여 오늘의 YMCA를 있게 했다. 아울러 그는 평화의 사도였고, 한민족의 은인이었다.

1895년 명성황후가 일제에 의해 시해되었을 때는 고종을 보살폈을 뿐 아니라, 1905년 강제로 '보호조약'이 맺어지려 하자 이를 맹렬히 반대했던 선교사였다.

언더우드는 1885년 4월 5일 홀로 한국 땅에 첫 발을 디뎠다. 그의 나이 26세로 그날은 마침 부활절이었다. 개신교 목사로 우리나라에 정식 입국한 사람은 그가 처음이었다. 본래 그는 1859년 영국 런던에서 출생했다. 뉴욕대학을 졸업하고 신학교를 거쳐 목사가 되었다. 그리고 선교사가 되어 한국에 온 것이다. 서울에 들어온 지 사흘 만에 그는 알렌(Horace N. Allen)이 개설한 광혜원(廣惠院)에서 화학과 물리학을 가르쳤다.

언더우드는 1889년 8살 연상인 호튼(Lillias S. Horton)과 결혼했다. 그녀는 광혜원의 의사였다. 그런데 신혼여행조차 송도, 평양, 강계 등 북한 지역에서의 전도로 바꿔버릴 만큼 선교에 열심이었다.

안식년을 맞아 미국에 가 있는 중에도 언더우드는 애비슨(Oliver R. Avison), 무어(Samuel F. Moore), 레이놀즈(William D. Reynolds) 등 저명한 선교사를 한국에 파송시키는 일을 게을리 하지 않았다.

고종황제는 그의 공덕을 기려 태극훈장을 내린 바 있다. 1863년 8·15 광복절에 정부는 그에게 대통령상을 포상했다.

언더우드, 아니 원두우 박사는 1916년 학교기금을 모집하러 미국으로 갔다가 그 해에 별세했다.

언더우드의 2세인 원한경(元漢慶)은 아버지에 이어 조선기독교대학의 3대 교장으로 학교의 발전에 공헌했다. 또 한국전쟁 중에는 미군의 민간고문으로 일하기도 했다. 언더우드 3세인 원일한(元一漢)은 연세대학고의 교수와 이사를 지냈다.

지금 양화진 언더우드가(家)의 묘역에는 4대에 걸쳐 7명이 안장되어 있다.

혼자가 아니라 쓸쓸함이 덜할 것이라는 건 나 같은 속인만의 느낌일는지.

6

이곳 양화진에 잠들어 있는 외국인 가운데 꼭 소개해야 될 사람이 있다. 그가 바로 헤론(John W. Heron: 蕙論·1856~1890)이다.

헤론의 묘는 전체 묘역 중 한 복판에 자리 잡고 있다. 중앙이라 해서 명당이란 얘기를 하려는 게 아니다. 그의 묘가 처음 자리를 잡으면서 사방으로 묘역이 넓혀졌고, 마침내 오늘과 같은 면적과 형태를 갖췄기 때문이다. 당초 양화진의 외국인 선교사 묘원은 그가 이곳에 안장됨으로써 조성된 것이다.

1856년 영국에서 출생한 헤론은 14세 되던 해에 미국 테네시 주로 이민한다. 메리빌대학을 나온 그는 테네시종합대학교 의과대학을 수석으로 졸업한다. 의대를 졸업하기 전부터

모교의 교수로 초빙을 받았지만 헤론은 이를 거절하고, 오래 전부터 꿈꿔 왔던 '조선'의 선교사가 된다. 그는 결혼 후 아내 깁슨과 함께 일본을 거쳐 한국에 왔다. 1885년 6월 21일이었다.

1887년 헤론은 광혜원의 2대 원장이 된다. 초대 원장이던 알렌이 주미 조선 공사관의 서기관으로 임명되는 바람에 그 후임이 된 것이다. 헤론은 알렌의 뒤를 이어 고종의 시의(侍醫)로 임명되고 가선대부(嘉善大夫)라는 벼슬을 받는다. 이후 광혜원은 제중원(濟衆院)으로 이름을 바꾸고 황실에서부터 일반 백성에 이르기까지 의료 활동을 널리 확대해 나간다.

당시 백성들의 건강상태는 매우 비참했다. 천연두, 콜레라, 페스트. 장티푸스 같은 괴질이 만연하여 남녀노소, 고하귀천을 가리지 않고 귀중한 생명을 앗아갔다. 이런 상황에서 헤론의 고충이 얼마나 컸겠는가. 그는 밤낮을 가리지 않고 환자들을 돌봤다. 귀가해서는 또 성서번역에 매달려야 했다.

과로에서 헤어나지 못하던 헤론은 결국 이질에 걸려 이승을 떠나고 만다, 그의 나이 고작 33세였다. 그의 죽음은 한국 국민에게 있어 큰 불행이요, 손실이었다.

그는 사망하기 전 아내에게 "계속 조선에 남아 선교를 계속하라"는 말을 남겼다 한다.

7

이 밖에도 양화진의 외국인 공동 묘역에는 소개해야 할 인물들이 많지만, 몇 사람만 추려 그들의 행적을 간략히 정리한다.

먼저, 배재학당을 세워 많은 인재를 배출하였으며, 최초의 감리교회를 설립한 아펜젤러(Henry G. Appenzeller · 1858~1902: 미국)를 빼놓을 수 없겠다. 그는 또 배재학당 안에 협성회라는 토론회를 조직하고, 독립협회의 서재필, 윤치호 등을 강사로 초빙하여 학생들에게 민주주의 의식과 독립정신을 고취시켰다.

평양지역의 개척 선교사로 전염병 환자들을 치료하다가 자신도 감염되어 사망한 홀(William J. Hall · 1860~1891:캐나다). 사랑하는 남편을 잃은 고통 속에서도 43년 동안 의료선교 사업을 펼쳤던 그의 부인 로제타 홀(Rosetta S. Hall · 1865~1951:미국), 그녀는 한글에 갖는 점자를 만들고 시각장애인과 청각장애인들을 위한 학교까지 세우는 업적을 이뤄낸 맹렬여성이었다. 그들의 아들 셔우드 홀(Sherwood Hall · 1893~1991)은 토론토의대를 졸업한 후 한국에 와서 16년간 의료선교를 했다. 해주에 폐결핵요양원을 세웠고, 국내 최초로 크리스마스실을 만든 주인공이기도 하다.

무어(Samuel F. Moore · 1860~1906)는 '백장(白丁) 전도의 개척자' 또는 '백정 해방운동의 옹호자'로 알려져 있다. 500년간 사람대접을 못 받던 사람들을 아끼고 사랑한 그의 행적은 '세계를 뒤집어 놓은 사건(turning the world upside down)'으로 칭송받고 있다. 장티푸스에 걸려 제중원에서 숨을 거두었다.

소다가이치(曾田嘉伊智·1867~1962:일본)는 양화진에 안장되어 있는 유일한 일본인이다. 게다가 그는 한국정부로부터 문화훈장까지 받은 사람이다. 그가 한국에서 활동한 시기는 1905년부터 1945년까지, 일본인이라면 무조건 적대시하던 때에 어찌 그런 대우를 받을 수 있었을까. 다른 것이 아니다. 소다 내외가 한국고아들에 바친 사랑이 너무 극진하고 소중했기 때문이다. 소다가 돌본 고아의 수는 1000여명에 이른다. '고아의 아버지'란 별칭이 붙을 만하다.

영국 출신의 위더슨(Mary Widdowson·1898~1956)은 '고아의 어머니'였다. 고아들을 위해 평생을 헌신했기 때문이다. 남편과 결혼해서도 서울 변두리의 고아원에 보금자리를 차릴 정도로 고아들을 아끼고 사랑했다.

이화학당(오늘의 이화여대)을 열어 근대 여성교육의 선구자 역할을 했던 스크랜턴(Mary F. Scranton·1832~1909:미국) 여사와, 선교지 평양의 작은 사랑방에서 시작한 학당을 숭실대학으로 발전시킨 베어드(William M. Baird·1862~1931:미국) 등은 교육 선교사의 또 다른 전범(典範)일 터이다.

애비슨(Oliver R. Avison·1860~1956:캐나다)은 세브란스병원과 의학교를 설립·성장시킴으로써 근대의학의 발전에 크게 공헌한 인물이다. 1957년 세브란스의과대학은 연희대학과 통합되어 연세대학교로 개편되었다.

벙커(Dalziel Bunker · 1853~1932: 미국)는 한국 최초의 관립 근대 교육기관인 육영공원의 교사로 한국에 온 사람이다. 9년간 영어교육을 담당했다. 이후 배재학당에서 교장 직을 맡는 등 열성적인 자세로 교육에 헌신했다. 그의 아내 엘러즈는 명성황후의 시의였다. 부부가 합장된 양화진 묘소의 비(碑)에는 이런 글이 새겨져 있다.

"Until the day down, the shadows flee away."
(날이 새고 그림자가 물러날 때까지)

⑧

이곳 양화진에 잠들어 있는 선교사들을 낱낱이 소개하려면 한도 끝도 없을 것이다. 위의 몇 분들은 단지 예에 불과하다. 또 그들이 이 땅에서 남기고 간 위대한 업적에 비하면 터럭 하나 만을 건드렸을 뿐이다. 그래도 이제 우리는 알 것 같다. 왜 그들은 그 옛날 동방의 가난한 나라, 깨우치지 못하고 전염병까지 득실거리는 나라에 왔는지를.

그들은 이 나라 백성들의 사시(斜視)나 비난에도 아랑곳 하지 않았다. 돌팔매와 전염병도 그들의 숭고한 의지를 꺾지 못했다. 무엇이 그들을 이렇게 용감한 투사로 만들었을까. 사랑. 그랬다. 사욕 없는 애타정신이 이들을 그렇게 만들었고, 이 땅 이곳에 뼈와 살을 묻게 했을 것이다.

듣건대 이 양화진 외국인 선교사 공동묘지를 둘러싸고 '유니온교회'와 '100주년기념교회' 사이에서 잡음이 일고 있는 듯하다. 묘지의 명칭에서부터 토지의 등기, 관리, 운영문제 등 여러 문제로.

솔직히 나는 교인도 아니고, 잡음의 내용을 시시콜콜히 아는 것도 아니다. 그러므로 중뿔나게 나서서 잘잘못을 가릴 생각은 없다. 다만, 이러한 잡음들이 이곳에 묻혀 있는 영령들의 귀에까지 들려지지 않을까 두려워진다. 얼핏 보면 교회간의 재산 싸움으로도 생각되는 이 잡음을 땅 속의 혼백들이 알게 된다면 그들은 얼마나 실망할 것인가. 그리고 얼마나 괘씸스럽게 여길 것인가. 그리운 가족, 사랑하는 조국을 떠나 머나먼 한국에서 수고하고 목숨까지 버린 결과가 종국에는 이런 추태까지 봐야 되는가 하고 통곡을 하지 않겠는가. 그것도 다른 기관과의 시비가 아니라 교회간의 대립이라는 점에 자괴감과 통분을 느낄 것이다. 이것이 바로 하루 속히 문제점이 해결돼야 할 이유인 것이다.

한국인 누구보다 한국을 사랑했던, 그리고 이곳 양화진에 묻힌 헐버트가 이 같은 잡음을 듣는다면 분명 이런 얘기를 할 것 같다.

"살아생전 유언으로 남겼던 말을 크게 후회하오. 웨스트민

스터가 아니라도 괜찮으니 제발 내 무덤을 한국이 아닌 다른
곳으로 옮겨 주시오!”

2010년 2월

그리던 고향은 어디로?

내 고향은 경기도 파주(坡州)이다. 더 정확히 말하면 파주 시 파주읍 연풍리, 속칭 용주골이 태어난 곳이자 성장한 지역 이다. 파주는 서기 475년(고구려 장수왕 63년)에는 술이홀현 (述爾忽縣)으로 불렀다 한다. 1459년(세조 5년)에 파주목(坡 州牧)으로 개편되고, 1895년(고종 32년)에는 파주군이 되었다 가 1996년 파주시로 승격되어 오늘에 이른 것이라고 기록은 전한다.

요즘 파주는 신도시 개발로 부산하다. 초목이 우거졌던 산 은 허물어져 아파트가 들어서고, 오곡이 자라던 전답엔 새 길 이 나는 등 상전벽해의 변화를 맞고 있다. 갈 적마다 모습이 달라지고 있음을 목격한다. 서울 외곽의 도시치고 이 곳 만큼 눈부시게 변화한 곳이 흔치 않을 정도로 파주는 지금 바쁘게 돌아가고 있는 것이다.

어제 12월 19일은 몹시 차가운 날씨였다. 서울은 영하 11도까지 온도가 내려갔다. 게다가 바람까지 불어서 더욱 춥게 느껴졌다. 이 추운 날, 나는 아내와 함께 고향을 찾았다. 개인적인 일로 한두 사람을 만나볼 일이 생겼기 때문이다.

집 근처에 있는 디지털미디어시티역에서 경의선 복선 전철을 탄 시각이 오전 9시 30분. 토요일이고 날씨가 추운 때문일까, 승객들은 많지 않았다. 지난 7월에 개통된 전철은 아주 청결했다. 전열선이 깔린 의자도 아랫목 같이 따뜻해 쾌적한 여행을 할 수 있었다. 문득 기차를 처음 탔던 옛날이 떠오른다. 초등학교 1학년 여름방학 때였다. 서울로 시집간 누이를 찾아가느라 어머니와 함께 걸어서 문산(汶山)에 간 적이 있다. 기차를 타기 위해서였다. 그 때 처음 말로만 듣던 기차를 봤다. 어마어마한 덩치에 시커먼 몰골. 정수리에서 토해내는 연기와 '쉬익'하고 내뿜는 콧김하며 영락없는 괴물 같은 느낌이었다. 옆에 어머니가 안 계셨더라면 누이든 서울이든 다 집어치우고 도망쳐 집으로 되돌아갔을 것이다.

중·고등학교에 다닐 때만 하도 서울에서 문산까지는 중간역이 몇 군데 없었다. 신촌 수색 능곡 일산 금촌이 전부였다. 그러나 지금은 같은 구간에 17개나 들어서 있는 상태다. 중간역의 수가 몇 배 늘어났으니 운행시간도 꽤나 느즈러질 법한데, 아주 정 반대이다. 종전의 1시간 40분에서 1시간으로 크게 단축돼 버린 것이다. 1시간의 운행 간격도 10~15분으로 줄었고, 운행횟수도 150회로 크게 늘어났다.

파주의 변화를 어찌 수송수단 한 가지 사실로만 설명할 수 있으랴? 디지털미디어시티역에서 파주역에 닿는 40여분 동안 나는 하루가 다르게 변해가는 파주의 모습을 볼 수 있었다. 한적하고 평화롭게 보이던 모습은 간 곳 없고, 사면팔방 들쑤시고 헤집어놓은 땅과 이곳저곳 빼곡히 솟아오른 건물 등…익숙한 고향 길이 아니라 서먹한 타향을 찾아가는 느낌이 들었다. 금촌 역 언저리에서 본 '대한민국 대표 기업도시'라는 대형 입간판은 파주시청이 추구하는 캐치프레이즈가 분명할 테지만, 뿌듯한 자긍심에 앞서 무언가를 잃어버린 것 같은 상실감을 갖게 했다.

물론 '파주'라 해서 온 지역이 신도시의 거센 바람에 휩싸인 것은 아니다. 내 출생지이자 성장지인 용주골은 아직도 무풍지대이다. 국도변이긴 하지만 인근 문산이나 금촌에 비해 10리, 20리나 떨어진 외진 자리이기 때문일 것이다. 그러나 이곳은 이곳대로 예전과는 전혀 다르게 그 모습이 달라졌다.

6·25전란 직후 용주골 인근에는 대규모 미군기지가 들어섰었다. 이것을 계기로 미군을 상대로 한 위락시설인 '홀 하우스(Hall House)'가 생겨나기 시작했고, 이들 업소들은 먹고 마시고 춤을 제공하는 것에 지나지 않고 자연스레 성(性)을 매매하는 장소로 발전하게 된 것이다.

미군부대가 떠난 뒤에도 용주골 옆 동네 대추벌은 집창촌(集娼村)으로서의 위세(?)를 떨쳐나갔다. 한때는 250여 군데

가 넘는 업소에서 1천명이 넘는 성매매 여성이 득시글거리기
도 했다. 2000년 이후 서울을 중심으로 한 집중단속이 이루어
지면서 현재는 뜸해졌으나 아직 그 뿌리는 뽑히지 않은 듯하
다. '파주경찰서, 성매매 소재지 전격 폐쇄'라는 며칠 전의 신
문기사가 이를 입증한다. 하여, 누가 고향을 물어 "파주 용주
골이다"고 대답할라치면 듣는 상대가 오히려 겸연쩍어 하는
경우를 간혹 체험하고 있다.

　마을 앞을 흐르던 연풍내도 상황은 비슷하다. 내 어릴 적의
연풍내는 정말 맑고 깨끗한 개천이었다. 가뭄이 들 때는 주저
없이 양동이에 물을 길어 먹기도 했다. 쏘가리 메기 모래무지
가 헤엄쳐 다녔고, 임금님께 진상했다는 참게도 지천으로 잡
히던 곳이었다. 오죽하면 파주초등학교의 교가에 '연풍내 맑
은 정기 솟아오르는'이라는 구절이 들어 있을까. 그랬던 연풍
내가 지금은 어떤가. 각종 폐수와 오물로 몸살을 앓고 있다.
아무 짝에 쓸데없는 썩은 물이 흐르는 폐천(廢川)으로 바뀐
것이다.

　자연과 환경이 이 지경으로 바뀐 터에 고향 사람인들 온전
하게 옛 모습을 지니고 있겠는가. 통 털어 50여 가구에 살던
용주골 원주민들은 6·25전란을 맞아 뿔뿔이 흩어져서 고향
에 남아 산천을 지키고 있는 사람들은 얼마 되지 않는다. 죽
은 사람도 헤아릴 수 없이 많다. 최근엔 내 가까운 친구도 셋
이나 이승을 등졌다.

　거리가 떨어지면 살뜰한 정도 멀어지는 법. 얼마 전만 해도

기쁜 일 궂은일을 맞아 서로 연락을 했건만, 지금은 그 조차도 뜨막하다.

원주민은 가뭄에 콩 나기이고 외지인들이 접수해 버린 용주골. 순박하고 넉넉하던 옛날 인심도 종적 없이 사라진 느낌이다. 이따금 파주 용주골을 찾으면 문득 정지용(鄭芝溶)의 시 '고향'이 떠오른다. 그리고 가슴이 아리고 허망해지는 것이다.

> 고향에 고향에 돌아와도
> 그리던 고향은 아니러뇨
>
> 산꽁이 알을 품고
> 뻐꾸기 제 철에 울건만,
>
> 마음은 제 고향 지니지 않고
> 머언 항구로 떠도는 구름.
> (후략)

고향은 어린 시절에 뛰놀던 산야(山野)와 물가에 대한 가없는 그리움이요, 정든 이웃과 친구들에 대한 훈훈한 사랑일 것이다. 그 그리움과 사랑이 지금 내 가슴에서 가뭇없이 사라지려 한다. 슬프지 않은가?

2009년 12월

슬픈 전설의 꽃…능소화

어제 8월 23일은 처서(處暑)였다. 그러나 날씨는 절후에 아랑곳없이 덥고 눅눅했다. 장맛티도 이에 질세라 어제 아침엔 한바탕 비를 뿌리면서 심술을 부렸다. 그래도 저녁나절엔 설렁대며 바람이 불어 시원했다. 그게 어디인가. 그동안 찜통같이 무더웠었던 날씨에 비해서는…. 격분에 간밤엔 단 한 차례도 깨지 않고 숙면을 즐겼다.

혹시 날씨가 주춤한 것은 '처서' 때문이 아닐까. 그래, 그럴 것이다. 처서는 글자 그대로 '더위가 그친다.' 또는 '더위가 물러간다.'는 뜻이 아닌가. 그러기에 '처서가 지나면 모기입이 비뚤어진다.'는 속담도 생겨났나보다.

하면, 걱정하던 장마도 곧 끝나지 않을는지. 비록 오늘 아침까지도 비가 내렸고, 내일도 호우가 예상된다지만….

장맛비 속에서는 집 안 여러 곳이 피해를 입는다. 특히 우리 집 같이 지은 지 30년을 넘긴데다가 애당초 날림인 단독주택은 더 하다. 부실한 기왓장이며 담벼락 등 여기저기 손볼 곳을 만들어 놓는 것이다. 뜰 안도 마찬가지이다. 연약한 두충나무는 장맛비에 가지가 꺾이고, 줄기가 가느다란 오갈피 가시나무는 이리 휘고 저리 자빠진다. 아이들 주먹만큼 자란 감도 헬 수 없이 후두둑 떨어져 가슴을 아프게 한다.

처서 무렵에는 대부분의 꽃도 지게 마련. 남아 있는 목백일홍과 이태리 봉숭아, 그리고 베고니아들은 연일 내리는 비에 휘둘려 꽃이나 줄기에 맥이 빠지고 성깃한 모습이다. 그런데 유독 제 모습을 온전히 지키는 꽃이 하나 있다. 능소화가 그것이다.

능소화(凌宵花).

낙엽성 덩굴식물인 능소화는 7~8월 무더위 속에 나팔꽃 모양의 큰 꽃을 피워낸다. 빛깔은 붉지도 노랗지도 않다. 색깔의 배합이 환상적이다. 꽃받침 언저리는 노란빛을 띠고 있으나 전체적으로는 붉은빛이다. 꽃잎은 5장으로 완전히 갈라지지 않은 채 통꽃 모양을 하고 있다. 줄기 끝에 붓끝 같은 봉오리가 5~15개 맺혀서 차례로 꽃을 피워낸다.

우리 집 정원에 능소화가 들어온 지는 20년쯤 된 것 같다. 작은 묘목을 구해 왼쪽 담장의 고사한 향나무 옆에 심었는데, 지금은 크게 자라 의탁중인 향나무 크기를 훌쩍 넘고 밑으로까지 늘어진 상태이다. 줄기 길이가 10m라 하던가. 앞으로도 능소화의 줄기는 더 자랄 것이다. 말라 죽은 향나무에 빨판을 붙이고 건강히 자라는 모습을 보면 그 강인한 생명력에 탄성이 절로 나온다. 능소화는 삽목(揷木)이 가능하다. 살아야겠다는 집착이 얼마나 강렬하고 끈끈했으면 스스로 꺾꽂이 식물을 자청(?)했을까. 어쨌든, 여름철 담장 곁에 무더기로 피는 능소화는 그 화사한 자태 때문에 주변을 환하게 하고 지나는 사람들의 발걸음을 붙잡기 일쑤이다.

능소화는 피어 있는 모습만큼 꽃이 지는 모습도 아름답다. 대부분의 꽃은 필만큼 핀 다음 낙화하는 것이 상례이지만, 능소화는 더 매달려 피어 있어도 좋을 정도로 싱싱할 때 훌쩍 가지를 떠난다. 그래서 능소화는 꽃말이 '명예' 또는 '자랑'일까. 신분의 차이를 엄격히 규정했던 옛날에는 능소화를 양반 집에서만 키울 수 있도록 제한했다고 한다. 그래서 이 꽃은 '양반꽃'으로도 불리는 모양이다.

능소화는 몇 개의 전설을 지니고 있다. 그중 널리 알려지고, 심금을 울리게 하는 전설이 있다.

옛날 어느 궁궐에 소화(宵花)라는 이름의 아름다운 궁녀가 살았다 한다. 그녀의 미색에 반한 임금은 하루 저녁 잠자리를 같이 하고 빈(嬪)의 벼슬을 내린다. 그리고 별도의 처소도 마련해 준다. 하지만, 어찌 된 일인지 임금은 다시 소화를 찾지 않는 것이었다. 소화는 시샘 많은 다른 빈들의 모함까지 받아 궁궐의 가장 후미진 구석으로 밀려난다. 그래도 가련한 소화는 학수고대하고 임금만을 기다린다. 그런 어느 여름날, 소화는 상사병으로 마침내 숨을 거둔다. "내가 죽거든 담장 밑에 묻어 달라"는 유언을 남긴 채…. 이듬해 여름, 소화가 묻인 담장 가에 주홍빛 꽃이 넝쿨 따라 피어났으니 그것이 바로 능소화이다.

그리운 임의 모습을 더 잘 볼 수 있도록, 사랑하는 임의 발자국 소리를 더 크게 들을 수 있도록 담장에 올라 나팔 귀의 모습으로 피어난 능소화의 전설은 우리를 슬프게 한다. 아니, 지고지순한 사랑이기에 우리들 마음을 경건하게 만든다. 어느 시인은 능소화를 두고 이렇게 표현하고 있다.

담장 너머로
고개 길게 늘어뜨리고
귀 활짝 열어도
말 발자국은 풀벌레 소리로 지워진다

기다림은
흐느낌 속으로 세월을 죽이고
하늘 뻗은 그리움 주황빛으로 빛난다.
옷고름에 숨기고 간
구중궁궐의 한 맺힌 눈물
애 끊는 꽃으로 피어나서
길손들의 가슴에 설레임을 심어주는
(후략)

정절 높은 아녀자 같이, 기품 있는 선비인 듯, 여름 한 철고고하게 피었다가 싱싱한 모습으로 떨어지는 기이한 꽃, 능소화.

그를 두고 지금 '기이하다' 불렀음은, 오히려 내 살아온 역정이 뒤죽박죽이고 엉클어진 때문인지도 모르겠다.

능소화, 문득 그를 닮고 싶어진다.

2010년 8월

제6부

행복의 메타포

나이 70즈음에

　며칠 주춤했던 날씨가 어제부터 다시 추워지기 시작했다. 어제(2일) 서울지방의 최저기온은 영하 9도, 낮 최고기온은 영하 5도였다. 그제보다 10도의 기온차를 보인 것이다. 그러나 오늘의 기온은 더욱 떨어져서 서울지방은 최저가 영하 12도였다. 지난달 28일 내가 봤던 신문내용과는 상황이 영 딴판으로 돌아가듯 보인다. 그날 ≪동아일보≫는 사진과 함께 봄소식을 이렇게 전하지 않았던가. "전국적으로 비가 내린 27일 제주시 한림공원에는 매화가 활짝 피어 봄 향기를 물씬 풍겼다"라고….

　그런데 내일이 바로 입춘(立春)인데 봄은 뒷걸음쳐 딴 데 도망이라도 갔단 말인가. 느닷없이 하늘과 땅을 꽁꽁 얼어붙게 하다니?

입춘. 24절기 중 제일 처음 등장하는 것이 바로 입춘이다. 입춘 우수 경칩 춘분…으로 시작해 대설 동지 소한 대한으로 한 해는 마무리된다. 입춘은 글자 그대로 '봄에 들어선다'는 뜻이다. 듣기만 해도 마음이 푸근해 진다. 비록 요즘 며칠 날씨가 한껏 차갑다 해도, 그것은 봄에 대한 시샘일 뿐 기어코 따뜻한 바람은 잿빛 하늘을 걷어낼 것이다. 이어서 산야의 초목들은 새 싹을 틔우겠지. 죽지 않고 살아 있음을 증명하면서…. 그리고는 마침내 향기로운 꽃을 화려하게 피워낼 것이다.

늘 맞이했던 봄이었다. 특별히 새삼스러울 게 있을 리 없다. 그런데도 이 해 새 봄이 유독 달리 느껴짐은 무슨 이유일까. 지난겨울이 너무나 혹독해서인가. 아니면 나이 70이라는 세월의 무게를 새삼스레 느껴서인가.

나는 겨울을 싫어하는 편이다. 맵찬 날씨는 가슴을 오그라들게 하고 여러모로 행동에 제약을 주기 때문이다. 물론 겨울의 매력 한두 가지는 알고 있다. 그 중의 하나가 흰 눈이다. 천지를 하얗게 덮는 눈은 언제나 평등하다. 보잘 것 없는 자갈돌이나 값 비싼 황금덩어리도 눈은 차별 없이 희게 덮어준다. 싸구려 옷이나 명품 의류라고 차별하는 법도 없다. 그저 똑같이 하얗게 만들어 줄 뿐이다.

이 세상 보이는 모든 물체를 희게 만들어 가치를 균등화시킨다는 것은 얼마나 대단한 것인가.

겨울이 좋은 또 하나 이유는 무언가에 몰두할 수 있다는 점이다. 보고 듣고 감지할 것이 많은 계절은 머리를 어수선하게 만든다. 하지만 겨울은 다르다. 오감(五感)이 한가해지는 대신, 자신을 성찰하는 시간이나 취미·능력을 갈고 다듬는 여유 시간은 훨씬 많아진다. 백수건달로 지내는 요즘은 더욱 그렇다. 겨울을 마뜩하게 여기지 않으면서도 참아낼 수 있는 것은 이런 장점이 있어서이다.

그런데 내일이 입춘이란다. 나이 70에 맞는 입춘은 뒤숭숭하다. 아주 특별한 이유가 있어서는 아니다. 다만, 이 많은 세월 속에 내가 이룩해놓은 것이 없는데다, 건강한 몸으로 또 다른 입춘을 얼마나 더 맞이할 수 있을까 하는 생각이 문득 들기 때문이다.

궁극적으로 한 개인의 성공과 실패는 그 개인의 삶이 끝났을 때 평가가 가능하다고들 얘기한다. 그게 사실이라면 나는 아직 70세일뿐이므로 나에 대한 평가는 아직 멀었다고 볼 수도 있겠다. 그런데도 마음은 공연히 켕긴다. 그래 맞다. 불안하고 혼란스러워지는 것이다. 왜 그럴까. 좋은 평가를 기대할 수 없겠기 때문이다. 하기야 이 풍진 세상, 제 몸 하나 건사하기도 버거운데 누가 어떻게 평가하든 무슨 상관이랴.

제 몸 추스르기도 귀찮고 번거롭게 여겨지는 것은 육체와 더불어 정신도 쇠잔해졌다는 확실한 징표일 것이다. 지난날 하늘 높이 품었던 푸른 꿈은 다 어디로 날아갔는가. 굳은 신념, 뜨거운 용기는 누가 언제 도둑질해 갔을까. 작가 한수산(韓水山)의 탄식이 들리는 듯하다.

나는 모든 사람들이 걸어갈 그 판에 박은 문양(文樣)이 나에게도 새겨지리라고는 생각하지 않았다. 그런데 어느 날 갑자기 내가 가졌던 천 개의 가능성이 겨우 하나만을 남겨놓고 다 사라져 버렸다는 혼란에 빠져들고만 것이다. 어느 사이에 시기를 놓쳐 버렸다는 생각까지 나를 휘어잡는 것이다.

그의 에세이 '30세'에 나오는 한 대목이다. '내가 가졌던 천 개의 가능성이 겨우 하나만을 남겨놓고 다 사라져 버렸다'는 작가의 고백이 가슴에 와 닿는다. 그래도 그때 그는 서른 살이었지 않았는가. 그런데 지금 나는 몇 살인가. 70이다. 이 나이에 가능성을 들먹인다는 것은 허욕일 수도 있겠다.

그래서인가. 간혹 복지관을 찾으면 눈에 잘 띄는 곳에 '노년기의 마음가짐' 같은 것이 씌어져 있음을 본다.

"자식들에게 너무 기대하지 마라. 어른 대접을 해주지 않는다고 불평하지 마라. 옛날 일은 모두 잊고 잘난 제 자랑하지 마라. 설치지 말고 미운 소리, 우는 소리, 헐뜯는 소리, 군소리 하지 마라. 늙는다는 것을 당연하게 알고 두려워하지 마라…" 등.

가만히 보니 온통 '하지 말라'는 얘기이다. 늙어가는 것도 서럽거늘 이건 완전히 오랏줄로 묶어놓고 입도 뻥끗하지 말라는 게 아니고 무언가. 무슨 대역 죄인이라도 다루는 투이다.

물론 '…을 하라'는 얘기가 없는 것은 아니다. 늙어가면서

마땅히 지켜야 할 무슨 도(道)라든가 계명(戒名) 같은 게 그
들이다. 그러나 이 또한 늙은이들을 좇아 족치는 매나 몽둥이
에 다름 아니다. 몇 몇 예를 들어보자.

"많이 듣고 적게 말하라. 행동을 신중히 하라. 관대하라. 용
모를 단정히 하라. 나눔과 봉사의 활동을 하라. 미소를 잃지
말고 매사에 감사하라.…" 등이 그것이다. 모두 말썽꾸러기나
죄인을 다루 듯 한 타이름들이다. 해서, 이런 글을 읽고 보는
노년들은 자연 주눅이 들고 기가 꺾인다. 딴죽에 걸려 넘어지
고 물볼기를 맞는 느낌이 들기도 한다. 헛기침 한 번에 분위
기를 제압하던 그 옛날 노인들의 기개나 관록은 다 어디로
갔을까.

> 50에 지천명(知天命), 60은 이순(耳順)이고, 70에는 종심소
> 욕불유구(從心所欲不踰矩)여서 마음대로 해도 법도에 어긋나
> 지 않는다.

공자(孔子)가 자기 삶을 회고하면서 한 말이다. 그러나 요
즘 세상에 나이 70을 들먹이고 마음더로 했다간 미친 늙은이
취급을 받고 몽둥이 찜질이나 받지 않을는지?

지난해 말 통계청은 한국인의 기대수명이 80세를 넘어섰다
고 발표했다. 기대수명이란 한 사회의 의료수준, 삶의 질 또
는 연령대별 사망률 등을 고려해서 특정한 연대에 태어난 아
이가 앞으로 몇 살까지 살 수 있는가를 추정해 보는 평균 생

존연수를 뜻한다. 불과 10년 전만해도 80세를 넘은 노인이 흔치 않던 한국이었다. 그러기에 '80세 넘은 노인은 하나님과 동격'이라는 우스개 소리까지 있었다. 앞으로 기대수명은 더욱 늘어날 것이다. 이에 비춰보면 70이라는 나이는 그다지 고령도 아니다. 오히려 새 마음 새 설계가 필요한 나이일지도 모른다.

사람은 꿈을 버릴 때 주저 않게 마련이다. 희망의 끈이 끊어지고 절망에 묻혀버리기 때문이다. 기운이 다하면 떨어지면서 사라지는 것이 자연의 섭리이다. 그렇다 해서 자괴와 자학 속에서만 살 수는 없지 않겠는가. 초점 없는 눈으로 멀뚱거리다가 이별을 맞기에는 아직 이 세상엔 해야 될 일, 즐길 것이 많다는 것을 다시 한 번 깨달을 필요가 있지 않을는지.

70세여! 신발 끈을 다시 한 번 힘껏 조이자. 그리고 힘차게 한번 앞을 향해 내디뎌 보자.

2010년 2월

안자지어(晏子之御)

춘추전국시대(BC 770~221).

제(齊)나라의 재상 안영(晏嬰)은 키도 작고 얼굴이 못생겨 외모는 볼품이 없었다. 하지만 보석 같이 빛나는 지성과 높은 덕망 때문에 공자(孔子)조차 흠모해 마지않던 명신(名臣)이었다. 안자(晏子)라는 경칭도 그래서 붙여진 것이다. 그에게는 마부 한 사람이 딸려 있었다. 안영, 아니 안자와는 달리 헌칠한 키, 우람한 체구에 용모 또한 준수했다.

어느 날 안자가 마차를 타고 외출을 할 때였다. 우연히 마부의 아내가 문틈을 통해 남편의 거동을 엿보게 되었다. 마침 남편은 수레 위에 큼지막한 차양을 씌우는 중이었다. 출발 준비가 끝나고 안영이 마차에 오르자, 남편은 말에 채찍질을 한다. 그 모습이 자못 의기양양했다. 으스댄다고 할까. 어깨에는 힘이 들어가 있고, 얼굴 표정은 자만에 차 있었다.

얼마 후 남편이 외출에서 돌아왔다. 그런데 이게 어찌 된 노릇인가. 갑자기 아내가 이혼을 요구하는 게 아닌가. 아닌 밤중에 홍두깨도 유만부동이지 이혼이라니? 너무 황당한 일이라 남편인 마부가 묻는다.

"어디 아픈 게 아뇨? 이혼은 무슨…?"

"난 지금 정상이에요. 당신과는 이혼해야겠어요."

여전히 어안이 벙벙한 마부가 다시 물어볼 밖에.

"어디, 그 까닭이나 들어봅시다. 왜 이혼하겠다는 거요?"

이에 마부의 아내가 이혼사유를 명쾌히 설명해 나간다.

"안자는 키가 6척에 불과하지만, 제나라의 재상이 되어 그 이름을 천하에 떨치고 있소. 아까 그분이 외출하는 것을 보니 무척 조심스럽고 겸손하게 행동합디다. 하지만 당신은 뭐요? 8척 장신에 남의 마부가 됐으면서도 부끄러워하기는커녕 오히려 거드름을 피우며 기고만장한 모습입디다. 이것이 바로 이혼을 청하는 이유요."

듣고 보니 겸연쩍고 창피한 노릇이었다.

"그랬구려. 정말 내가 잘못했소. 다시는 그런 일이 없을 거요."

마부는 아내에게 진심으로 사과했다. 그 뒤부터 마부는 매사에 조심하면서 겸손하게 행동했다.

마부의 달라진 행동을 이상하게 여긴 쪽은 안자였다. 해서 안자는 마부를 불러 물어보았다. 전후 사실을 다 알게 된 안

자는 왕에게 천거하여 대부(大夫)라는 벼슬을 받게 해 주었
다. 남의 충고를 듣고 자신의 결점을 고친 마부의 사람됨을
높이 평가했기 때문이다.

≪안자춘추(晏子春秋)≫라는 책과 사마천(司馬遷)의 ≪사
기(史記)≫에 실린 이 고사에서 안자지어(晏子之御)라는 말
이 생겨났다. 글자 그대로는 '안자의 마부'라는 뜻이지만, '별
것도 아닌 직책을 지니고 턱없이 우쭐대는 소인배'들을 가리
킬 때 흔히 이 말을 빗대어 인용한다.

어제 6월 2일은 제5회 전국동시지방선거가 있던 날이었다.
광역자치단체장, 기초단체장, 시도교육감 등 자그마치 8개 직
책에 출마한 후보들을 투표함으로써 개표는 오늘 아침에야
끝낼 수 있었다. 정치에는 별로 특별한 관심이 없는 입장이지
만, 하도 판세가 엎치락뒤치락 결과를 예측하기 어려운 곳이
많아 새벽녘에야 겨우 눈을 붙일 수 있었다. 접전지역의 개표
상황은 웬만한 스릴러물보다 더 흥미로웠기 때문이다.

이번 6·2지방선거는 결과가 아주 의외로 나타난 것 같다.
당초 예상했던 것과는 딴판으로 집권당인 한나라당은 참패
했고 제1야당인 민주당의 약진이 두드러진 것이다. 따라서
한나라당은 초상집 분위기로 침체해 있는데 반해, 민주당은
잔칫집 분위기로 들떠 있는 상황이다. 비단 분위기만 그런 게
아니다. 한나라당은 선거에 대한 책임을 지고 지도부가 사퇴
를 선언하는 등 후폭풍에 휘말려 있다. 민주당이 집권 여당에
대해 주요 정책을 중단하거나 바꾸라고 요구하는 등 의기양

양한 것과는 크게 대조를 보이고 있는 것이다.

나는 지금 여야 어느 당이 됐든, 선거 결과의 원인을 하나하나 분석해 내고 대책을 제시하고 싶지는 않다. 나에겐 그런 능력도 없으려니와, 설사 있다 해도 다른 전문가가 얼마든지 있을 테니까.

다만, 개표가 끝난 뒤 각 정당의 관련자나 관련 기관들이 '제1성'으로 했던 한 마디가 무엇이었는지는 이 글에서 소개하고 싶다. 그것은 모든 사람들의 관심사가 될 수 있겠기 때문이다.

청와대는 "민의를 겸허히 수용한다"고 말한 것으로 알려져 있다. 한나라당 대표는 "성찰의 기회로 삼자"고 말했다. 당 대변인은 "국민의 엄중한 판단으로 본다"며. 하반기 국정운영을 더 잘할 수 있도록 하겠다는 논평을 냈다.

한편 민주당은 '압승'이라면서 '현 정권 심판론이 승리의 요인'이라는 분석까지 내놓았다. 당 대표는 "민심은 천심인데, 오만한 정권에 대한 심판이다"라고 말했다. 당 사무총장도 '심판해야겠다는 숨은 표가 결집한 것'이라는 판단을 내렸다.

한 마디 '촌평'이라는 한계를 인정한다 해도, 위에서 인용한 코멘트에는 신발을 신고 가려운 데를 긁는 것 같은 '격화소양(隔靴搔癢)'의 기분을 갖게 한다. 우선 선거에서 진 쪽은 왜 졌는가에 대해 아무런 얘기가 없고, 이긴 쪽은 '개구리 올챙이 적 생각을 못한다'는 속담 그대로 상대를 너무 몰아 부친 것 같다는 생각이다. 양쪽의 얘기를 들으면 안자의 고사가 저

절로 떠오른다. 그래, 기왕 안자의 말이 났으니 만큼 그에 얽힌 얘기나 더 들어보는 게 어떨까 싶다.

안자가 외국 사신으로 가 있는 동안 제나라의 왕 경공(景公)은 새 궁궐을 짓기 시작했다. 때가 마침 추운 겨울이라 동사자가 속출하는 등 공사가 지지부진할 밖에 없었다. 그런데도 왕은 무리하게 공사를 계속했다. 그 무렵 안자가 귀국했다. 그는 귀국 환영연회에서 궁궐공사를 문제 삼다가, 요즘 시정(市井)에서 유행하고 있는 노래 하나를 소개한다.

살을 에는 추위에 몸이 어네/ 아, 어찌할거나!/
나라님 때문에 가족들은 헤어지고/ 아, 어찌할거나!

그리고 안자는 주르르 눈물을 흘린다. 이러한 풍자적 간언을 알아채지 못할 정도의 왕은 아니었다.

"알았네. 알았어. 새로 짓는 궁궐 때문이군. 그만 두면 될 것 아닌가?"

안자는 황공하여 머리를 조아리고 연회장을 빠져 나와 궁궐 신축 공사장으로 말을 달린다.

"여러분, 잘 들으시오. 임금님이 거처하실 궁궐 하나 지어 드리는 데 너무 질척거리지 않소? 좀 서두르시오! 빨리 서두르란 말이오!"

인부들이 가만히 있을 리 없었다. 모두들 수군거리며 불평을 털어 놓는다. "들자하니 너무 하군. 임금의 꽁무니에서 말을 탄 주제에 재촉질을 하다니!”

안자가 일꾼들로부터 호된 미움을 타고 있는 바로 그때였던가 보다. 임금의 ‘공사 중단’ 명령이 떨어진 것은…. 공사장의 인부들은 모두 뛸 듯이 기뻐하며 환호한다. 이리하여 안자는 백성의 불평과 원망은 혼자서 떠맡고, 공덕은 임금에게 고스란히 돌렸던 것이다.

지도자의 국정운영에 비판 없이 찬성하거나, 설득력 없이 무조건 반대부터 하고 보는 오늘날의 정치 형태. 2500년 전 안자의 지혜와 혜안이 너무 부러울 뿐이다.

안자는 춘추전국시대의 인물이다. 그가 살았던 시대는 인간의 도덕이 극히 문란한 가운데 약육강식의 논리가 지배했던 혼란의 시기였다. 이때 존재했던 나라가 제나라였다. 산동(山東)을 근거지로 허약하게 출발한 제나라는 점차 강대한 국가로 바뀌어 갔다. 그 중심에 있던 인물이 곧 안자였던 것이다. 그는 제나라의 영공(靈公), 장공(莊公), 경공(景公) 등 세 군주를 모셨던 사람이다. 특히 평범할 뿐인 군주 경공이 58년간 제나라를 통치할 수 있었던 것은 안자라는 위대한 인물의 보필을 받은 때문이다. 오죽하면 사마천조차 “내가 그 시대에 살았더라면 그의 마부가 되기를 사양치 않았을 것”이라고 했겠는가.

6·2지방선거에서 많은 어려움을 무릅쓰고 당선된 광역단체장, 기초단체장, 그리고 시도교육감들의 노고를 충심으로 치하한다. 그들은 지금 플래카드나 벽보를 부치며 성원해준

유권자들에게 감사의 뜻을 전하고 있지만, 뭐, 이런 의례를 갖추지 않더라도 그들은 잘 해 나갈 것이라 믿는다.

그러나, 때로 우리는 초심을 잃고 엉뚱한 행동을 함으로써 실망과 후회를 안겨준 엉터리 건달도 있었음을 기억하고 있다.

그렇다고 나는 지금 30년이 지나도록 가죽옷 한 벌만을 고집하며 청렴결백하게 살았던 안자를 본받으라는 것은 아니다. 그러나 정녕 공복(公僕)이 되기를 원한다면, 국가가 왜 존재하고 국민이 어떤 존재인가를 잊지 말아 주었으면 한다.

그리고 부유한 나라, 강력한 나라는 어떻게 해서 이뤄지는가를 열심히 공부하고 연구했으면 하는 바람이다. 초심을 잃어버린 채 하찮은 승리에나 만족하고 도취해 버린다면, 공복은 고사하고 '안자의 마부'보다 다를 게 무엇이겠나?

공(功)은 윗분에게 돌리고 허물은 자신이 취했던 안자, 세상이 어수선할수록 그 인품이 돋보인다. 아주 찬연하게.

2010년 6월

행복의 메타포

행복이란 무엇일까? 글자 그대로 '복된 운수'가 행복인가? 그럼 복이란 무엇이고 운수란 어떤 것인가?

'행복'은 눈에 보이는 존재가 아니다. 실체가 없기에 누구도 꼭 집어 '행복'을 정의하기란 어렵다. 그러기에 국어사전도 '흐뭇하도록 만족하여 부족함이나 불만족이 없는 상태'라든가, '욕구가 충족되어 충분한 만족과 기쁨을 느끼는 상태'라고 두루뭉실 풀이한 것 같다.

나는 50대 후반의 한 여인을 알고 있다. 좋은 직장에 다니는 남편과 장성한 두 자녀를 두고 있는 그녀의 취미는 그림 그리기이다. 예술문화 강좌 프로그램에도 참여하고, 미술전람회나 내로라하는 갤러리에도 자주 드나드는 편이다. 그녀의 집 서가에는 《서양미술사》, 《서양화 감상법》을 비롯해서 유화스케치나 정물화 풍경화 인물화 등의 기법에 관한 책이 꽂혀 있다. 따로 아틀리에를 갖고 있는 것 같지는 않다. 하지만 마루 한 쪽에 놓여 있는 이젤이나 팔레트, 그림물감과 붓들을 보면 집에서도 자주 그림을 그리는 듯하다. 대학 때 그녀가 전공한 과는 교육학이었다. 그러니 그림, 그것도 서양화를 그리는 것은 순전히 취미 때문이라 여겨진다. 혹 고호니 고갱이니 하는 얘기가 나오면 그녀의 얼굴엔 화색이 돌고 눈빛에서는 광채가 난다. 그리고 여느 때와는 다르게 수다스러워진다. 나는 그녀가 그린 그림이 국전은커녕 동네의 그림전시회장에 내걸렸다는 소식을 듣지 못했다. 하지만 그녀는 행복한 사람이다.

나는 교회에 다니고 있는 50대 초반의 여인을 안다. 그녀의 남편은 자영업자이다. 서울 을지로에서 작은 인쇄소를 운영하고 있다. 살림살이가 풍성한 것은 아닐지 몰라도, 그렇다고 특별히 어려운 점도 없는 중산층으로 살고 있다. 무남독녀인 딸은 아직 미혼이다.

그녀의 취미가 무엇인지는 알 수 없다. 뭐, 또 남의 부인이 어떤 취미를 갖든 내가 관여할 필요가 있겠는가. 다만, 내가 아는 것은 그녀가 독실한 기독 신앙을 갖고 있다는 점이다. 매주 일요일 교회에 가는 것은 물론이고 새벽 예배도 거르는 일이 없다. 신자들 간의 심방이나 교회에서 실시하는 크고 작은 봉사활동에도 그녀는 빠짐없이 참석한다. 교회에서의 그녀 직책은 권사라던가? 권사든 집사든 그녀가 교회에 쏟는 열정은 반드시 직책 대문만은 아닌 것 같다. 성경이 담긴 가방을 들고 교회를 찾아가는 그녀의 모습은 언제나 밝고 환하다. 참 행복해 보인다.

나는 60대 중반의 다른 여성을 알고 있다. 슬하에 아들 하나 딸 둘을 둔 그녀는 작년에 막내딸을 끝으로 자녀를 모두 출가시키고 지금은 내외 둘이서만 살고 있다. 남편은 그녀보다 세 살이 더 많다. 10년 전쯤에 정년퇴직하여 아침 점심 저녁 세 끼를 다 챙겨 먹는 백수건달이다.

그녀는 글쓰기를 좋아하는 것 같다. 간혹 만나 근황을 물으면 "글쓰기에 바쁘다"거나 "글이 잘 안 된다"는 등의 얘기가 빠지지 않는다. 언젠가는 책을 발간했다며 나에게 우송한 적이 있다. 대학에서 국문과를 나온 것도 아니고 전문 교육기관에서 글쓰기를 익힌 것도 아닌데 출판이라니 놀랍기 그지 없었다. 그리고 존경심이 일었다. 그러나 소포를 뜯고 첫 장을 보면서 머리가 갸우뚱거려졌다. 책은 그녀의 일생을 담은 일종의 자서전이었다. 우리가 흔히 인식하고 있듯 자서전이란 우리 사회에 상당한 영향을 미치고, 많은 사람들에게 귀감이 될 만한 사람들이 그의 행동이나 사고 또는 업적을 기술하는 책이 아니던가. 그러니 조금은 의외였던 게 사실이다. 뭐 책의 내용은 그렇다 치자. 정작 실망스러운 것은 맨 앞장에 붙여 놓은 정오표였다. 자그마치 100군데가 넘었다. 어법과 받침, 띄어쓰기도 엉망이었다. 유치하고 낯 뜨거운 표현도 많았다.

그리고 2~3년이 지났던가. 이번엔 그녀로부터 시집 한 권이 배달되었다. 그러나 시라 해서 그녀의 글 솜씨가 변화를 보였다거나 발전한 것은 아니었다. 시적 구성은 허술했고 언어를 다루는 솜씨도 보잘 것 없었다. 하물며 시어(詩語)에 관한 깊은 사유와 고뇌의 흔적을 느낄 수 있었겠나. 걸맞지 않는 어휘에 영탄사만 버무려 넣은 느낌이었다. 그래도 그녀는 태연하게 말했다.

"아유, 속상해 죽겠어요. 신문사 신춘문단에 응모한다는 걸 깜빡했지 뭡니까."

그런 그녀를 통해서 내가 감지한 것은 '제 나름의 행복'이었다.

프랑스의 철학자이자 평론가인 알랭(Alain·본명:Emile Augste Chartier), 스위스의 사상가이면서 정치가인 칼 힐티(Carl Hilty) 그리고 영국의 철학자이자 교육자인 버트란트 러셀(Bertrand A. Russell)은 '행복론'의 저자로 널리 알려져 있는 사람들이다.

알랭은 그의 ≪행복론≫에서 이렇게 말한다. "행복을 외부에서 찾지 마라. 논리적인 방법으로 단정하거나 형태를 추측할 수 없는 것이 행복이다. 행복은 다름 아닌 당신 안에 있다."

칼 힐티도 비슷한 말을 하고 있다. "인생의 가장 행복한 시간은 일에 몰두하고 있을 때이다. 보람 있는 일을 찾은 때만큼 즐거움을 느낄 때는 없다."

행복은 모름지기 남이 아닌, 자기 자신이 무언가에 열정을 갖고 행동하는 것이라고 보는 입장들이다.

버트란트 러셀은 ≪행복의 정복≫에서 다음과 같은 말을 하고 있다. "태산 같은 걱정이 쌓여 있는데도 어떤 사람은 장기를 두고 어떤 이는 탐정소설을 읽는다. 나는 이들의 태도가 현명하다고 본다. 당장 어찌할 방법이 없는데도 근심 걱정만 한다면 걱정거리의 포로가 되지 않겠나?" 이 말은 칼 힐티가 그의 저서 ≪행복론≫에서 '인생에서 가장 힘든 시기는 나쁜 날씨가 계속될 때가 아니라, 구름 한 점 없는 날이 계속될 때'라고 지적한 것과 비슷하다.

우리는 내남없이 행복해지기를 원한다. 그러나 행복은 호박덩어리가 아니다. 그냥 굴러오는…. 여러 가지 요건이 뒤따라야 한다. 의식주(衣食住)의 해결 외에 돈, 건강, 가정이 있어야 하고, 친구와 직장 그리고 명예도 지녀야 한다. 이 모든 것들이 다 갖춰지면 행복한가? 아니다. 행복하다는 것을 느껴야 한다. 본인 스스로가.

버트란트 러셀은 20세기를 대표할만한 지식인 중의 한 사람이다. 1872년에 태어난 그는 1970년 98세로 사망하기까지 철학, 역사, 과학, 수학, 교육, 윤리학, 사회학, 정치학 등 다양한 분야를 넘나든 석학이었다. 70여 권의 저술을 남긴 러셀은 1950년에 노벨문학상을 수상하는 영예도 누렸다.

그럼 그의 결혼생활은 어땠을까. 만인들에게 회자되는 ≪행복론≫을 썼으니, 당연히 그는 모범된 결혼생활을 보내지 않았을까? 그러나 아니었다. 놀랍게도 그는 3번 이혼하고 4번이나 결혼해야 했다. 특히 4번째 결혼은 그의 나이 79세 때였다던가. 놀라움에 앞서 어안이 벙벙해진다.

그래서 어떤 사람은 아예 '행복론'을 읽지 않는다던가. 행복한 사람이 어찌 행복론을 쓰겠느냐는 생각에서란다. 이는 마치나 '홈 스위트 홈'의 작사자인 존 하워드 패인(John Howard Pain)이 평생 집 한 칸 없이 떠들아다니다가 죽은 것과 같지 않느냐는 것이다. 뭐, 그렇다고 흥분까지 할 필요는 없으리라. 러셀은 자신의 불행했던 결혼 이력이 후회되어 ≪행복론≫을 집필했고, 하워드 패인은 집 없이 떠돌던 자신이 한심해서 '홈 스위트 홈'을 작사했을 수도 있지 않겠나? 제발 나 같은 못난이는 닮지 말라는 뜻으로….

2010년 1월

박수근, 선(善)과 진실을 그리다

- 박수근의 45주기 기념전 -

지하철 6호선. '경복궁'을 지나 '안국'이라는 역에서 내렸다. 쉬엄쉬엄 걸어 동십자각에서 다시 삼청동 쪽으로 발길을 옮기려는데 벌써 배너들의 모습이 눈에 들어온다. 가로등 기둥에 묶인 배너들은 저마다 '국민화가 박수근', 'Park Soo Keun', '박수근 45주기 기념전'이라는 글자를 단채 나부끼고 있었다. 그렇잖아도 나는 지금 그의 작품을 만나려고 종로구 사간동의 '갤러리 현대'를 찾아 가는 길이다.

박수근(朴壽根, 1914~1965).

그는 가장 한국적인 소재를 화폭에 잘 담아낸 화가로 알려져 있다. 아이를 업고 절구질하는 여인, 머리에 광주리를 이고 가는 아낙네, 냇가에서 빨래하는 여인들, 길에 앉아 담소하는 노인, 공깃돌놀이를 하는 어린이 등은 그가 즐겨 사용하던 그림의 소재였다. 이렇게 질박하고 선량한 서민들의 일상을 마티에르(matière)라는 독특한 기법으로 그려냄으로써 박수근은 '서민화가' 또는 '국민화가'라는 애칭을 받고 있는 것이다.

그의 그림은 전반적으로 색채가 제한되어 있다. 흰색이나 회갈색, 기껏해야 황갈색이다. 그의 작품에는 군더더기가 없다. 구도는 단순하고 이미지는 과감히 생략되어 있다. 그의 그림에서 우리는 떠들썩하거나 야단스러운 구석을 찾지 못한다. 꽹과리를 치고 피리를 불어대는 '농악'에서 조차도….

하면, 박수근의 그림이 어둡고 칙칙한 것일까? 아니다. 그렇지 않다. 얼핏 잔잔하고 조용해 보이지만, 그 안에는 흔들리거나 꺾이지 않을 듯싶은 의지가 숨어 있다. 그리고 심금을 울리는 무언가를 느끼게 해 준다. 박수근의 작품이 지니는 매력이요, 마력이 아닐 수 없다.

2007년 서울 옥션에서 한국 경매역사상 최고 금액인 45억 2천만 원에 낙찰되어 세인을 놀라게 했던 박수근의 작품 '빨래터'. 그 작품이 가짜라는 등 진위 여부에 휘말리는 걸 보고 나는 '화가 박수근'에 대해 또 한 번 놀라지 않을 수 없었다. 과연 그에게 붙여진 몇 가지 애칭이 거저 붙여진 게 아니로구나 하는 생각을 하면서…. 그런데도, 어째서 나는 그 유명한 박수근의 작품을 오늘에야 만나려 하는가. 내 빙충맞음을 자책하며 전시실의 문을 밀고 들어갔다.

　기념전이 시작된 지 20일이 되었지만 여전히 갤러리 안에는 많은 사람들로 붐비고 있었다. 하루 평균 1000명의 관람객이 몰려든다고 하던가. 1층과 2층 그리고 지하에도 사람들은 붐비고 있었다. 1층에 들어서서 처음 눈에 띈 것은 벽면에 붙여진 박수근의 다음과 같은 말이었다.

　　나는 인간의 선함과 진실함을 그려야 한다는, 예술에 대한 대단히 평범한 견해를 가지고 있다. 따라서 내가 그리는 인간상은 단순하고 다채롭지 않다. 나는 그들의 가정에 있는 평범한 할아버지, 할머니, 그리고 물론 어린아이의 이미지를 가장 즐겨 그린다.

　그랬다. 그의 그림 속에는 꾸밈없이 삶을 이끌어가는, 소탈한 시골사람들이 등장한다. 이들의 얼굴은 표정이 없을 만큼 무덤덤하다. 악의라고는 어디 한 군데에서도 찾을 수 없다. 착하고 진실하게만 보인다. ‘인간의 선함과 진실만을 그려야 한다’는 박수근의 예술관을 그대로 반영하고 있음이다.

　전시관 1, 2층에는 50년대와 60년대에 그린 그의 작품 45점이 전시되어 있었다. ‘절구질하는 여인’ 외에 ‘아기 업은 소녀’, ‘우물가’ 집 앞 마당에서 공깃돌놀이를 하는 ‘유동(遊童)’, ‘나무와 두 여인’ 등 박 화백이 전성기에 그린 작품들이다. 이번 전시회를 위해 새롭게 선보인 작품들도 있었다. ‘목련’과 ‘아기 업은 소녀’ 등이 그들이다.

유홍준(명지대 미술사학과 교수)은 박수근의 작품을 이렇게 평한다.

> 박수근은 서민들의 일상적 모습을 어떤 누구와도 다른 형식으로 표현하였다. 그것은 사실주의도 낭만주의도 인상주의도 표현주의도 아닌 박수근만의 것이었다. 그는 자신이 선택한 대상들이 어떤 형식으로든 변형되는 것을 거부하였다. 그는 그 인물들이 있는 그대로 화면 속에 고착되어 있기를 원했다. 그것은 존재에 대한 긍정이고 애정이다. 그리하여 그가 묘사한 인물들은 화면 속에 고착되어 있는 암각화 같은 느낌을 준다.

그가 마티에르 기법을 생각해 낸 것도 그가 선택한 대상들을 그의 뜻대로 화폭에 구현하그 싶어서였을 것이다. 마티에르란 캔버스의 바탕색을 여러 차례 가로 세로로 교차해 덧칠을 하는 것. 그렇게 함으로써 박수근은 우툴두툴하고 꺼칠꺼칠한 배경 속에 질그릇 같이 소박하고 화강암인 듯 강인한 한국의 정서를 살려낼 수 있었던 것이다.

실제로 붓과 나이프를 이용허 만든 그의 작품은 제작과정의 어려움과는 달리, 얼핏 단조롭고 소박하게 보인다. 그런데도 한 번 작품을 대하면 얼른 눈을 떼기 어렵고, 알 수 없는 경건함과 위엄조차 느끼게 된다. 소재 자체는 너무 흔해 별 볼 일이 없는 것인데도….

　　박수근의 작품은 시대를 증언할 만한 가치가 있다고 할 수
있다. 그의 화면에 나오는 모티브야 한갓 빛바랜 옛 흑백사진
처럼 아득한 전(前)시대의 정경에 지나지 않을지 모르나, 그
러한 시대의 정경을 기념화 했다는 점에서 그의 예술은 한 시
대 가장 뛰어난 것이자 우리의 정서가 이어지는 한에 있어 가
장 오랫동안 남게 될 것이다.

　　미술평론가인 오광수가 본 박수근의 작품 평이다. 비유가
적절할지 모르지만 나는 그의 작품에 등장하는 인물들을 볼
때마다 남태평양 폴리네시아에 있는 이스터 섬의 석상 모아
이(Moai)가 생각난다. 특히 옆으로 보인 얼굴 모습이 그러하
다. 모아이 같이 무표정하지만 함부로 범접하기 어렵고, 영원
한 신비로움을 담고 있는 듯해서이다.

　　박수근은 어려운 삶 속에서도 불평 없이 묵묵하게 살아가
는 주변 서민들을 작품의 소재로 삼았던 화가이다. 개인적으
로는 '절구질하는 여인'을 특히 좋아한다. '절구질하는 여인'
은 어린아이를 들쳐 업고 힘들여 절구질하는 모습의 단순 구
도이다. 그런데도 나는 이 그림에서 뭐라 형언키 어려운 의지
와 희망을 발견한다. 힘을 지탱하기 위해 왼손을 절구 전에
올려놓은 모습이라든가 두 발로 버티고 있는 형태는, 비록 가
난하지만 낙망하거나 좌절하지 않는 의욕과 의지로 느껴진
다. 더욱이 엄마 등 뒤에 붙어서 배시시 웃는 아기의 모습은
꿈과 희망을 이룰 날이 멀지 않았음을 나타내려는 박수근의
메시지인 것만 같다.

전시관 지하에는 관람객의 이해를 돕기 위해 박수근의 다큐멘터리 영상물을 상영하고 있었다. 나는 이 영상물을 두 번이나 거푸 지켜봤다. 그에 대해 좀 더 알아내고 싶어서였을 것이다. 그게 어떤 것이든…. 지하에는 그 밖에도 박수근 관련 사진, 생전의 후원자 역할을 했던 마거릿 밀러 부인과 주고받은 서신들 그리고 연보가 벽에 붙어 있었다.

박수근은 1914년 강원도 양구에서 부유한 기독교 집안에서 태어난 사람이다. 그러나 나이 7세 때에 아버지의 광산 사업과 농사의 잇따른 실패로 집안형편은 급속히 기울게 된다. 12세 때 프랑스의 화가 밀레의 '만종(晩鐘)'을 원색도판으로 처음 보고 깊은 감동을 받은 그는 가난 때문에 초등학교 이상은 배울 수 없었다. 미술에 대한 독학을 결심한 것도 이 때였다.

1932년 박수근은 선전(조선미술전람회)에 '봄이 오다'를 출품하여 입선한다. 그의 나이 18세 때였다.

유방암으로 고생하던 어머니가 돌아가면서 집안은 더욱 곤궁해진다. 아버지와 형제들도 뿔뿔이 헤어진다. 청년이 되어서도 가난은 늘 그를 쫓아 다녔다. 잠시 미술교사직을 맡았던 것을 제외하고는 힘겨운 나날을 보내야 했다. 부두노동자, PX에서 초상화를 그려주는 일 따위로 겨우 생계를 유지할 정도로 간난고초의 연속이었다.

그런데도 그림 그리기에 대한 박수근의 열정은 식을 줄 몰랐다. 아니, 더욱 불타올랐다. 그리고 계속 서민들의 일상을 화폭에 담았다. 우리가 그를 '서민 화가' 또는 '국민 화가'라고 부르는 이유이다. 누군가가 표현했듯 '화강암 바위 위에 새겨진 마애불처럼 움직일 수 없는 뜻과 따뜻한 정을 동시에 느끼게 하는' 박수근의 작품들. 그들 앞에 서 있으면 저절로 마음이 겸허해진다. 특히 차가운 겨울바람 속에 잎 하나 달지 않은 나목(裸木)을 보면서도 좌절은커녕 알 수 없는 희망을 느끼는 것은 왜일까?

작가 박완서(朴婉緒)는 박 화백을 모델로 쓴 장편소설 ≪나목≫에서 이렇게 말한다.

> 보채지 않고 늠름하게, 여러 가지(枝)들이 빈틈없이 완전한 조화를 이룬 채 서 있는 나목, 그 옆을 지나는 춥디추운 김장철 여인들.
> 여인들의 눈앞엔 겨울이 있고, 나목에겐 아직 멀지만 봄에의 믿음이 있다.
> 봄에의 믿음―나목을 저리도 의연하게 함이 바로 봄에의 믿음이리라.

그날 나는 박수근의 작품 99점이 실린 도록을 4만원에 주고 한 권 샀다. 준비 없이 방문한 터라 내 지갑에는 달랑 천 원짜리 2장 밖에 남아있지 않았지만, 마음은 2억 원을 남겨둔 느낌이었다.

13년 만의 쾌청한 날씨라던가. 전시관을 나와 바라본 북악은 손에 잡힐 듯 가까이 다가와 있었다.

2010년 5월

신의 손을 지닌 조각가 - 로댕
-'신의 손' 로댕 회고전-

   덕수궁 대한문 옆길을 따라 서울시립미술관으로 오르는 길엔 매미소리가 요란했다. 키 큰 느티나무와 은행나무 위에서 울어대는 매미소리에 귀청이 떨어져 나갈 것만 같다. "혹, 매미란 놈들도 아름답고 한적한 고궁에 매료된 것은 아닐까? 하필 여기서만 떼 지어 울어대다니…." 문득 터무니없는 의문이 들었다.

   오늘은 7월 31일, 토요일, 오후 2시. 엊그제 중복을 보낸 한낮의 날씨는 여전히 푹푹 찌듯 무더웠다. 그런데도 양쪽 보도엔 오가는 사람들로 혼잡하다. 미술관이 바로 저 위쪽이니 그들은 '신의 손, 로댕 회고전'을 관람했거나, 관람하려는 사람들이 틀림없을 게다. 회고전을 시작한지 벌써 3개월이 지났고, 날씨가 이렇게 무더운데도 관람객이 붐비는 것을 보면 천재 조각가 로댕에 대한 관심이 어느 정도인지가 가늠된다.

사실 로댕의 조각 작품을 감상하는 게 이번이 처음은 아니다. 미국에서 성악을 공부하는 쌍둥이 큰딸이 2006년 칼아트(California Institute of Arts)에서 두 번째 석사학위를 받을 때, 우리 내외는 국내의 한 여행사가 주관하는 '미 서부 여행'에 참여했었다. 이 패키지여행은 두 말할 필요도 없이 비용을 아끼고자 함이었다. 그때의 여행일정에 '스탠포드 대학 방문'이 포함되어 있었는데, 그 대학 캠퍼스에서 로댕의 조각 작품 여러 점을 감상했던 것이다.

그의 대표작으로 알려진 '생각하는 사람'을 비롯해서 '지옥문', '칼레의 시민', '절망', '슬픔', '피로'도 거기에서 볼 수 있었다. '로댕'하면 으레 '생각하는 사람'을 떠올리게 마련이고, '근대 조각의 선구자' 정도로만 알고 있던 나로서는 그 많은 불후의 작품들을 뜻밖에 무더기로 대했다는 것이 큰 수확이면서 감동이었다.

지금 내가 로댕의 회고전을 찾는 것은, 바쁜 여행길에서 미처 느끼지 못한 그의 예술혼에 깊이 젖어보고 그의 작품이 주는 감동을 더 진하게, 더 생생히 느껴보기 위해서일 것이다.

2층부터 시작되는 회고전의 입구 왼쪽 벽엔 이런 소개문이 붙어 있었다.

　　예술적 사명감이 투철하고 자신의 창작능력을 믿는 모든 예술가들은 신이 그러했던 것처럼 스스로를 세상을 만드는 사람, 새로운 형태의 창조자이자 조물주로 여기곤 한다. 로댕이 바로 그러했다.

　　로댕은 자신의 손으로 조각의 새로은 형태를 만들어 냈을 뿐 아니라 인간의 새로운 이미지를 창조해 냈다.

이 말이 옳고 그른지는 로댕 작품의 첫 번째 전시물인 '신의 손'이 가려준다. 이 작품은 돌과 그 돌을 다듬어 탄생시킨 두 남녀를 큼지막한 오른손이 가볍게 받쳐 쥐고 있는 모습이다. 손 안의 인물들은 필시 아담과 이브일 것이다. 미완(未完)의 피조물과 사실적으로 묘사된 큼지막한 손, 아마도 로댕은 자신을 창조자이거나 조물주로 여겼을지도 모른다는 생각이 들었다.

'신의 손'은 로댕의 대리석 작품 가운데서도 으뜸으로 꼽히는 명작으로 이번 전시회를 위해 특별히 공수돼 왔다고 한다. 이 밖에도 회고전에는 '지옥문', '생각하는 사람', '입맞춤', '깔레의 시민' 등 113점의 조각품과 42점의 드로잉, 로댕의 작업과정을 기록한 25점의 사진작품 등 130점이 전시되어 있다고 안내인은 설명한다.

이번 전시는 파리 로댕미술관의 소장품 가운데 일반적으로 잘 알려진 대표작을 선정해 연대별로 테마를 구성한 것이 특징이다. 로댕예술의 초창기 대표작품인 '청동시대', 인간의 고통과 고뇌를 다룬 '지옥문'과 '깔레의 시민', 사랑을 주제로 빚어낸 '사랑으로 빚은 조각', 실험적인 작품들로 구성된 '로댕의 작업실 엿보기', 로댕의 연인이 중심인 '까미유 클로델', 생동하는 인체를 표현한 '춤, 생동하는 인체', 로댕의 회고전에 출품된 작품들로 구성된 '1900년 로댕, 알마관 개인전', 그리고 발자크와 빅토르 위고라는 두 위대한 작가를 조각으로 재현한 '공공 기념상, 발자크와 빅토르 위고' 등 9개 부분이 그것이다. 이 가운데 몇 작품을 골라 소개한다.

'지옥문'은 1880년 프랑스 정부가 파리 장식미술관의 출입문으로 사용하려고 로댕에게 의뢰했던 작품이다. 단테의 ≪신곡≫에서 영감을 얻어 제작된 '지옥문'은 로댕예술의 집합체이자 결정체로, 인간의 내면에 존재하는 모든 감정, 예컨대 명성과 고독, 죄와 벌, 사랑과 고통을 조형화하고 있다.

'지옥문'의 크기는 가로 400cm, 세로 635cm에 너비는 85cm. 로댕은 2백여 개에 이르는 인간 군상을 점토로 만들어 하나하나씩 문에 붙였다 한다. 그 결과 이 작품은 '지옥문' 앞의 뭇 인간들이 발버둥치는 모습을 입체적으로 보여주면서 생동감을 극대화시키고 있다. 문 앞에 서서 위를 바라다보면 금방이라도 조각물들이 우수수 머리에 떨어질 것 같은 느낌을 준다.

'지옥문'에서 우리의 눈길을 끄는 독립상은 '생각하는 사람'으로 문의 위쪽 중앙에 위치해 있다. 이 밖에도 '세 망령', '웅크린 여인', '우골리노' 등의 작품이 '지옥문'에서 시작되어 독립상으로 다시 태어난 작품들이다.

　　1880년부터 1917년까지 37년간 로댕이 심혈을 기울여 제작한 '지옥문'은 미술관 건립계획이 무산되자 제 자리에 들어설 수 없는 입장이 되고 만다. 로댕 생전에도 미완으로 남았던 이 작품이 최초로 일반에 공개된 것은 자신의 회고전이 열렸을 때인 1900년이었다. 이번 전시회에 선보인 '지옥문'은 본래의 실물이 아니라 대형 사진과 1m 크기의 축소물이었다.

　　로댕의 출세작이기도 한 '청동시대'는 그의 나이 37세에 만든 작품이다. 키 180cm의 청년이 오른손을 머리에 얹고 서 있는 이 작품은 미세한 근육의 움직임조차 살필 수 있을 만큼 조각이 매우 정교하다. 마치나 피가 흐르고 맥박이 뛰는 산 사람을 보는듯한 느낌이다. 오죽하면 1877년 1월의 벨기에 미술가협회가 주관한 전시회와 그해 봄 파리에서 열린 살롱전시회가 이 작품의 전시를 거절했겠나. "사람의 몸을 흙으로 빚어 청동으로 주조한 것이 아니라, 실제의 모델에서 직접 본을 뜬 게 아니냐?"는 의구심을 받았기 때문이다. 이러한 오해는 모델로 썼던 벨기에 출신 군인의 누드 사진을 제시하는 등 로댕의 공식적인 항의로 일단락을 지었지만, 이름 없는 청년 조각가 로댕을 일약 유명인으로 만드는 계기가 되기도 했다. 이후 그는 천부적인 재능과 끊임없는 열정으로 '생각하는 사람'(1882년), '입맞춤'(1886년), '깔레의 시민'(1895년) 등 불후의 명작들을 세상에 내놓는다.

　　로댕예술의 상징적 작품인 '생각하는 사람'은 청동이 아닌 높이 184.5cm의 채색 석고작품이었다. '신의 손'과 함께 처음 해외에 반출된 것이라 한다. 일반적으로 청동작품은 12점까지 에디션(edition·복제)이 가능하다. 그러나 석고는 청동주물로 만들기 전의 단계로 작가의 손길이 고스란히 남게 된다. 청동보다는 작가의 예술혼을 더욱 가까이에서 접할 수 있는 이유이다.

웅크린 자세로 깊은 사색에 잠겨 있는 이 작품을 보면 역경에 굴하지 않는 어떤 강한 의지를 읽게 된다. 특히 억센 체구와 울퉁불퉁 솟아난 힘줄이 그렇다.

'입맞춤'은 로댕이 그의 제자이자 연인이던 까미유 클로델과 열애에 빠지면서 제작한 작품이다. 높이 188cm의 대형 석고상으로 이 작품 주위에는 항상 관람객들로 붐빈다. 작품을 보면 능히 그럴 만도 하다는 생각이다.

실오라기 하나 걸치지 않은 두 남녀가 뜨겁게 입맞춤을 하고 있다. 남자의 오른손은 여자의 왼쪽 허리 부근 엉덩이에 올려져 있고, 여자는 왼팔로 남자의 목을 감싼 모습이다. 얼핏 봐도 입맞춤의 강도를 짐작케 한다. 이 작품의 주인공은 단테의 ≪신곡≫에 등장하는 프란체스카와 파울러. 그들은 형수와 시동생의 관계였다. 해서는 안 될 사랑에 도전한 이들을 단테는 지옥에 떨어뜨려 단죄한다.

그러나 로댕의 관점은 달랐던 것 같다. 이성을 내팽개쳐버린 불륜보다는 입맞춤이 주는 예술적 아름다움 자체에 더 초점을 둔 것이다. 이 작품을 관람하면서 추악하다든가 외설스러움을 발견하지 못하는 것도 아마 그런 이유 때문이 아닌가 한다.

로댕의 공공기념조각인 '깔레의 시민'은 1884년 프랑스 북서부에 있는 깔레 항구도시의 의뢰를 받아 제작된 작품이다. 이 작품은 뛰어난 조각솜씨 뿐만 아니라, 제목 뒤의 얘기가 관심을 끌게 하고 옷깃을 여미게 한다.

영국과 프랑스의 백년전쟁(1337~1453년) 중 프랑스의 작은 도시 깔레는 영국군에 포위되어 공격을 받는다. 깔레는 1년 가까이 필사적으로 저항하지만, 사상자가 속출하고 식량도 다 떨어지는 바람에 결국 백기를 들고 만다. "더 이상 깔레 시민의 목숨을 해치지 말아 달라"고 간원하면서…. 이에 영국의 국왕인 에드워드 3세는 깔레 시민들을 향해 이렇게 말한다.

"요구는 받아들인다. 단, 그동안의 반항에 대해서는 누군가가 책임을 져야 할 것이다. 책임질 대표 6명을 너희 스스로 선발하라. 그들에게는 내일 아침 교수형이 내려질 것이다."

영국 국왕의 난데없는 요구 조건에 시민들은 움찔 놀라면서 술렁거린다. 그때 깔레 시에서 제일 부자인 위스타슈 드 생 삐에르가 나선다. "깔레 시민들을 위해 내 목숨을 바치겠소." 그의 말이 떨어지자마자 깔레 시장, 법률가, 교육자, 상인들이 처형에 동참하겠다고 영국 국왕 앞으로 나아간다.

국왕이 다시 말한다.

"교수형에 처해질 6명은 홑옷만 걸치고 맨발 맨머리에 목에는 밧줄을 걸어야 한다. 또 한 사람은 성문 열쇠를 들고 있어야 한다."

이튿날 아침, 6명은 영국 국왕이 요구했던 차림새 그대로 교수대에 나타났다. 로댕의 '깔레의 시민'은 바로 이 순간을 포착한 작품이다.

이들 6명은 깔레시에서 남부러울 게 없는 귀족이요, 지도층 인사들이었다. 그럼에도 그들은 시민들을 위해 목숨을 바치는데 아무런 두려움을 갖지 않았다. 아니, 오히려 영광으로 안 것이다.

로댕은 6명 인물들의 절망적이고도 비통한 표정을 조각하는데 심혈을 기울였다. 또 극적인 효과를 높이려고 좌대도 낮게 만들었다. 인물들의 복잡 미묘한 표정을 관람자들이 잘 읽어낼 수 있도록 하기 위해서였다.

이러한 노력에도 불구하고 이 작품은 깔레 시민들로부터 "부적당하다"는 평가를 받았다. 그들이 기대했던 '영웅적인 인물상'과는 거리가 멀었기 때문이다. 이에 대해 로댕은 이렇게 말한다.

"그들은 오랜 포위기간 동안 배고픔을 겪어 뼈와 가죽밖에 남지 않은 사람들이었다. 내가 그들을 아름답게 보이게 하거나 이상화된 집단으로 만들었다면, 역사의 진실은 어찌 되겠는가?"

로댕의 예술관을 가늠해 볼 수 있는 이 작품은 1889년에 완성되었다. 그러나 깔레시 광장에 설치된 건 1895년이었다.

참! 깜빡 잊을 뻔 했다. 교수형을 받으러 온 6명은 어찌 됐

을까? 독자들은 그 사람들이 어떻게 됐으리라고 생각하는
가?

임신한 영국의 왕비가 국왕에게 편지 한 통을 급히 보낸다.
"새로 태어날 아기를 위해서도 제발 그들에게 자비를 베풀어
주시라"고.

이 편지 덕분에 희생양을 자처했던 6명은 모두 자유인이
되었다. 그러나 이렇듯 고귀한 희생정신은 오늘날 '노블레스
오블리주(Noblesse Oblige · 사회지도층의 도덕적 책무)'라는
이름으로 프랑스 사회에 계승되고 있는 것이다. 이번 전시회
에 출품된 작품은 높이가 1m 남짓한 축소물이었다.

3층 역시 많은 작품들로 즐비했다. 아상블라주(assemblage)
라고 불리는 특이한 기법의 작품들, 작품의 특성을 강조하기
위해 불필요한 부분을 과감히 떼어낸 토르소(torso)가 전시되
어 있었다. 멀쩡한 인체에서 목을 없애거나 팔 또는 다리를
떼어낸 작품들이 그것이다. 이렇게 로댕이 자신의 작품을 해
체하거나 제거한 것은 그런 작업을 통해 효율적인 형태를 찾
을 뿐만 아니라, 새로운 작품으로 거듭 태어나도록 하기 위해
서였다. 이 기법은 20세기 현대미술에 큰 영향을 주었다. 우
리가 흔히 로댕을 '근대 미술의 비조(鼻祖)'만이 아니라 '20세
기 현대미술의 선구자'라고 부르는 것도 이 때문이다.

이 전시회의 여섯 번째 테마인 '까미유 클로델'은 이미 로댕
과 까미유의 비극적인 사랑을 알고 있어서인지 관람에 앞서
미묘한, 그러면서도 측은한 기분이 들었다.

까미유 클로델(Camille Claudel · 1864-1943).

그녀는 조각가 이전에 로댕의 연인으로서 로댕 예술에 절대적인 영향을 끼친 여인이었다. 1883년 19세의 꽃다운 나이에 로댕이라는 거장을 만나 제자로서 또는 연인으로서 함께 지내온 사이이다. 15년간 계속된 두 예술가의 불꽃같은 사랑은 로댕 예술에 에로스라는 테마의 등장을 가능하게 해주었다. 그의 작품 '입맞춤'을 비롯해서 '영원한 우상', '웅크린 여인' 등은 사랑에 빠진 로댕이 만들어 낸 격정적이고 도발적인, 그러면서도 아름답고 섬세한 조각들이다. 따라서 까미유는 로댕에게 있어 예술에 새로운 영감을 불어 넣어 준 뮤즈(Muse · 여신)였던 셈이다.

1884년 로댕이 까미유에게 보낸 편지를 한 번 읽어보자.

> 내 사랑 까미유!
> 미의 여신이여, 속삭이는 꽃보다 총명하고 아름다운 나의 사랑아. 매일처럼 그대를 볼 수 없다면 나는 더 이상 작업을 하지 않을 것입니다.

연인 까미유에 대한 사랑의 심도가 어느 정도였는지 짐작된다. 그러나 조각가로서 홀로서기를 원했던 까미유는 1893년 로댕의 작업실을 떠난다. 이듬해에는 자신의 이름으로 작품을 출품한다. 독자성을 인정받기 위해서였다. 이런 안간힘에도 불구하고 까미유를 보는 세상의 인심은 차가웠다. 로댕의 작품을 표절했다는 등의 비난이 따른 것이다. 그러니 로댕에 대한 감정도 나빠질밖에…. 까미유는 30년 동안 정신병원에서 지내다가 비극적인 삶을 마감한다.

사진으로 본 까미유는 아름답고 선량한 얼굴이었다. 그 얼굴에 까미유의 작품 '왈츠'가 오버랩된 것은 그녀의 사랑이 너무 애처로웠기 때문인지 모른다.

이제 관람도 매듭이 지어질 무렵. 아홉 번째로 마련된 '공공기념상 발자크와 빅토르 위고'를 마지막으로 2시간에 걸친 로댕 예술의 체험은 끝났다.

로댕. 오귀스트 로댕(Auguste Rodin · 1840-1917).

프랑스 파리에서 하급관리로 태어나 10살에 그림을 시작했고 15살에 조각의 매력을 느꼈다는 로댕. 그의 이름 앞에는 항상 '조각의 거장', '근대조각의 선구자', '신의 손을 지닌 인간'이라는 말이 따라붙는다. 로댕은 아무 의미도 없는 흙이나 무심한 돌덩이에도 풍부한 표정을 짓게 만들고 생명을 불어넣은 조각의 귀재었다. 그의 천재성에 감탄이 절로 나온다.

그러나 반드시 그렇지만도 않을지 모르겠다. 그는 1857년 국립미술학교 시험에 떨어졌었고, 1864년 살롱에 처음 출품한 '코가 망그러진 사나이'는 그야말로 코가 납작해질 만큼 낙선의 패배를 맛보기도 했다. 역동적인 동작을 포착하기 위해 무용수 이사도라 던컨을 작업실에 불러들여 춤을 추게 했고, 마음에 드는 작품을 위해 10,000여장의 드로잉을 남긴 로댕은 천재가 아니라 끊임없이 자신을 담금질했던 노력가였을 것 같다.

미술관을 나오니 여전 땡볕이 뜨겁다. 예술혼을 불태운 로댕의 열정도 분명 저랬을 것이다.

2010년 7월

육필 편지, 그 알 수 없는 감동

매일 같이 편지를 쓴 때가 있었다. 1981년 1월부터 6월까지 네덜란드에서 방송제작에 관한 연수를 받을 때와 1983년 10월부터 이듬해 10월까지 홍콩으로 유학 가 중국어를 익힐 시기였다.

네덜란드는 내게 있어 첫 해외여행이었다. 일상에서 벗어나 미지의 세계로 떠나는 여행은 얼마나 가슴을 부풀리게 하는가. 암스테르담에서 자동차로 30~40분 거리에 있는 힐버숨의 수리나멜란에 밤늦게 도착해 하룻밤을 자고난 날 아침은 황홀했다. 맑고 깨끗한 공기, 청결하고 우아한 도로와 주택들, 단정한 옷차림의 아침 산책객들….

복닥거리고 어수선한 서울하고는 비교가 되지 않았다. 별천지에 와 있는 느낌이었다. 그리고 행복했다. 비행기라고는 국내선도 타보지 못한 내가 먼먼 유럽의 암스테르담 하늘 밑에 와 있다니, 어깨가 으쓱해지며 신바람이 이는 것은 당연했을 것이다.

그러나 그 으쓱함이나 신바람은 며칠 가지 않았다. 외로움과 허전함이 밀물인 양 가슴을 덮치는 것이었다. 그것도 1~2주가 아니고 6개월이나 버텨야 하다니, 도저히 배겨낼 성싶지 않았다. 무엇보다 집이 걱정되었고 아이들이 보고 싶었다. 당시 큰아이 세헌은 열 살로 초등학교 3학년이었고, 쌍둥이 윤정·윤주는 일곱 살로 잔뜩 어리광을 부릴 나이였다. 집 건사하랴 아이들 치다꺼리하랴 아내는 얼마나 고생이 심할 것인가. 하루가 멀다 하고 편지를 써서 서울로 띄운 것은 바로 이런 이유 때문일 것이다.

남과 어울려 지내는 강의실에선 그런대로 집 생각을 잊을 수 있었다. 허나 하루의 일과가 끝나고 호스텔에 들어서면 서울의 가족들 생각만으로 머리가 꽉 차는 느낌이었다. 누가 '여행은 혼자 떠나야 제격'이라고 말했나? 그러나 적어도 나에게는 아닌 듯 했다. 그저 외로움과 두려움뿐이었다. 그랬다. 새로운 세상에 대한 호기심보다는 혼자 잘 해나갈 수 있을까 하는 두려움을 느꼈고, 서울에 두고 온 가족들에 대한 걱정으로 마음이 편치 못했다.

해서, 나는 틈나는 대로 편지를 썼다. 몰두해서 편지를 쓰다보면 잡다한 생각이 그만큼 사라지면서 마음이 안정되는 것이었다.

편지를 쓸 때는 주로 볼펜과 만년필을 사용했다. 뭐, 다른 이유가 있었던 건 아니다. 개인용 컴퓨터나 타자기는 마련되지 않았고, 마련됐다 한들 한글 자판기 없는데 무슨 소용이 있겠나?

문득 기억나는 게 하나 있다. 편지 쓰기 전에는 손을 씻었다는 점이다. 왜 그랬을까. 허투루 아무렇게나 소식을 묻거나 전하고 싶지 않아서였다. 간절한 소망을 편지로 쓴다면, 그런 정성으로 써내려 가면, 분명 내 뜻이 이루어지고 축복도 내려질 것 같아서였다.

천리만리 떨어져 있는 나에게 편지란 무엇일까. 또 어떤 것이어야 되는 걸까. 당시의 내게 있어 편지는 기원(祈願)이었을 것이다. 그것도 막연한 기원이 아니라 받는 이의 평안과 행복을 바라는, 아주 깊고 절실한 기드요 소망이었을 것이다. 편지를 정성들여 써본 사람은 알 것이다. 편지 쓰기는 어수선한 마음을 차분하게 진정시킬 뿐만 아니라 기원과 소망이 이루어지는 느낌마저 준다는 것을….

반대로, 기다렸던 편지를 받아들 때 느낀 기분은 어땠나. 기쁨과 설렘 그리고 감사와 감동이었다. 적어도 그 당시의 내 느낌은 그랬다. 낯익은 글씨의 편지 한 통이 갖는 효과는 대단해서, 가슴을 벅차오르게 만들고 이 세상 아무 것에도 감사하고 싶은 감정의 출렁임을 갖게 했다.

요즘은 통신수단의 발달로 편지를 쓰는 사람이 별로 없는 것 같다. 편지지를 구하고 볼펜을 챙기며 우체국을 들러야 하는 수선스러움에 날짜조차 오래 걸리는 편지보다는, 전화나 휴대폰의 메시지, 이메일 등으로 신속히 소식을 전하려 한다. 그러나 이런 문명의 이기들에는 편지만이 지닌 기다림과 설렘, 편지만이 주는 감동과 추억은 찾을 수 없다는 것도 알아야 할 것이다. 몇 줄 소식을 주고받는데 감동과 추억이 뭐 그리 대단하냐고 누가 묻는다면, 궁한 대답 대신 추사(秋史) 김정희(金正喜)의 옛 편지 하나를 소개할까 한다.

> …진찬물(珍饌物:마른 반찬거리)은 모두 받았지만 맛이 어찌 변하지 않았겠소. 그러하되 못 먹게 되지 않았으니 다행이오. 인절미는 모두 썩어버렸소. 이는 할 수 없는 것이니 차후에는 부질없는 것 수고 들여 포진천물(暴殄天物:물건을 아까운지 모르고 마구 써 버리거나 함부로 버림)을 어이할까 하오. 장(醬)으로 만든 것은 그리 관계치 않으나, 외장과(오이장아찌)는 또 변미(變味)하였소. 젓무우는 조금 시었으나 먹을 만하오.…

1841년 4월 20일 부인 예안 이 씨에게 보낸 편지의 한 대목이다. 당쟁에 휘말린 추사는 55세 되던 해인 1840년 제주로 유배된다. 그러니까 이 편지는 유배 다음 해에 쓴 것임을 알 수 있다. 당시 서울에서 제주까지는 한 달이 넘어 걸리는 먼 거리였다. 그러니 유배지에서 받은 음식은 부패하기 일쑤였을 것이다. 인절미도 썩고, 오이장아찌도 썩고….

아무리 그렇기로서니 추사가 누구이던가. 조선 후기의 대표적인 서예가이자 금속학의 태두이며 고증학을 선두에서 이끈 대 학자가 아니던가. 그런데, 자질구레하게 반찬타령을 하고 있다니? 그것도 귀양살이를 하는 입장인데….

같은 편지에서 추사는 "겨울에 벗은 옷을 보내니 손질해 주고 명주바지는 보내지 말라"는 등 옷 타령도 하고 있다. 이 또한 우리가 일반적으로 알고 있는 추사와는 전혀 다른 모습이다.

그러나 그런 추사가 우리는 밉지 않게 느껴진다. 완고한 학자의 이미지가 아닌, 보통사람의 훈훈한 냄새가 풍겨지기 때문이다. 객지에서도 추사는 병약한 아내에게 자주 편지를 써서 건강을 염려했다. 참외를 많이 먹고 좁쌀미음을 계속 들라는 등…. 지아비로서 아내를 살뜰히 보살피는 애정 이전에 얼마나 따스하고 풋풋한 인간미를 넘볼 수 있는가.

최근 나는 졸저 ≪석모도 가는 길≫과 관련해서 여러 통의 편지를 받았다. 내가 쓴 책을 정성들여 읽어준 독자같이 감사할 사람이 또 있을까. 하찮은 글 솜씨를 과분하게 칭찬해 준 고마움보다, 바쁜 일상을 마다않고 400페이지에 이르는 책을 정독하다시피 읽어주고 독후감까지 보내준 점에 감사한다. 그 가운데는 컴퓨터를 전혀 사용치 않은 육필 편지가 있어 읽는 기쁨을 더욱 높여 주었다.

어쨌든 나는 이 편지들을 오래 간즈할 것이다. 그리고 이 편지들은 나로 하여금 어떤 분발심을 촉구할 것이다. 그 분들의 관심과 기대에 부응할 수 있도록, 앞으로는 더 좋은 글을 써야 되겠다는….

　오늘은 4월 7일. 청명 한식이 지나서인가. 날씨가 더욱 화창하다. 좋은 글을 쓰겠다는 내 각오에 박수라도 치려는 걸까. 창문 앞 살구나무에 떼 지어 앉은 참새 소리가 훨씬 크게 들려온다.

2010년 4월

눈(雪) 폭탄

어느 먼 곳의 그리운 소식이기에
이 한밤 소리 없이 흩날리느뇨.

처마 끝에 호롱불 야위어 가며
서글픈 옛 자취인 양 흰 눈이 내려

하이얀 입김 절로 가슴에 메어
마음 허공에 등불을 켜고
내 홀로 밤 깊어 뜰에 내리면

머언 곳에 여인의 옷 벗는 소리

희미한 눈발
이는 어느 잃어진 추억의 조각이기어

싸늘한 추회(追悔) 이리 가쁘게 흩날리느뇨.

한 줄기 빛도 향기도 없이
호올로 차단한 의상(衣裳)을 하고
흰 눈은 내려 내려서 쌓여
내 슬픔 그 위에 고이 서리다.

1938년 ≪조선일보≫ 신춘문예에 당선됐던 김광균(金光均)의 시 '설야(雪夜)'의 전문이다. 그의 시는 회화적 이미지에 서정과 낭만이 넘친다. 누군가도 지적했다. "그는 눈 내리는 밤의 말없는 풍경조차도 청각적 이미지로 포착했다"고.

흩날리는 눈발을 '여인의 옷 벗는 소리'로 묘사한 대목은 한 폭의 그림을 보는 것 같이 느껴진다. 관능적이면서 자극적인 표현이 틀림없는데도 오히려 순결과 우수로 받아들여지는 것은 그의 지적인 소양과 탁월한 언어 묘사 때문일 것이다.

나는 비교적 추위를 잘 탄다. 해서 4계절 중에는 겨울을 아주 못마땅히 여긴다. 그런데 예외가 있다. 흰 눈이 내리는 날은 다르다. 까닭 모르게 가슴이 설레어진다. '설야(雪夜)'와 같이 마음은 허공에 뜨며, 뭔가 그리운 소식이 기다려지기도 하는 것이다. 겨울을 아주 미워만 할 수 없는 이유이다.

올 연초에도 눈은 내렸다. 헌데 너무 많이 내려 많은 문제를 일으켰다. 눈은 경기 충청 강원 등 중부지역을 중심으로 폭탄 같이 쏟아졌다. 1월 4일 서울의 적설량은 25.8cm. 1937년 '새로 쌓인 눈(新積雪)'이라는 이름으로 근대적 기상관측을 실시한 이래 최대치를 기록한 것이다.

새해 첫 출근 날, 도로는 온통 마비되어 큰 혼잡을 빚었다. 폭설로 전동차는 고장 나고, KTX 등 열차 190여 편도 지연되어 무더기 지각 사태가 벌어졌다. 김포공항은 항공기 운항을 전면 중단시켜야 했다. 고속도로와 주요 국도도 매한가지였다. 쌓인 눈으로 도로가 주차장으로 변함으로써 수도권을 비롯한 강원, 전남 지역의 물류 기능은 마비될 밖에 없었다. 서해안 연안의 여객선까지 발이 묶이는 바람에 육해공 교통수단은 사실상 마비되어 대란을 일으킨 것이다.

빙판길의 교통사고와 추락사고로 이날 하루에만 6명이 목숨을 잃는 등 전국적으로 크고 작은 사고가 일어났다. 이렇게 인명피해가 많았는데도 '119'나 구급차가 제때에 손을 쓸 수 없었던 것은 역시 폭설 때문이었다. 인터넷 웹사이트에는 서울의 비탈진 골목길에서 스키를 타고 내려가는 장면이 목격될 정도였으니 '눈과의 전쟁'을 어떻게 치렀는지가 가늠된다.

지난 연말 2.6cm의 눈이 내릴 때만 해도 많은 사람들이 행복감을 느꼈다. 설을 며칠 앞두고 내린 눈이어서 서설(瑞雪)로 느낀 때문이다. 새해에는 모든 일이 잘 풀려 축복으로 충만한 해가 되리라고 생각했을 게 틀림없다. 그러나 이게 뭔가? 서울시는 4일 오전 5시부터 5일 오전 5시까지 24시간동안 소금과 염화칼슘 12억 원어치를 도로에 뿌렸다 한다. 그러나 이것은 '언 발에 오줌 누기'에 그칠 뿐, 쌓인 눈을 녹이기에는 태부족이었다.

　　중부지방에 사상 최대의 눈 폭탄을 떨어뜨린 눈 구름대가 남쪽으로 향하면서 5일에는 호남과 충청, 울릉도 등에도 많은 눈이 내렸다. 서울에서와 비슷한 교통대란이 일어났음은 물론이다. 큰 눈이 내리면 날씨가 푹해지는 것이 우리들의 경험이지 않은가. 그러나 이번엔 달랐다. 매콤한 바람까지 쌩쌩 일어 영하 12도~15도의 날씨가 열흘 이상 계속된 것이다.

　　도로의 기능을 엉망으로 만든 눈은 도시인의 의식까지 살벌하게 만드는 모양이다. 쌓인 눈을 치우지 않았다 해서, 치운 눈을 남의 건물 앞에 버렸다 해서, 시비가 붙고 폭행하는 사태까지 일어난 것이다.

　　이 모든 것이 지나치게 많이 내린 눈으로 빚어졌으니 '지나친 게 부족함만 못하다'는 과유불급(過猶不及)은 자연현상이라 해서 예외가 아닌 듯하다. 뭐, '희미한 눈발'이 아닌 탐스런 함박눈이라도 상관없다. 다만, 적당히 내려야지, 눈썰매장이나 스키장의 제설기(製雪機) 모양 한꺼번에 쏟아놓으면 어쩌란 말인가.

　　"내 홀로 밤 깊어 뜰에 내리면, 머언 곳에 여인의 옷 벗는 소리"가 아니 들린다 해도, 이번 눈은 차라리 오지 않았더라면 좋았으리라는 생각이 문득 드는 것이다.

2010년 1월

7순 잔치

내 고향은 경기도 파주이다. 요즘 파주는 서울의 외곽지역 가운데 꽤 인기 있는 신도시 주거지로 뜨고 있는 모양이다. 허나 내가 태어나고 자라난 곳은 파주의 중심지역과는 거리상 상당히 떨어져 있다. 매일 같이 매스컴에 오르내리는 '신도시'하고는 그다지 관련이 없어서인지 이곳 사람들이 논밭 팔아 갑자기 떼 부자가 됐다는 얘기를 아직은 듣지 못했다.

특정 지역의 상황이 변하지 않았다 해도 세월은 균등하게 흐른다. 아무 것도 비켜가지 않는다. 파주의 중심지역이든 외곽지역이든. 또 고향을 지키고 있는 사람이든, 나와 같이 객지에 떨어져 있는 사람이든….

최근에는 고향의 어느 누가 세상을 떴다는 부음(訃音)을 자주 접한다. 어느새 내 나이도 70이 내일 모레니 그럴 밖에 없을 것이다. 얼마 전엔 가까운 친구 두 사람이 세상을 버렸다. 1942년 임오(壬午)생 말띠 친구들이 죽은 것이다. 그럴 때마다 낭패에 가까운 절망감을 느낀다. 그들이 가다니? 코흘리개 소꿉친구가 가버리다니? 그건 영락없는 상실이었다.

오늘 만난 고향친구도 비슷한 생각을 가졌을 것 같다. 그래서 7순 잔치를 가진 게 아닐는지. 그랬을 것이다. 몸도 마음도 건강히 오래 산다는 것은 바로 이런 것이라는 것을 보여주고 싶었는지 모른다.

친구의 고희연은 고향 근처의 한 뷔페음식점에서 베풀어졌다. 아주 조촐한 연회였다. 가장 인상 깊었던 것은 1남 4녀의 자녀들과 며느리 사위들, 그리고 손자 손녀들이 헌주하며 축하의 노래를 부르는 모습이었다. 친구는 불그레한 얼굴로 매우 흐뭇한 표정을 짓고 있었다. 아래 위 미색 한복이 잘 어울린다고 느껴졌는데 헌주가 끝나자 친구는 덩실 춤까지 추는 것이었다. 오늘 자신의 고희연을 온 마음, 온 몸으로 자축하는 듯 보였다.

환갑이나 7순을 맞을 때 잔치를 가져야 하느냐 마느냐를 두고 간혹 의견이 엇갈려 있음을 본다. 그러나 주변을 보면 전자보다는 후자, 즉 가질 필요가 없다는 사람들이 압도적으로 많은 듯하다. 갖더라도 집 안 식구들끼리 모여 식사를 하는 정도에 그치는 모양이고, 대신 국내나 국외로 여행을 떠나는 것이 대세가 아닌가 싶다.

이렇게 전래적인 풍습이 바뀐 것은 두 가지 원인이 있기 때문일 것이다.

첫째는 평균 수명이 크게 늘어났기 때문이다. 30~40년 전만 해도 나이 70은 고령으로 취급을 받았다. 그러나 지금은 아니다. 2008년 후반 보건복지가족부가 공개한 자료에 따르면 한국인의 평균수명은 79.1세였다. OECD 국가의 평균수명인 78.9세를 앞지른 것이다. 이런 상황에서 환갑이나 7순 잔치는 별 의미가 없다고 여기는 것이다.

둘째, 국가와 개인의 경제사정이 좋아졌다는 데서 그 이유를 찾을 수 있겠다. 1960년대 한국의 1인당 국민소득은 100달러 정도였다. 지금은 어떤가? 2단 달러 수준이다. 2010년 한국의 경제력은 놀랍게도 세계 10위권에 육박하고 있다.

해외여행? 1988년 까지만 해도 달러를 아끼느라 해외여행은 철저히 통제됐었다. 그러나 요즘 원만한 사람들은 해외를 이웃 동네에 마을 다니 듯한다. 굳이 남의 눈총 받아가며 번거롭고 귀찮은 잔치를 벌이려고 하지 않는 이유인 것이다.

그러나 잔치를 하려는 사람들도 나름대로는 이유가 당당하다. 무엇보다, 사람의 생명은 한 치 앞을 예측할 수 없을 만큼 불확실하다고 말한다. 각종 사건 사고가 널려 있으니 이 의견에 토를 달 사람은 없을 것이다. 게다가 6순이나 7순은 한 개인에게 있어 기념비적인 역사적 사실임이 분명하므로 이를 축하하고 앞으로의 강녕까지 빌어줄 필요가 있다는 것이다.

또 연회를 갖는 것은 반드시 축하를 받는 것에 그치지 않

고, 지금까지 살아오면서 신세를 끼쳤던 일가친척이나 지기
(知己), 벗들에게 감사의 뜻을 표할 수도 있지 않느냐는 것이
다. 따라서 조촐한 규모의 잔치라면 오히려 권장할 미풍양속
이라고 강변한다.

오는 7순을 맞은 친구는 나보다는 한 살 위로 초등학교의
동창이다. 그는 다재다능한 사람이어서 팝송을 잘 부르고, 사
진촬영이 프로급이며, 서양요리에도 일가견을 갖고 있다.
어렸을 때 친구는 아주 개구쟁이였다. 공부를 끔찍이 싫어
해서 툭하면 결석을 했다.
초등학교 6학년 때의 일이다. 결석을 한 그에게 선생님께서
는 "자리에서 일어나 이유를 설명하라"고 명하셨다. 웬만한
친구라면 갑자기 아팠다든가 집에 급한 일이 생겼다든가 하
는 등의 이유를 댔을 것이다. 그런데 그의 입에서는 아주 기
상천외한 답변이 튀어나왔다.
"지구가 화성과 충돌한다 해서 겁이나 결석했습니다."
이 말이 떨어지자마자 교실에서는 폭소가 터져 나왔다. 하
도 웃어 데굴데굴 바닥을 구르는 아이도 있을 정도였다.
선생님께서는 웃음이 채 가시지 않은 얼굴로,
"야, 임마! 지구가 화성과 부딪치면 집에 있다고 괜찮으냐?
말 같은 말을 해야지. 다음부터는 무단결석, 용서 안 해!" 하
고 마시는 것이었다.
짓궂은 짓도 많이 했다. 학교에 간다면서 책가방을 다른데

숨겨 놓고 다른 데 놀러가기도 했다. 학교가 끝난 뒤 귀가하는 여학생들 뒤에서 갑자기 군용화약을 터뜨려 질겁을 하게 만든 아이도 그 친구였다.

그러던 그가 오늘 7순을 맞은 것이다. 주름 많은 얼굴에는 그 옛날 개구쟁이 티는 전혀 없었다. 넉넉하고 인자한 보통의 할아버지 모습 그대로였다. 어렸을 적 철없던 그 세월은 다 어디로 간 것일까.

고향 친구의 7순을 진심으로 축하한다. 그리고 앞으로 더욱 건강하기를 바란다.

2010년 3월

제7부

새로운 떨림으로

새로운 떨림으로

살다 보면, 전혀 새롭거나 흔치 않은 일과 맞닥뜨릴 때가 종종 있다. 그때 우리가 대체로 느끼는 것은 감정의 떨림이다. 떨리는 현상을 딱 부러지게 형언할 수는 없다 해도….

새해의 첫날, 붉게 떠오르는 태양을 높은 산에서 마주할 때, 낯선 외국을 여행하느라 처음 비행기에 올랐을 때, 많은 하객들 속에서 사랑하는 사람과 혼례식을 가질 때, 우리는 예외 없이 떨림을 경험한다. 자동차 운전면허를 딴 뒤 처음 차를 몰고 복잡한 도로에 나설 때, 바닥에 떨어진 단추 소리조차 "딸그락" 크게 들려오는 고요 속에 입학이나 입사 시험지를 받아들 때, 말로만 듣던 수술대 위에 올라서 집도의(執刀醫)를 기다릴 때, 절친했지만 까맣게 잊은 중학 때의 벗으로부터 뜻하지 않은 편지를 받아들 때에도 우리는 야릇한 떨림을 온 몸으로 느낀다.

그러고 보면 '떨림'은 지금까지 없었거나 좀처럼 일어나지 않았던 일들을 겪으면서 느끼는 심리적 현상인 듯싶다. 새롭게 나타난 일들이 무엇이고 언제 어디서 일어나느냐에 따라 떨림의 정도가 달라지는 것은 물론이다.

하면, 대체 떨림이란 무엇일까.

'떨림'의 동사형인 '떨리다'를 국어사전은 '떨다'의 피동형이라 밝힌다. 그리고 설명한다. '몹시 춥거나 무섭거나 분하여 몸이 재게 흔들리는 것'이라고…. 다른 사전을 찾아봐도 풀이는 엇비슷하다. 기대했던 것과는 다소 동떨어진 답변 같다. 구두를 신고 가려운 발바닥을 긁는 격이다. 그래서 이번엔 의학용어 사전을 찾아본다. 씌었으되,

'떨림은 기능 상실상태에 있는 심장판막과 같이 신체부위의 촉진에 있어 검사자에게 감지되는 진동감각'이라는 것이다. 의학에 문외한인 때문일까. 나로서는 뭐가 뭔지 전혀 이해할 수 없다. 우주 저쪽에서 들려오는 외계인의 말 정도로만 들린다.

그저 '어떤 새로운 현상에 맞닥뜨려서 가슴이 설레고 두근거리며, 긴장해 오금이 저릴 것 같은, 그야말로 무어라 표현키 어려운 미묘한 감정의 상태'가 '떨림'이라 풀이해 준다면 나도 얼추 이해할 수 있을 텐데….

어찌 됐든, 요즘 나는 '떨림'을 준비 중에 있다. '떨림을 준비하고 있다'니? 왜, 무슨 일로? 나라에 큰 공적이라도 세워 훈·포장이라도 받는 것인가? 아니다. 그럼, 이번 주말 어느 누

가 1등 복권에라도 당첨시켜 준다던가? 그건, 더욱 아니다. 하면, 대체 무엇인가, 떨림의 대상이란 것이?

바로, '하모니카를 배우고 스페인어를 익히겠다'는 것이다. 하도 어이없는 답변이라서 "잘못 들었다"는 얘기를 하고 싶거나, "당신 돌았느냐?"고 묻고 싶을지 모른다. 하지만 바르게 들었고, 나는 돌지도 않았다. 다만, 까짓 하모니카가 무에 그리 대단하며, 스페인어 학습이 그 나이에 무슨 소용이냐고 나무라지는 말아 주었으면 한다. 내가 악기 하나를 익히고 새로운 언어에 뜻을 두고 있음은 10년 후 80회의 생일을 맞이할 때, 70세 나이에 왜 빈둥빈둥 놀고만 먹었는지를 후회하지 않기 위해서이다.

고백컨대, 나는 오래 전부터 악기 하나쯤은 다루고 싶었다. 현악기든 관현악기든 타악기든⋯. 고심 끝에 결정한 것이 피아노였다. 다행히 음악을 전공한 딸도 있어 피아노 건반을 두드리기 시작했다. 7년 전의 일이다. 그러나 마음먹은 대로 되는 일이 세상에 어디 있다던가? 배운지 며칠 만에 덜커덕 뇌경색을 맞은 것이다. 마비는 몸 오른 쪽으로 왔다. 그러니 오른 손 사용도 부자연스러울 수밖에 없었다. 팔 전체가 저리기도 하려니와, 무엇보다 힘을 쓸 수 없게 된 것이다. 도저히 피아노는 안 되겠다는 생각이었다. 뭐 피아노 뿐이겠나? 오른손가락으로 음계를 다루는 악기라면 모두 불가능할 것으로 판단한 것이다. 그래서 생각해 낸 것이 하모니카였다. 입을 사용하는 하모니카는 숨을 내불고 마시는 것만으로 연주가

가능하니까….

그래서인가? 주변의 많은 사람들도 하모니카는 '아무나 대충 배우면 되는 장난감'정도로 알고 있는 듯하다. 숫제 악기로 봐주지도 않는 것이다. 물론 하모니카는 누구든지 쉽게 불 수 있는 악기이다. 시간과 장소에 특별히 제한을 받지도 않는다. 또 크기가 작아 휴대하기 편하고 가격도 비싸지 않다. 이런 장점이 오히려 홀대의 원인이 된다면, 하나만 알고 둘은 모르는 격이 아니고 무엇인가. 그런 사람에게는 하모니카 주법(奏法)을 일러주고 싶다.

'싱글 주법', '트릴 주법', '트레몰로 주법'을 지나 '3도 화음 주법', '5도 화음 주법', '8도 베이스 주법' 등이 있는가 하면, '아르페지오 주법', '스타카토 주법'도 있다. 또 '핸드 커버 주법', '핸드 커버 3도 베이스 주법'에 이르면 하모니카를 다루기가 결코 쉽지 않다는 것을 느낄 것이다. 그러기에 하모니카는 포크음악은 물론이고 오리지널 창작품인 바흐의 음악까지를 두루 연주할 수 있다고 하지 않는가.

나는 그 높은 경지까지 도달할 생각은 없다. 다만, 하모니카가 주는 독특한 맛, 일테면 여린 듯 애잔하며, 감미롭고 즐거운 음색을 탐하고 싶은 것이다. 지금 나는 연말 송년회 때 친구들이나 지인들 앞에서 박수갈채를 받으며 하모니카를 불어댈 모습에 가슴이 떨려온다.

그럼, 스페인어 학습은 또 뭔가? 스페인이나 아르헨티나에 이민 갈 계획이라도 있는가? 아니면, 그곳 출신의 사윗감이라도 맞을 생각인가? 모두 아니다. 그런데 그 나이에 무슨 필요가 있어 스페인어를 배우려 할까?

그동안 나는 몇 몇 외국어를 배워 왔다. 영어를 비롯해서 독일어, 일본어 그리고 중국어 등. 영어와 독일어는 싫든 좋든 학교에서 익힌 것이지만, 나머지는 내 스스로 알아서 배운 언어였다. 남이 시킨 것도 아닌데 외국어에 도전하여 씨름을 했다는 사실은, 필요성 이전에 흥미를 느낀 탓일 것이다. 좋게 말하면 약간의 소질도 지닌 때문이라고 볼 수 있겠다.

그러나 유감스럽게도 그 언어들은 지금 내 머릿속에 어느 것 하나 온전히 남아있는 게 없다. ‘온전히’가 다 뭐냐. 거의 잊어버리고 만 것이다. 특히 독일어와 일본어가 그렇다. 입장이 이렇다 보니, 사실은 이미 잊었던 외국어를 되찾는 작업이 먼저이고 새 언어에 도전하는 것은 나중일 것이다.

그런데 내 생각은 조금 다르다. 외국어 학습을 마치나 ‘여행’과 비슷하게 보는 것이다. 예를 들어 몽고를 한 번 가 봤거나 몽고에서 느낀 풍물이 기억에 가둘가물하다 해서 굳이 또 몽고를 방문하려는 사람이 있겠는가. 기왕이면 새로운 풍광을 찾아 다른 나라로 떠나려는 것이 여행하는 사람들의 심리일 것이다. 어찌 보면 억지스러운 면이 없지 않지만, 새로운 외국어 학습을 즐겁게 여기면서 보람을 찾는다면 나름대로의 의미는 있으리라고 본다.

스페인어는 영어, 중국어, 프랑스어, 아랍어, 러시아어와 함께 UN이 정한 6대 공식어이자 세계인구의 4억이 사용할 정도로 위력이 높은 언어이다. 그러나 내 입장에서는 언어의 실용성보다는 발음이 까다롭지 않다거나, 문법도 영어와 비슷해서 배우기가 쉽다든가 하는 편의성에 더 마음이 끌린다.

물론 지금은 학습을 시작하기 전이라 스페인어를 배우고 익히는 재미와 보람을 모르고 있다. 모르기 때문에 새 것에 대한 신비로움과 두려움도 알지 못한다. 그래도 분명히 예단할 수 있는 것은 있다. 바로 '떨림'이다.

떨림은 미래의 불확실성에 대한 감정의 미묘한 변화임이 틀림없을 테지만, '살아있다는 것'의 또 다른 증거일 것이다. 그래, 해 보는 거다. 그리하여 불굴의 삶이 있음을 사면팔방에 외쳐보자. 하모니카로! 스페인어로!

벌써 어디선가는 스페인어 한 마디가 들려오는 것 같다. "부에나 수에르떼(Buena suerte · 행운을 빕니다)!" 라는.

2010년 7월

낚싯바늘

방송국 현직에 있을 때의 얘기이다. 햇수로는 10년도 더 넘는다. 직장이 있는 여의도에 복요리를 잘하는 집이 있었다. 이름이 두루 알려진 때문인지 갈 적마다 손님들로 붐볐다. 특히 점심때가 그랬다. 예약이라도 하지 않으면 10분 이상을 기다려야 했다. 지금도 그 음식점이 그 자리에서 영업을 하는지는 모르겠다. 옥호(屋號)도 기억할뿐더러 위치도 잘 알지만 굳이 밝힐 필요까지는 없을 것 같다. 그것은 이 얘기를 들춰내는 나나 그 음식점 주인에게나 별로 유쾌한 추억거리가 못 될 것이기 때문이다.

어느 날 같은 부서의 후배와 함께 점심식사를 그 음식점에서 하게 됐다. 물론 주문한 식단은 복 매운탕이었다. 반주를 곁들여 식사를 중간쯤 할 때였던가, 바로 맞은편에서 식사하던 친구가 갑자기 "뭐 이런 게 다 들어 있지?" 하고 혼잣말을 한다. "뭔데?" 하고 쳐다보니 낚싯바늘이었다. 낚싯바늘? 그런 이물질이 어떻게 음식 속에 들어갈 수 있단 말인가? 깜짝 놀라기는 나도 마찬가지였다.

낚싯바늘은 제법 컸다. 그야말로 잘못해 입 안에 넣었다가는 입천장을 꿰거나 목젖에 걸려 큰 사고를 일으킬 정도였다. 크나 작으나 대중을 상대로 영업하는 음식점에서 이런 실수가 있다니 말이 되는가. 당장 주인을 불러 야단을 치려는데 후배가 말린다. '밥이나 마저 먹고 주인에게 따지자'면서…. 많은 손님들 앞에서 소란을 피우는 것이 여러 모로 바람직하지 않다고 판단했던 모양이다.

"낚싯바늘이 또 있는 건 아닐까?"

해서 우리는 조심스럽게 젓가락과 숟가락을 놀리면서 나머지 식사를 다 마쳤다. 그리고는 저쪽 계산대 언저리에 있는 주인에게 다가갔다. 물론 낚싯바늘을 증거물 삼아 손에 들고서….

"아저씨, 복 매운탕이 시원한 건 좋지만, 이런 게 나왔네요."

후배는 예모를 갖춰 정중히 말하는 것이었다. 이에 나는 주인의 입에서 다음과 같은 대꾸가 있을 줄 알았다.

"아이고, 손님 죄송합니다. 어디 다치신 데는 없습니까? 얼마나 놀라셨습니까? 앞으론 이런 일이 없도록 각별히 조심하겠습니다. 정말 사과의 말씀 드립니다."

그러나, 그건 나만의 기대였을 뿐, 주인의 입에서는 전혀 엉뚱한 말이 튀어 나왔다.

"헤 헤 헤, 낚싯바늘요? 그거 하루에도 두서너 개는 나와요."

기가 막혔다. 뭐, 이런 작자가 있는가 싶었다.

"죄송합니다. 앞으로 더욱 조심해서 손님을 모시겠습니다. 오늘 식사대는 저희가 맡아 처리하겠습니다."라는 말은 못할망정 정중한 사과 한 마디쯤은 있어야 마땅하지 않겠는가. 그런데 능글맞은 웃음은 뭐고, 하루에 두서너 개의 낚싯바늘이 나온다는 말은 또 뭐란 말인가? 그 뻔뻔스러운 태도에 아연실색하지 않을 수 없었다. 음식 맛과 상관없이, 그 후로는 단 한 번도 그 음식점을 찾은 일이 없었다.

국어사전은 사과(謝過)를 '잘못에 대하여 용서를 빎'이라고 풀이하고 있다. 그러나 '진정한 사과'는 자신의 잘못을 확실히 알고, 준열히 자책하며, 재발이 없도록 고치는 행위를 아우르는 것이라고 본다.

최근에 나는 대수롭지 않은 일로 가까운 친구와 티격태격 말싸움을 벌인 적이 있다. 헤어져 지하철을 타고 오는 중에도 마음이 여간 찜찜하지 않았다. 마침내 휴대전화를 꺼내들었다.

"아까 내가 했던 말, 진심으로 사과하네. 다 잊어버리세. 우리가 어디 그럴 사이인가?" 이런 말을 하고 싶었다. 하지만 정작 내가 한 말은 "잘 가고 있나? 조심해 들어가게."였을 뿐이었다.

"뭐 내가 특별히 잘못한 것도 없는데…." 하는 마음이 들면서 '사과는 곧 자존심을 훼손시키는 것'으로 이해한 때문일 것이다. 이 얼마나 바보 같은 생각인가.

'진심어린 사과는 상대방의 오해를 풀어낸다. 그리고 인간관계를 따뜻이 유지시켜 준다. 사과를 할 줄 아는 사람이야말로 진정 용기 있는 사람일 것이다.' 뻔히 알고는 있으면서도 그게 잘 안 되니 딱한 노릇이 아닌가. 미국 매사추세츠 의과대학장을 지낸 정신과전문의 아론 라자르 박사는 그의 저서 ≪사과 솔루션(원제: On Apology)≫에서 이렇게 말한다.

> 갈등과 위기를 해소시키는 가장 힘 있는 도구가 바로 사과이다. 사과는 더 이상 '약자의 언어'가 아니다. 담대한 힘을 요구하는 '리더의 언어'이다.

사과야말로 갈등 해결과 화합의 열쇠라는 뜻이다. 또 리더라면 사과에 인색하지 말라는 뜻일 게다.

그런데 사과를 한 뒤에도 왠지 마음의 상처가 제대로 아물지 않을 때가 있다. 여전히 오해는 남고, 상대방과의 관계도 개선되지 않는 게 그 경우이다. 그럴 때는 어떻게 해야 할까?

서슴없이 사과의 '진정성'을 다시 검토해 볼 일이다. 사과를 통해 갈등과 위기를 해소하고자 한다면, 무엇보다 진정성이 우선해야 하기 때문이다. 그렇다면 과연 어떤 방식의 사과가

진정성을 인정받을 수 있을까. 전문가들은 이렇게 충고한다. 우선, 사족(蛇足)을 달지 말고 조건 없이 사과하라는 것이다. 둘째, 구체적 내용에 대해 사과하며, 책임을 인정하라고 한다. 셋째, 재발 방지 의사를 밝히고, 용서를 구하라는 것이다.

백번 옳은 얘기이지만, 대수롭지 않은 일을 놓고 한 개인이 이런 사과를 하기는 좀처럼 쉽지 않을 것이다. 가장 바람직한 것은 사과할 짓을 하지 않는 것일 텐데, 이 또한 인간사가 그렇지 않으니 답답한 노릇이 아니겠나?

사람노릇 하기 정말 힘들다는 생각이다.

2010년 6월

주꾸미 연꽃국

4월 14일. 오늘 아침 서울지방의 최저 기온은 0도. 곡우(穀雨)를 엿새 남기고 있는 날씨치고는 매우 쌀쌀했다. 45년 만에 닥친 추위라던가. 준비했던 봄옷으로는 아무래도 안 될 성싶었다. 벗어버린 내복을 다시 꺼내 입었다. 그리고 털 재킷에 겨울점퍼를 걸치고 목도리까지 하고서야 집을 나섰다. 하필이면 고르고 골라 이런 날을 잡았을까 하는 후회가 들기도 했으나, 이제 와서 어쩔 것인가.

아침 6시 50분. 서울역 건너편의 임시 버스정류장에 도착했다. 여행객들은 어느새 다 나와 있었다. 한두 사람만 빼고는. 늦잠 자는 버릇이 있대서 은근히 걱정했던 대학 동기 P군은 벌써 나와 오히려 나를 기다리고 있었다.

정각 7시. 이윽고 버스는 충남 '서천(舒川)'이라는 표지판을 달고 동백꽃 군락지와 주꾸미 수산물축제 현장을 향해 출발한다. 얼핏 헤아려보니 동행인의 숫자가 20여 명은 될 듯했다. 남성보다는 여성이 압도적으로 많았다. 일부러 페어 맞추기라도 했을까. 여행에 참여한 사람들의 연령은 50이 넘어 보인다. 산천경개 찾아 구경이나 잘 하면 됐지 남의 나이는 따져 무엇 하랴.

의자에 앉자마자 졸음이 쏟아지기 시작한다. 원족(遠足)에 들뜰 나이는 지났으련만, 이래저래 잠을 푹 자지 못한 때문일 것이다. 아침식사로 나온 찰밥을 맛있게 먹고 나서 조속조속 잠이 들고 말았다. 잠에서 깨어난 것은 가이드의 마이크 소리 때문이었다. 버스는 예산군에 들어와 있었다. 무슨 사슴농장을 들러 가리란다. 사슴농장? 여행의 첫 방문지가 사슴농장이라니? 나도 모르게 부아가 치밀었다. 모처럼의 나들이를 잡치게 하는 것이 바로 이런 식의 '테마여행'이다. 여행객의 의사와는 하등 관계없이 사람을 몰아넣고 건강식품을 사게 한다. 아주 집요한 방법으로…. 그들의 화려한 말 재주는 특정 물품을 만병통치약으로 만들게 할 뿐만 아니라, 필요하지 않거나 돈 없어 못 사는 사람을 때로는 몰염치한 사람으로 매도하기도 한다. 겉으로는 '사지 않아도 괜찮다'면서.

돌이켜보니 나도 아내와 여행하면서 그들의 홍보만 믿고 사들인 것이 꽤 되는 것 같다. 녹용이 두 차례, 천마가 한 차례 등. 문제는 이러한 약품이나 식품이 전혀 무익하다는 얘기가 아니다. 1~2만원 하는 여형 상품에 비해 이들의 가격이 엄청나 균형을 이루지 못하니까 하는 얘기이다.

농장을 벗어난 버스는 여행객들을 한 음식점 앞에 풀어놓는다. 옥호가 '진달래'였던가. 엇비슷한 크기의 음식점이 나란히 줄지어 서 있었다. 이미 연락이 되었는지 우리 일행이 앉을 자리는 미리 마련되어 있었다. 한 식탁에 네 명씩. 우리는 남자끼리만 셋이 앉았다. 맑은 간장국에 넣은 미나리, 냉이 등 여러 가지 채소가 익는 동안 살짝 데친 석화 굴 한 접시가 나온다. 절로 소주가 생각났다. 두어 잔 들이키는 사이에 냄비 안의 채소가 다 익은 모양이다. 종업원 몇이 바쁘게 돌아다니며 주꾸미를 먹기 좋게 잘라준다. "너무 익히면 질겨지니 적당히 데치고, 대가리는 맨 나중에 드세요"라는 당부까지 하면서….

조리법과 분위기가 다르면 맛도 덩달아 달라지는 걸까. 주꾸미를 처음 맛본 것도 아니련만, 이곳 서천에서 먹는 주꾸미 연폿국은 진미였다. 모양은 낙지의 사촌 격이 되나 맛은 훨씬 떨어지는 것으로 알고 있던 나로서는 새로운 경험이었다. 시간이 없다고 몇 차례나 재촉하는 가이드의 말을 귓등으로 듣고 각각 1병의 소주를 기분 좋게 마신 점이 서천 주꾸미의 참 맛을 증명한다. 건더기는 초장에 찍어 먹고 연폿국에 칼국수를 마저 먹어야 하는데, 바쁜 나머지 국수 몇 가락 만 맛본 것이 아쉽다.

이어서 우리는 마량리(馬梁里)로 동백나무숲 관광에 나섰다. 음식점에서 4~5분 걸으니 왼쪽으로 화력발전소의 우람한 건물이 나타난다. 그 건너편에 돌층계가 보이고 그 끝머리 정상에 아담한 정자가 서 있었다. 자연석 돌층계를 따라 오르면 오른 쪽에 천연기념물 169호로 지정된 동백나무숲이 나난다. 초록색 반들거리는 잎 사이에 진빨강 동백꽃이 요염하다. 동백나무 85 그루가 서 있다고 관리사무소 측은 설명한다.

이 동백나무숲은 기이한 전설을 지니고 있다. 약 500년 전 마량 첨사(僉事)가 바다위에 꽃다발이 떠 있는 꿈을 꾸었단다. 이상히 여기고 바다에 나가 봤더니 정말 꽃이 떠 있더란다. 이를 건져 심은 것이 오늘의 마량 동백나무가 되었다는 것이다. 정상의 동백정(冬栢亭)까지는 3~4분의 거리. 계단이 가파르지 않아 쉽게 오를 수 있었다.

일망무제(一望無際), 서해 바다가 한 눈에 들어온다. 아니다. 걸리는 것이 하나 있기는 하다. 앙증맞은 자태의 조그마한 섬, 오력도가 그것이다. 정자에서 아주 가까운 곳에 있다. 동백과 짙푸른 서해 바다 그리고 아름다운 오력도가 어쩌면 그리 잘 어울리던지. 동백정의 일출·일몰 광경은 춘장대 해수욕장, 신성리 갈대밭과 함께 서천 8경에 꼽힌다고 한다. 그러나 주어진 시간은 고작 20여분. 이곳 동백정 관광의 백미인 낙조는 뒷날로 미루고 다시 버스에 올랐다.

이어서 찾아간 곳은 함양군의 어느 영농조합체. 천마(天麻)를 개발해 판매하고 있었다. 위치나 건물이 낯설지 않다는 생각을 하는 참인데 제품을 홍보하는 사람과 물품을 보니 몇 년 전 아내와 함께 방문했던 바로 그곳이었다. 그때는 석 달 치의 천마를 샀었다. 약효가 불확실한 것을 비싼 값에 샀다 해서 가끔 아내와 다투기도 했었는데 또 그 물건이라니…. 기분이 찜찜했다. 여행이란 모름지기 즐겁고 유쾌해야 할 것이다. 또 아름다운 추억거리를 만들어야 여행으로서의 가치가 주어질 텐데 반 강제성의 상행위라니? 앞으로 이런 식의 여행은 신중히 고려해서 결정해야 되겠다는 생각이 들었다.

이제 버스는 오늘의 마지막 방문지인 해미읍성(海美邑城)을 향해 달린다.

성의 정확한 소재지는 충남 서산시 해미면 읍내리 32-2. 첫눈에 느낀 해미읍성의 인상은 매우 아담하며 짜임새가 있어 보였다. 이 성은 태종 17년(1417)부터 세종 3년(1421)까지 4년여에 걸쳐 평지에 쌓은 석성으로 왜구의 출몰에 대처하기 위해 축조한 것이라 한다. 본래 이름은 해미내상성(海美內廂城)이라 했다.

성곽의 둘레는 1,800m, 높이 5m이고 전체 면적은 20만㎡에 이르고 있다. 주요 시설물로는 화강암 홍예문 위에 팔작지붕 문루(門樓)를 얹은 정문 격의 진남문(鎭南門), 병마절도사와 현감의 집무실로 사용하던 동헌, 관원들이 국왕에 예를 올리던 객사, 죄수들을 투옥하고 처형하던 옥사, 성을 방어하기 위해 밖으로 파놓은 못인 해자, 상인이나 말단 관리들의 주택인 민속가옥 등을 들 수 있겠다.

이밖에 해미읍성 옥사에 수감된 천주교 신자들을 끌어내어

나뭇가지에 철사로 머리채를 매달아 고문했다는 수령 300년의 회화나무를 눈여겨 볼만 하다. 1866~1872년 1천여 명의 신자들을 이 해미읍성에서 처형했던 아픈 과거를 아는지 모르는지 나무는 지금 연두 빛 새 잎을 틔우는 중이었다.

해미읍성은 충청도의 군사중심지였다. 당시에는 군사권은 물론이고 사회질서를 바로잡는 역할까지 담당했던 곳이다. 선조 12년(1579)에는 충무공 이순신 장군이 이곳 병사영(兵使營)의 군관으로 부임하여 10개월 간 근무한 적이 있다고 한다.

사적 제116호인 해미읍성을 끝으로 오늘 관광일정은 끝났다. 주마간산격의 1일 여행이었지만, 나에게는 듣고 본 것이 모두 처음이어서 매우 유익했다. 특히 쫀득하고 감칠맛 나는 주꾸미연폿국은 잊지 못할 추억으로 남을 것이다. 서천은 또 한산 세모시와 소곡주로 이름이 널리 알려진 풍류의 도시로 알고 있다. 섬유축제가 6월에 있다니 그때 다시 서천을 찾아 봄은 어떨는지?

2010년 4월

옛 스승 '노마'

나는 자주 헌 책방을 들르는 편이다. 헌 책방이 몰려 있는 곳은 주로 서울 청계천 6가. 한 달에 두서너 번은 이곳을 찾아간다. 그렇다고 뭐 희귀본을 찾기 위해서는 아니다. 가끔 신문이나 방송은 이런데서 문화재에 버금갈 고서가 발견됐다는 화제를 전하기도 하지만 나는 그런 데는 전혀 관심이 없다. 아니, 관심이 없다는 말은 잘못이다. 가치 있는 '물건'을 고를 수 있는 안목이나 식견이 없다는 표현이 적절할 것이다.

그러니 내가 구해 읽는 책들이란 뻔하다. 시, 수필, 소설, 희곡 같은 문학지나 기껏해야 역사, 철학, 사상을 다룬 인문 과학서들이다. 이런 책들이라면 굳이 집에서 멀리 떨어진 곳 까지 발품을 팔지 않아도 좋으련만, 몇 가지 이유가 있어서이다.

먼저 값이 헐하기 때문이다. 대체로 책에 매겨지는 가격은 저자가 누군지와 보존상태가 어떤지에 따라 정해지게 마련이다. 이 두 가지 요건을 다 만족시키는 경우라도 새 책의 반값을 넘기는 예가 없다. 3~4분의 1 값이면 구입이 가능하다. 1~2천 원 하는, 쓸 만한 책도 수두룩하다.

또 한 가지 헌 책방을 방문하면서 얻는 장점은 일상에서 잠시 벗어날 수 있다는 점일 것이다. 청계천 6가 언저리에는 볼거리가 풍성하다. 우선 심신의 피로를 덜어낼 수 있는 청계천이 있고, 다종다양한 의류를 판매하는 옷 시장도 여러 군데이다. 길을 건너 종로로 가면 또 다른 볼거리를 만난다. 보도 가에 꽃가게가 지천이고, 꽃들을 팔고 사는 사람들의 발걸음이 부산하다. 향기 높고 아름다운 꽃, 그리고 부산한 발걸음. 이들을 보면서 느끼는 것은 삶의 활력이다.

지난해에도 헌 책방에서 적잖은 책들을 구입했다. 그 가운데 괜찮아 보이는 책은 김상협(金相浹)의 ≪毛澤東思想(모택동사상)≫, 브린튼·울프·크리스토퍼 3인이 함께 펴낸 ≪世界文化史(세계문화사)≫ 상·중·하권, 그리고 ≪金宗三 詩選(김종삼 시선)≫이 아닌가 한다.

≪모택동사상≫은 내가 대학을 졸업하기 한 해 전인 1964년에 간행된 학술 서적이다. 당시의 중공은 '죽(竹)의 장막'으로 불릴 만큼 정치·경제·사회·문화 등 모든 분야가 철저히 가려져 있던 상황이었다. 1949년의 건국 이래 계속 실권을 잡고 있던 마오쩌뚱은 1959년 국가주석의 자리를 류사오치

(劉少奇)에게 넘겨줄 때까지 중공을 통치했던 인물이다. 이후 광활한 대륙 중공은 1964년 독자적으로 핵무기실험에 성공을 했는가 하면, 1966년에는 소위 '문화대혁명'을 일으키는 등 정치적으로 또는 사회적으로 급속히 변화해 나갔다. '죽(竹)의 장막' 중공에 대한 관심이 높아질 때 발간된 이 책은 식자층으로부터 폭발적인 인기를 끌었다. 나는 줄곧 마음만 두고 있다가 뒤늦게 여기에서 구입하게 된 것이다.

《세계문화사》는 을유문화사가 1963년에 펴낸 책이다. 각 권의 페이지가 700을 헤아리는 방대한 분량이다. 전부터 세계문화의 발달사에 관심이 많았고, 번역도 잘 되어 있어 꼭 갖고 싶었던 책이다. 그런데 내가 들렀던 책방에는 유감스럽게 중·하권만 있었다. 여기저기 뛰어다녀서 상권을 마저 꿰맞춰 한 질의 책을 구입한 것이다.

《김종삼 시선》은 1979년에 민음사가 초판을 낸 책으로 그의 대표작인 '북치는 소년'을 부제로 달고 있다. 개인적으로 나는 그의 단출하고 꾸밈없으며 여백이 넉넉한 시풍(詩風)을 좋아하던 터였다. 하여, 헌 책에 흔히 있게 마련인 흠집이나, 출처가 수상한 얼룩빼기와 상관없이 그 시집을 산 것이다. 흠집이나 얼룩 정도는 그의 정결한 시심(詩心)이 닦아주리라는 마음으로….

바로 어제였다. 자주 다니던 청계천 6가의 헌 책방에서 시집을 고르다가 기억에 또렷한 저자 이름이 눈에 잡혔다. '박희진'이었다. 시집 이름은 《연꽃 속의 부처님》.

　박희진. 내가 알고 있는 그분은 중·고등학교 때의 국어선생님이셨다. 이름은 같지만 사람은 다른 경우도 있기에 얼른 책 표지를 젖혀봤다. 다행히 책날개에는 저자의 사진 대신 캐리커처를 그려 넣고 한글 이름 옆에 한자 '朴喜璡'을 병기해 놓아, 내가 아는 국어선생님이 바로 그 시인임을 알 수 있었다. 이렇게 반가울 수 있는가. 그리고 문득 옛날 학창시절의 추억이 안개 같이 피어오르는 것이었다.

　박 선생님을 학교에서 언제 뵈었는지는 확실치 않다. 내가 보인중학교와 보인상업고등학교에서 수학을 한 때는 1954년부터 1960년까지였다. 그러나 언제 부임해 오셨고 어느 해에 학교를 떠나셨는지가 기억에 없는 것은 재임하셨던 기간이 아주 짧았던 때문이 아닌가 한다. 집에서 찾아본 학교 앨범에도 선생님 이름은 없었다.

　선생님은 비교적 체수가 큰 편이었다. 4각형의 얼굴에 부처님 같은 실눈을 뜨셨고, 말씀도 별로 없으셨다. 선생님의 별명은 '노마'였다. 이 '노마'가 개구쟁이이면서 말썽꾸러기의 대명사인 '노마'와 같은 인물인지는 모르겠다. 학교를 떠나시기 직전이던가. 아니면 그 뒤였던가. 선생님이 '시인'이라는 소문을 들었다.

　연보를 보니 선생님은 1931년 생. 나보다는 11살 연상이시다. 전공한 과는 다르지만 같은 대학교의 선배 교우이신 것을 알았다. 고향도 얼추 비슷하다. 선생님은 경기도 연천이시니, 파주가 고향인 나와는 동향이나 다름없다. 내일은 수소문해

서 선생님의 근황을 알아볼까 한다. 그리고 이토록 인사가 늦
었음을 사죄드려야겠다. 늙은 제자의 절을 받으시면 선생님
은 혹 당신의 시 '폭포'를 손수 읽어주시지 않을는지.

　　폭포는 거기 언제나 있다. 실존의 핵이다.
　　생명의 더없는 충족이 자아내는 굉음이자 고요이다.
　　순수 지속이다. 협잡의 티끌은 추호도 개입될
　　여지없는. 폭포 앞에 서서, 그대도 폭포 되라.

2010년 1월

필요조건·충분조건

　지난겨울은 날씨가 여간 사납지 않았다. 추위도 일찍 찾아왔고 눈도 많이 내렸다. 눈이 내리면 날씨가 푸근해진다는 말이 있지만 이런 속설도 이번에는 비켜 갔다. 맵찬 바람이 들이닥쳐 한강물조차 꽁꽁 얼게 만든 것이다. 지구는 날로 온난화되고 있다는 데 저번 겨울은 웬일인지.

　날씨가 하도 춥다보니 우리 집도 크고 작은 피해에 시달림을 겪어야 했다. 40년 전에 날림으로 지어진 단독주택이니 날씨가 심술을 부리기에는 안성맞춤이었을 것이다.

　오늘 새벽의 일이다. 식사준비를 하려고 부엌에 들어간 아내가 황급히 나를 깨우는 것이었다.

　"더운 물이 안 나와요! 어떻게 좀 해 봐요."

　그러나 나라고 특별한 재주가 있겠나? 몇 년 전 이맘때도

같은 현상으로 애를 먹은 일이 있음을 얼핏 떠올리며,

"주전자에 물 덥혀 수도 파이프에 부어봐!"

졸린 눈을 게슴츠레 뜨고 심드렁하게 대꾸해 줬다. 이부자리에선 아예 일어나지도 않은 채….

신문에서 봤던 가? 아니, TV에서 본 것 같다. 언 파이프를 녹일 때는 그런 방법이 가장 손쉽다는 것이었다. 내 경험으로도 그렇게 해서 물길을 트게 한 적이 있었다. 그러나 아내는 이미 그렇게 해 봤다는 것이다. 게다가 더운 물은 위층의 부엌만이 아니라 욕실, 그리고 아래층도 나오지 않는다는 것이다. 그럴 리가? 그제야 정신이 번쩍 나서 자리에서 일어났다. 주전자에 물을 담아 끓이고, 너무 뜨겁지 않도록 찬물로 물의 온도를 낮추어 파이프 언저리에 붓는 등 여러 차례 시도해 봤다. 그러나 결과는 마찬가지였다.

수도관이 꽝꽝 언 모양인가? 아니면 다른데 이상이 있는 걸까? 내 실력으로는 좀처럼 어렵겠다는 생각이 들었다. 해서 부랴부랴 집수리를 전문으로 하는 동네 공업사에 연락을 하게 된 것이다.

인부는 약속시간보다 4시간 뒤인 오후 2시쯤에야 나타났다. 작은 산소통 같은 이상한 기계 하나를 들고서…. 비용은 5만원이란다. 그러나 시간이 걸리면 10만원이라고 했다. 비용이 문제가 아니라는 생각이 들었다. 이 추운 겨울, 더운 물을 못 쓴다면 말이 되겠나. 난방도 안 될 테고…. "잘 부탁한다"는 말을 여러 차례 하면서 일을 맡겼다.

그런데 이 사람은 또 어찌 된 일일까? 부엌과 화장실 그리고 보일러가 설치돼 있는 지하실을 연거푸 오락가락 하더니 여기저기 파이프만 어지럽게 풀어냈을 뿐, 두어 시간이 지났는데도 고치지를 못하는 것이었다. 게다가 이전의 밸브 상태가 어떻고 부속이 어떠니 하며 불평만 잔뜩 늘어놓으며 대문을 들락거린다. 그때마다 손에는 새 연장과 부속품이 쥐어져 있었다. 차츰 의심이 갔다. 어디에 이상이 있는지도 모르는 돌팔이거나, 일부러 비용을 높이려는 수작이 아닐까 하는….

작업을 시작한지 네 시간이나 걸렸을까. 천신만고 끝에 결국 더운 물이 나오기는 나왔다. 평상시에는 당연히 사용하는 것으로 알았던 더운물이 아니던가. 고생 끝에 콸콸 쏟아지니 그렇게 반가울 수가 없었다. 그제야 인부를 마땅찮게만 여겼던 내 경솔함이 후회가 됐다. 이렇게 추운 날씨에 찬물을 뒤집어쓰면서까지 물길을 터놓은 그를 엉터리네, 돌팔이네 하고 폄하했던 것이 미안했던 것이다. 해서, 수리비용으로는 당연히 10만원을 지불했다. 수고에 대한 감사의 말과 더운 커피까지 곁들여서….

일이 거기서 마무리됐더라면 얼마나 좋았겠나? 허나, 그가 떠난 후 5분도 채 되지 않아 둔제가 일어났다.

지하실 배관의 이음새가 잘 못 됐는지 물이 방울방울 새는 것이었다. 잠시 후 지하실 바닥은 물웅덩이로 변했다. 공업사에 전화했으나 아무도 받지 않는다. 이미 퇴근들을 했을까. 인부의 연락처를 적어둔 것도 아니라서 더욱 난처했다. 어쩔 수 없이 괸 물은 부삽으로 퍼 들통에 담아 버리고, 낙숫물이 떨어지는 곳 아래에는 큼지막한 고무대야를 놓았다. 하지만 고무대야는 서너 시간을 버티지 못하고 금방 차고 넘쳤다. 채우면 버리고, 또 버리면 또 채워지고 하는 통에 나와 아내는 그날 밤을 거의 뜬 눈으로 지내야 했다. 얼음판에 미끄러지고 넘어지는 등 옷은 엉망진창이 됐고, 다리와 허리도 아파왔다.

인부와 연락이 닿은 것은 이튿날 아침 8시 반 경. 말썽 난 부분을 다시 수리했지만. 부품을 갈았다면서 돈 3만원을 다시 받아가는 것이었다. 인부는 기술이 미흡했다거나 뒤처리가 엉성해서 남에게 피해를 입힌 점은 꿈에도 인정하지 않는 눈치였다. 무례한 태도가 괘씸해서 욕이라도 한바탕 해주고 싶었지만 꿀떡꿀떡 참아 넘겼다.

물방울이 새는 문제는 그 후에도 계속 말썽을 피는 바람에 인부가 우리 집을 세 번이나 더 방문하고서야 해결을 봤다. 그것도 여러 번 독촉을 한 끝에…. 울화가 치밀고 분노도 일었지만 이 상황에 무얼 어찌할 것인가.

한때 '노가다 곤조'라는 말이 있었다. '노가다'란 '도가타(土方・どかた)'가 변화된 일본어로 '공사판의 노동자' 또는 '인부'나 '흙일꾼'을 가리킨다. 이것이 '근성'이란 의미의 '곤조'와 결합되어 '상식을 벗어난 막일꾼의 근성'으로 비하해 불렀던 것 같다. 내가 이번 일로 만난 기능공이 그런 못된 '곤조'를 지닌 사람이라고는 보고 싶지 않다. 지금 우리는 선진국 문턱에 있는 나라가 아니겠나. 세계 7위인 서해대교를 건설해 운

용하는 나라가, 경제 대국 10위권에 있는 나라의 기능공들이, 그럴 수는 없을 것이다. 그런 핫바지 일꾼을 만난 것은 내 운수가 나쁜 탓일 게다.

그런데도 가끔은 '일꾼'들의 의식이 뭔가 잘 못돼 있는 것은 아닐까 하고 생각될 때가 있다.

며칠 전에는 강풍에 빗물받이가 떨어져 나가는 바람에 집을 수리하는 업자에게 부탁했다.

현장을 살펴본 수리공은 당장 그날 오후에 달아주겠다는 것이다. 그러나 오후 내내 기다려도 감감 무소식이었다. 하기는 날씨가 하도 추워서 수리공이 왔다 해도 작업하기는 어려웠을 것이다. 그래도 확인은 해야겠기에 내 쪽에서 먼저 전화를 걸었다.

"날씨가 너무 추워서 못 오셨나 봐요."

이 말을 기다리기라도 한 양 그가 말한다.

"그러잖아도 날씨가 풀리면 갈려고 했어요. 사흘 뒤쯤 갈게요."

그 후 날씨가 봄 같이 풀린 '사흘'이 지났어도 그 수리공은 오지 않았다. 물론 아무 다른 연락을 그에게서 받지도 못했다.

금년 11월 서울에서는 G-20 정상회의가 열릴 예정이다. 알다시피 G-20은 기존의 선진 7개국을 비롯해 신흥 13개국으로 구성되어 세계 경제를 비롯해서 기후 변화, 에너지문제 등을 다루게 된다. 이번 서울회의의 의장국은 물론 한국이다. 우리

나라는 이 회의를 선진국 진입을 위한 도약의 발판으로 보고 있는 듯하다.

그런데, 경제규모가 부풀어지는 것 못지않게 증요한 것은 시민의식의 신장일 것이다. 배에 기름이 꼈다 해서 선진국일까. 그것은 필요조건은 될지 몰라도 충분조건은 아닐 것이다. 한 두 사람의 막일꾼이나 어설픈 기능공의 행태를 두고 하는 얘기가 아니다. 적어도 선진국은 선진국이 갖춰야 할 요건이 있어야 된다고 본다. 그 요건 속에는 분명 높은 시민 의식도 들어 있을 것이다. 바로 책임, 정직, 성실, 정확 그리고 예모, 품위와 더불어.

2010년 1월

못 하는 것과 안 하는 것

어느 친목모임에 참석한 뒤 방금 돌아온 길이다. 오랜만에 친구들을 만나 술도 몇 잔 했다. 그런데도 왜 그런지 지금 내 마음은 별로 유쾌하지 못하다.

오늘 모임에서 떠오른 화제는 다양했다. 세상이 어찌 돌아가고 있는지, 건강은 어떻게 관리하고 있으며, 다른 친구들의 근황은 어떤지 등…. 그러나 서너 시간 계속된 모임에서 나는 줄곧 '꾸어다 놓은 보릿자루' 모양 한 쪽 구석에서 그들의 얘기를 경청할 뿐이었다. '내 입장'을 잘 알고 있어서인가. 친구들도 굳이 나에게 말을 건다는 등 특별히 관심을 두는 것 같지 않았다. 어울리지 못한 채 외돌토리로만 있다가 모임을 끝냈으니 기분이 떨떠름할밖에 없었을 것이다.

하기야 이런 현상이 오늘 모임에서만 있었던 건 아니다. 학교의 동기 모임이나 옛 직장관련 회합에서도 나는 대체로 그런 대우를 받았고, 또 그만큼의 떨떠름한 기분이 되어 상한 속을 혼자 달래야 했다.

왜, 무엇 때문인가? 그건 위에서 말한 '내 입장'이 잘 설명해 준다. 말을 하고 싶어도 제대로 할 수 없기 때문이었다. 그러니 모임 때마다 내가 할 수 있는 언어 표현은 극히 제한될 수밖에 없고, 대신 주로 다른 친구들의 얘기를 들어야 하는 입장이었던 것이다.

정말 이제는 기억조차 하기 싫은 뇌경색. 7년 전에 앓은 그 질환은 바로 언어를 빼앗아 갔고, 정상적인 보행을 뒤뚱거리게 만들었다. 표현이 좀 과장됐을까. 그럼 바꾸겠다. 말은 어둔해지고 걸음걸이는 조금 불편하다고….

적잖은 노력을 다 했다. 양방으로는 조제약 외에 물리치료와 작업치료를 받았고, 한방으로는 약을 다려먹고 침과 뜸도 받아봤다. 그런데도 후유증은 여전히 남아 사람을 괴롭히고 있다. 뭐, 밥 먹고 술 마시며 한담을 나누는 모임일 경우 손발의 기능은 그렇다 치자. 그러나 말을 주고받으면서 내 의사를 정확히 밝혀야 할 때는 상황이 아주 다르다. 그 다름은 친목 모임에서도 마찬가지였다. 언어 구사력이 현저히 떨어진 입장이므로 주로 듣기만 하는 입장이었던 것이다. 어떤 경우는 자리에 앉아 있기가 괴롭기도 했다.

말 할 때 가장 어려운 점이 무엇인가. 발음이다. 어휘 하나하나를 정확히 발음할 수 없는 것이다. 그리고 왜 숨은 차오는지. 그뿐이 아니다. 겨우 한두 마디에 뒤죽박죽 언어체계가 흔들려 버린다. 하고 싶은 말이 있어도 입을 꾹 다물어버리는 이유이다.

유구무언으로 처신하면 당연히 손해를 본다는 점을 모르지 않는다. 유창한 발음으로 논리 정연하게 의견을 펴나가도 상대를 이해시키기 어려운 판에 묵묵부답이거나 어눌한 말씨로 우물우물 한다면 불이익을 당할 것은 뻔하다. 해서, 어떤 때는 아예 모임에 참석하지 않겠노라고 다짐을 한 적도 한두 번이 아니었다. 그래서 그랬는가. 오늘 모임에서 나는 영락없이 비 맞은 병아리 꼴이었다. 소리내어 울고 싶었다. ≪장자(莊子)≫라는 책에는 다음과 같은 얘기가 실려 있다.

공자의 제자인 자공(子貢)이 초(楚)나라를 유람하다가 한수(漢水) 언저리에서 한 노인을 만난다. 느인은 바야흐로 우물물을 물동이에 담아 밭이랑을 적시는 중이었다. 애써 일하는 것에 비해 효과는 별로인 것을 보자 자공이 묻는다.

"어르신은 왜 용두레를 사용하시지 않는지요? 용두레를 쓰면 하루 백 이랑에도 물을 대실 수 있을 텐데요."

듣고 있던 노인이 웃으며 대답한다.

"그건 나도 알고 있다오. 그러나 용두레를 쓰면 꾀를 부리고 싶어지고, 꾀가 생각나면 순박한 마음이 사라지고, 순백한 마음이 없으면 천성이 안정되지 않아 마침내는 도(道)까지 잃을까 염려돼서 용두레를 안 쓴다오."

노인의 대답에 자공은 할 말을 잃는다. 그리고 얼굴을 붉히며 그 자리를 떠났다고 한다.

하지만 내 경우는 무엇인가. 순백한 마음을 더럽히거나 천성의 안정을 위해 말을 하지 않은 것도 아니고, 도를 잃을까 염려되어 입을 다물고 침묵을 지킨 것은 더욱 아니지 않은가.

법정 스님은 그의 에세이 '별을 바라보면서'에서 이렇게 말한다. "현대인들의 비극 중 하나는 철저하게 침묵을 잃어버린 것, 그저 떠들어대려고만 하지 조용히 입 다물고 있지를 못한다. 침묵을 익히려면 우선 인내력이 있어야 한다. 입술로 새어 나오려는 의미 없는 소리가 말이 되도록 하기 위해서는 꿀꺽꿀꺽 참을 수 있어야 한다."라고.

자기 자신에게나 듣는 쪽에 덕이 될 수 없는 말은 한낱 소음에 지나지 않다는 것이 그의 주장이다. 그러나 말을 할 수 있는데도 주로 경청하여 상대방에게 덕이 되도록 배려하는 것과, 해야 할 말이나 하고 싶은 얘기가 있는데도 건강 때문에 입을 다물고 있는 것은 근본적으로 다르지 않겠는가. 내가 오늘 모임에서 침묵을 지켰던 것은 의미 없는 말을 자제하기 위함이 아니고, 뇌경색의 후유증으로 말 자체를 하기가 힘들었기 때문이다.

지난날을 들먹이는 사람치고 변변한 자가 없다지만, 6년 전의 나는 오늘과 전혀 달랐다. 아니, 다를 수밖에 없었다. 10년 경력의 공중파 아나운서 출신이었으니까. 그랬다. 언어는 내게 있어 생활의 주축이었고, 삶을 떠받치는 기둥이었다. 그러 므로 자찬을 곁들여 말한다면 달변이요, 능변이었다. 또 직업 으로 봐도 그게 마땅한 노릇이었다. 그런데 이게 대체 뭐란 말인가.

"안녕하세요? 미안합니다. 감사합니다."와 같이 짧은 말 한 마디에도 숨이 가빠오고 발음이 일그러진다. 이런 기막힐 경 우가 있는가.

사나이라고 어찌 눈물이 없으랴. 알게 모르게 울기도 많이 울었다. 그리고 세상이 원망스러웠다. 전생이든 현생이든 대 체 무슨 죄를 지었기에 이런 가혹한 형벌을 받아야 하느냐고 하늘과 땅에 묻고 물었다.

그에 관한 대답은 하늘과 땅이 아닌 내 자신으로부터 들었다.

"자업자득(自業自得)이요, 자승자박(自繩自縛)이다. 네 감 히 뉘에게 물어 허물을 탓하려 드느냐!"

모임을 마치고 밖으로 나오니 진눈깨비가 내리고 있었다. 모임에서 느꼈던 울적함이, 서글픔이, 찜찜함이 조금은 풀어 지는 기분이었다. 오늘이 2월 12일이니 내일 모레면 경인년 (庚寅年) 설날인가? 그래 호랑이해여, 어서 오거라. 그리고 범 같이 용맹한 기백을 나에게도 불어넣어다오. 그에 앞서 한 가 지 소망을 들어주었으면 한다. 그 옛날 아나운서로 근무할 때 의 유창한 언어 구사력이 아니라도 괜찮다. 나의 바른 생각, 나의 참다운 마음을 상대에게 정확히 전할 수 있도록 '빼앗긴 언어'를 되찾아 주면 고맙겠다. 꼭 그렇게 해주기 바란다.

그에 대한 응답일까? 진눈깨비는 어느새 함박눈으로 바뀌고 있었다.

2009년 2월

봉산(烽山)에 오르다

아내의 입장에서는 그럴 수밖에 없을 것이다.

평지를 걷기에도 힘들어하는데 난데없이 등산이라니? 한사코 말리는 게 당연했다. 그러나 기왕에 마음먹은 일. 이것도 또 다른 의지의 실험이다 싶어 집을 나서기로 했다. 하기야 6년 전 퇴원 후에도 두 차례나 북한산에 올랐던 예도 있잖은가. 그 후 멀쩡하던 왼발조차 무릎골절을 입는 바람에 그만두기는 했지만….

대문을 나선 시각은 오후 5시. 행장이라고는 평상복에 등산조끼와 모자 그리고 등산화만을 갖췄을 뿐이었다. 배낭과 스틱도 없이 늦은 시각에 집을 나선 것은 가고자 하는 곳이 해발 209m의 야트막한 봉산(烽山)이어서, 유별난 준비가 없어도 괜찮다는 것을 경험으로 익히 알기 때문이다.

해가 어느 정도 기운 탓인지 날씨는 그리 덥지 않았다. 하늘도 맑고 깨끗했다. 모처럼의 좋은 산행이 되리라는 예감이 들었다.

봉산은 우리 집에서 가까운 거리에 있다. 걸어서도 15분이면 산자락에 닿는다. 조선시대에 무악봉수(毋岳烽燧)로 이어지는 봉수대가 있었다 해서 붙여진 이름이다. 비록 높지는 않다 해도 그 넓이는 경기도 신도읍에서 시작해 서울 은평구의 수색동, 증산동, 신사동, 구산동을 거쳐, 역촌동, 갈현동 까지 이어지는 157만㎡의 면적을 지니고 있다. 봉령산(鳳嶺山) 또는 수색산(水色山)이라는 별명으로 인근 주민들에게는 '도심 자연공원'으로서의 구실을 단단히 해내고 있는 것이다.

증산중학교 뒤쪽 길을 통해 '증산생활체육광장'에 오르니 주민들의 축구경기가 한창이다. 한 때는 나도 이 운동장에서 배드민턴을 치거나 자전거를 타며 체력을 다진 일도 있었는데, 지금의 나는 무엇인지?

공원은 그동안 아주 다른 모습을 하고 있었다. 길을 바르게 만들기 위해서였을까. 군데군데 굵은 나무들이 잘려져 나가고, 비탈진 언덕길에는 수입목으로 계단을 만들었는가 하면, 굵은 밧줄을 쳐놓아 함부로 숲에 들어가는 일이 없도록 제지하고 있었다. 등산길이 말끔하게 정비된 것은 바람직하나, 틀에 맞추듯 규격화된 게 조금은 아쉽게도 느껴졌다. 간벌(間伐)한 아카시나무와 참나무도 그렇다. 그냥 곁에 쌓아두고 썩기를 기다릴 게 아니라 계단받침목으로 사용했더라면 더욱 좋지 않았을까. 비용도 절감시키고 운치도 살릴 수 있을 터이므로….

봉산은 예부터 나무가 많기로 알려져 있다. 40년 전 산림을 녹화시키느라 대량으로 심은 아카시나무가 흔한 편이지만, 소나무 굴참나무 갈참나무 자작나무 산 벚나무 때죽나무 가막살나무 고광나무도 적지 않다. 더욱이 봄에 흰 꽃이 피고 가을에 팥알모양의 열매가 달리는 팥배나무는 5000㎡의 군락지를 이룸으로써 이곳 봉산의 자랑거리가 되고 있는 것이다.

아카시는 벌써 꽃이 다 졌나보다. 떨어져서 바짝 말라버린 것들만이 흙먼지에 쌓여 이리저리 바람에 몰려다닌다. "낙화인들 꽃이 아니랴?"하는 옛 시조도 있으나, 역시 꽃은 향기를 품고 가지에 매달려 있는 것이 제격일 것 같다는 생각이다. 어쨌든 앞으로는 이 봉산에서 아카시나무를 보기가 어려울지도 모르겠다. 경관이 불량한 아카시나무 대신, 단풍이나 열매가 아름다운 나무들로 바꿔 심을 계획을 해당 구청이 갖고 있기 때문이다.

그거야 먼 훗날의 얘기이고…. 오랜간에 산을 찾은 투병인의 입장에서는 빛나는 태양 아래 초여름의 신록이 싱그럽기만 하다. 수목에서 뿜어 나오는 독특한 냄새가 코끝에 묻어나는 듯하고, 깊은 숨이라도 들이키면 가슴 속 저 밑까지 그 향내가 퍼질 것 같은 느낌이다.

양달 군데군데에는 노랑빛깔의 꽃이 무더기로 피어 있다. 꽃대가 하늘거리는 것을 보니 노랑코스모스인 듯하다. 푸른 하늘, 녹색 초목 그리고 노란 꽃이 좋은 앙상블을 이룬다는 생각이 들었다. 이따금씩 설렁이는 바람은 또 어떻고? 이런 경관에 산새 울음이라도 들린다면 얼마나 좋을까. 그러나 아무리 둘러봐도 새는 보이지 않는다.

작년에 서울시가 실시한 '5개 도시 숲 자연생태계 조사'로는 이곳 봉산에 황조롱이와 소쩍새가 살고 있다고 했는데 녀석들의 모습은 전혀 보이지 않는다. 등산로 옆 나무기둥에 매달린 쪽지에서도 붉은 머리 오목눈이, 어치, 쇠박새를 읽을 수 있었다. 그러나 지금까지 눈에 띈 것은 박새 한 쌍 뿐. 문득 그 이유가 궁금해진다.

황조롱이나 소쩍새는 천연기념물로 지정되어 있는 새이다. 관계 당국은 '지정'에 그칠 것이 아니라 그에 합당한 '조치'를 적극적으로 펴나가야 되지 않을는지. 기왕이면 새들의 보호에 그치지 않고 봉산에서 서식한다는 멧토끼나 다람쥐 등에도 관심을 기울여 볼 일이다.

수도권지역에서 조깅이나 산책하기 좋은 20개의 장소 중 10위에 랭크됐던 봉산이었다. 용인 에버랜드, 월드컵 공원 그리고 어린이 대공원을 따돌리고…. 그 명예와 영광이 손상되지 않기 위해서라도 각별한 관심을 기울여 줬으면 좋겠다.

언덕에 올라 뒤를 돌아봤다. 한강이 보이고 여의도가 한 눈에 잡힌다. 그 너머 저쪽에 흐릿한 모양으로 보이는 것은 관악산일 것이다. 방향을 바꿔 북동쪽에 눈길을 주니 북한산이 가깝게 다가서 있다. 즐겨 찾았던 향로봉, 비봉, 승가봉…. 언제쯤이면 저 산을 다시 오를 수 있을는지?

　등산로에는 간이 정자가 몇 군데 있었다. 그 중 한 곳에 앉아 땀을 식힌다. 오늘은 토요일인데도 산 속이 조용하다. 지금까지 만난 사람이라고는 열댓 명 정도. 이 넓은 산을 통째로 세낸 기분이다. 정자를 벗어나 북쪽으로 계속 가다보면 서오릉의 앵봉산(鶯鳳山)도 만나게 될 것이다. 허나 지금은 늦은 시간, 다리도 피곤해 온다. 오른 쪽으로 샛길을 통해 하산을 서둘렀다. 내려와 보니 구산동(龜山洞)이었다. 구산은 봉산의 다른 이름이다. 다음에는 이 산의 끝자락 서오릉까지 가 봐야겠다. 뜻이 생각으로만 그치지 않도록…. 그래, 내일부터는 다리운동에 더 신경을 써야 할까 보다.

2010년 6월

신발 끈 조여 매고

다른 사람도 같은 느낌일까. 어느 곳을 찾아갈 때와 되돌아 올 때의 길은 왜 다르게 느껴지는지. 떠날 때보다 올 때의 길이 훨씬 짧아 보이는 것이다. 실제로는 똑같은 코스의 길인데도…. 찾아가는 장소가 생판 모르는 곳일수록 이런 현상은 두드러진다. 이것은 아마도 사물에 대한 지각이나 인식이 서툴고 익숙한지에 따라 달리 나타나는 현상이 아닌가 싶다. 아무래도 같은 길을 되짚어 올 경우에는 갈 때의 시행착오가 많이 줄 테니까.

그렇다면 묻고 싶어진다. "해마다 맞이하는 봄, 여름, 가을, 겨울의 순환은 왜 그리 빨리 느껴지느냐?" 라고. 길을 오가며 느끼는 생각과는 좀 다른 것일까? 물론 한 쪽은 공간의 문제이고 다른 한쪽은 시간에 관련된 것이므로 같을 턱은 없을 것 같기도 하다.

　요즘 나는 이상한 착각에 빠져 있다. KBS 1TV에서 1주일에 한 번 방송하는 특정 프로그램을 거의 이틀에 한 차례 시청하는 것 같은 느낌이 드는 것이다. 그 특정 프로그램이란 매주 월요일 저녁에 방송하는 '가요무대'이다. 1985년에 신설된 이 프로그램은 주로 흘러간 트로트 가요를 테마에 따라 혹은 시청자의 신청에 따라 소개하고 있다. 노래 자체가 향수와 추억을 불러 일으켜서인지 나이 지긋한 사람들이 즐겨 시청하는 모양이다. 물론 나도 이 프로그램의 팬이긴 하다.

　그런데 최근에는 이 '가요무대'의 방송빈도가 아주 짧게 느껴진다는 점이다. 괴이쩍은 일이 아닌가. 오죽하면 프로그램의 편성시간이 달라진 것이 아닌가 하는 생각까지 했을까. 이러한 착각현상은 결국 나이에서 비롯된 것이었다. 왜, 흔히들 말하지 않는가. 10대 20대는 세월이 시속 10km, 20km로 달리지만 60대 70대는 60km, 70km로 달린다고….

　누군가는 이렇게도 말한다. 50대는 해마다 늙지만, 60대는 달마다 늙으며, 70대는 날마다 늙는다고…. 그러니 70대에 들어선 내 입장에서는 '가요무대'의 방송일이 더 빨리 다가올 밖에 없을 것이다.

　그런데 나이가 들수록 시간이 빨리 흘러가는 것은 왜일까? 무슨 의학적 근거라도 있는가? 대부분의 의사들은 대답한다. "의학적 근거보다 심리적 현상에서 이유를 찾아야 한다"고.

　나이가 들면 인지기능이 떨어져 생각이나 판단이 감퇴함으로써 자연 일의 처리 속도가 늦어진다는 것이다. 예컨대 젊었을 때 한 시간이면 후딱 해치울 일도 늙어서는 두세 시간이 걸리고, 이러한 심리적 압박감은 시간의 속도감을 예민하게 느끼도록 한단다. 특히 정보통신기술이 눈부시게 발달하고 있는 상황에선 이 느낌이 증폭된다는 분석이다. 세월의 속도를 민감하게 느껴도 건강에는 아무 문제가 없을까. 당연히 문제가 있고, 이상 징후를 보인다.

초조와 불안으로 심장의 박동은 빨라지고, 가슴도 답답해지거나 두근거리며, 경우에 따라서는 무기력증이나 우울증으로 이어질 수도 있다는 것이 전문의들의 주장이다.

"세상은 풀려진 두루마리 화장지와 같다"는 우스개 소리가 있다. 처음에는 한참을 써도 남은 양이 가늠되지 않지만, 어느 시점부터는 눈에 띄게 두루마리가 줄어듦을 느끼기 때문이란다. 그러나 실제로 세월은 두루마리 화장지와는 다르다. 하루 24시간, 1년 365일이라는 계량적 수치는 어느 누구에게나 똑 같다. 그런데 노년에는 왜 세월이 빨리 지나갈까? 또 후딱 지나가는 세월의 책임은 누가 져야 할까? 세월에 부대껴 본 사람들은 그 해답을 알 것이다. 이어령(李御寧)은 ≪푸는 문화 신바람의 문화≫에서 말한다.

한국인은 오늘보다 나은 내일의 희망을 읊은 것이 아니라 현존하는 행복을 바랄 뿐이었다. 과거를 오늘에 끌어들여 내일을 설계하는 창조적인 오늘보다는 오늘의 순간에 모든 것을

정지시키고 단절해 버리는 얼어붙은 오늘을 추구했다. 시간의
허무에서 도피하는 은둔처로서 정지된 오늘을….

그러면서 그는 옛 시조 한 수를 예로 든다.

오늘이 오늘이소서 매일에 오늘이소서/ 저물지도 새지도
마르시고/ 새라난 매양 장식에 오날이소서

여기서 말하는 '한국인'이나 예로 든 옛 시조는 물론 나이
많은 노인을 염두에 두고 한 얘기일 것이다. 나이 들어서 창
조적인 삶을 회피하거나, '오늘'의 무사안일 만을 탐하여 미
온적, 소극적, 수동적인 생활에 익숙한 늙은이들이 주 대상일
것이라고 여겨진다.

'창조적인 오늘'을 살라는데, 노년에 기대할 수 있는 창조적
인 삶은 어떤 것일까. 사람에 따라 또는 처해 있는 상황이 어
떤지에 따라 모두 다를 것이다. 책을 읽어 새로운 지식을 얻
거나, 골프나 등산을 함으로써 체력을 단련하는 행위, 붓글씨
나 그림 그리기 또는 꽃꽂이를 배우는 것도 창조적인 작업이
될 것이다. 또 다 잊어버린 외국어 학습에 도전하거나, 젊은
이들이 즐겨 부르는 노래를 익히거나, 아예 악기를 연주하는
기법까지 배운다면 또 다른 창조의 삶을 사는 것이 될 것이
다. 어디 그뿐인가. 날로 새록새록 등장하는 전자문명에 관심
을 갖거나 학습에 열중하는 것도 존경 받는 창조적 활동이

될 게 틀림없다.

하지만 노인들의 창조적 활동에는 몇 가지 제약이 따른다. 건강과 경제적인 문제가 그것이다. 이런 점을 고려할 때 가장 바람직한 것 중의 하나가 여행이 아닌가 싶다. 굳이 비용이 많이 드는 외국이 아니라도 괜찮다. 여행은 다른 무엇보다도 호기심 어린 기대와 신선한 체험을 충족시켜주기 때문이다.

무언가에 익숙해진다는 것은 세월을 재촉하게 마련이다. 인생의 변화를 원하거나 세월이 달음박질친다고 느껴질 때, 그리하여 시간이 더디게 가기를 바란다면 신발 끈 조여 매고 여행길에 오를 일이다.

토마스 풀러(Thomas Fuller)도 말했지. "여행과 변화를 사랑하는 사람은 생명이 있는 사람"이라고….

2009년 11월

늦게 터진 박수

1판 1쇄 인쇄 2010년 10월 5일
1판 1쇄 발행 2010년 10월 15일

지은이 | 황 유 성
펴낸이 | 김 미 화
펴낸곳 | 인터북스

주   소 | 서울시 은평구 대조동 221-4 우편번호 122-844
전   화 | (02)356-9903
팩   스 | (02)386-8308
전자우편 | interbooks@chol.com
등록번호 | 제311-2008-000040호

ISBN 978-89-94138-11-4 03040

값 : 16,000원

※파본은 교환해 드립니다.